Julien Green
Erinnerungen an glückliche Tage

Aus dem Französischen
von Elisabeth Edl

Carl Hanser Verlag

Die französische Ausgabe *Souvenirs des jours heureux*
erschien 2007 bei Flammarion in Paris.
Die amerikanische Erstausgabe *Memories of Happy Days*
erschien 1942 in New York.

Dieses Buch erscheint im Rahmen des Förderprogramms
des französischen Außenministeriums, vertreten durch
die Kulturabteilung der französischen Botschaft in Berlin.

3. Auflage 2020
ISBN 978-3-446-26648-3
© Flammarion 2007
Alle Rechte der deutschen Ausgabe
© 2008, 2020 Carl Hanser Verlag GmbH & Co. KG, München
Vilshofener Straße 10 | 81679 München | info@hanser.de
Wir behalten uns auch eine Nutzung des Werks für Zwecke des
Text und Data Mining nach § 44b UrhG ausdrücklich vor.
Umschlag: Peter-Andreas Hassiepen, München
Satz: Greiner & Reichel, Köln
Printed in Germany

Vorwort

Zwei Jahre sind nun vergangen, seit Frankreich gefallen ist, und dennoch glaube ich nicht, daß man die Bedeutung dieses Ereignisses bereits ganz ermessen kann. In vielen von uns ist etwas, das sich weigert, an eine Welt zu denken, in der Frankreich nicht mehr seinen gewohnten Platz einnehmen soll. Es war und es ist immer noch unentbehrlich für die zivilisierte Welt. Es hat seine Vormachtstellung nicht durch rohe Gewalt erlangt – sein Nachbar hat das getan, zum Schaden der ganzen Welt –, doch was Frankreich auf dem Gebiet der Kultur Jahrhundert um Jahrhundert schuf, das kann keine Armee der Welt ihm entreißen, noch kann sich irgendeine Nation, so mächtig sie auch sein mag, geistiger Überlegenheit über Deutschlands stolzes und bedauernswertes Opfer rühmen. Es mag Caliban gelingen, Prospero durch Heimtücke und körperliche Kraft zu überwältigen, aber das bedeutet nur, daß Caliban gerissener und körperlich stärker ist als Prospero, mehr nicht. Und Calibans wahres Opfer, wenn es ihm gelingt, Prospero zu überwältigen, ist Caliban selbst, das wird man sehen, sollte der Fluch deutscher Herrschaft nicht von Europa genommen werden.

Ich sage nicht, daß Deutschland Caliban ist und Frankreich Prospero, aber ich sage, daß die niedrigsten Instinkte der Menschheit Ausdruck gefunden haben in jener Gruppe von Deutschen, die ihr Land und den ganzen Kontinent jetzt ins Chaos führen. Die Existenz großer und unersetzlicher Dinge in unserer Welt ist bedroht durch diese Barbaren, die nicht wissen, was sie tun, und die nicht begreifen, daß der Sieg eines Teils von Europa über den anderen Europa zum Hauptverlierer macht. Menschliche Solidarität zeigt sich darin, daß Eroberungskriege niemals gewonnen werden können;

sie müssen ewig und tragisch verloren werden, und zwar von allen.

Neben all seinen menschlichen Schwächen hat Frankreich jene Art von Größe, die ihm durch Mißgeschick niemals genommen werden kann. Diese Größe mag nun in den Augen jener, die oberflächlich urteilen, durch die Niederlage getrübt sein, doch es besitzt sie immer noch, trotz der demütigenden Anwesenheit der Nazi-Armee auf seinem Boden. Es hat zu seinem Kummer gelernt, daß seine Größe keine militärische Größe mehr ist. Militärische Größe ist schließlich nur die primitivste Form von Größe, und Frankreich war wie alle hochzivilisierten Nationen dabei, über sie hinauszuwachsen. Sein Genie lag anderswo als im Krieg, und deshalb wollte es auch nicht glauben, daß Zivilisation durch gut ausgerüstete Armeen verteidigt werden muß und geistige Ziele durch hochexplosive Bomben erreicht werden können. Darin hat es ihm bedauerlicherweise an Klugheit gefehlt. Die verhängnisvolle Maginot-Linie war die einzige Lösung, die Frankreich für ein Problem finden konnte, für das es sich nicht wirklich interessierte. Im Hinblick auf das, was später geschah, sind die Inschriften auf den neuen Gebäuden des Trocadéro oberhalb der Seine wirklich zum Weinen. Während Deutschland die Waffen schmiedete, mit denen es Frankreich töten wollte, beschrieb Frankreich die Mauern eines Marmorpalastes mit den schönen abstrakten Worten eines Dichters. Wie oft haben meine Augen im sanften Licht des Pariser Himmels, das so viele Maler liebten, die wohlklingenden Sätze gelesen, die nicht von militärischer Stärke sprachen, sondern von Verstand und Schönheit, Zeilen, die vielleicht Platons Lob geerntet hätten, jedoch kaum begriffen werden konnten von den fein herausgeputzten und gut bewaffneten Kerlen, die durch ihre deutschen Monokel über sie hinwegsahen, im Juni 1940.

Dieses Buch hier, das ich jetzt an meinen Verleger abschikke, soll ein zärtlicher Tribut an das Frankreich sein, das ich immer lieben und bewundern werde. Zum Großteil ist dieses

Buch ein Bericht über meine Kindheit und frühe Jugend, tatsächlich unterscheidet es sich jedoch ein wenig von dem Buch, das ich im Sinn hatte, als ich mich hinsetzte und die erste Seite schrieb. Anfangs wollte ich versuchen, meine Vorstellung von Frankreich auszudrücken und von dem, wofür Frankreich stand, aber nach reiflicher Überlegung schien mir, daß ich am besten zeigen konnte, was ich Frankreich verdankte, wenn ich die Erinnerungen an all die glücklichen Tage heraufbeschwor, die ich in seiner freundlichen und großzügigen Obhut verbracht habe; zugleich dachte ich, das könnte vielleicht die angemessene Art und Weise sein, diesem großen und guten Wesen zu danken.

Die ersten Seiten des Buches wurden wenige Tage nach meiner Ankunft in diesem Land geschrieben. Wie Hunderttausende andere Menschen spürte ich noch die Wirkung des wuchtigen Windstoßes, der uns umgeblasen hatte, und mir fiel kein besseres Mittel ein, den Schmerz über diese Kränkung zu betäuben, als mich sofort an die Arbeit zu machen. Natürlich dachte ich immer an Frankreich. Ich wollte es nicht vergessen, im Gegenteil, ich wollte es wiederfinden, nicht wie ich es ein paar Wochen zuvor gesehen hatte, geschlagen und erniedrigt, sondern so wie ich es mein ganzes Leben gekannt hatte, mit einem Lächeln auf dem schönen Gesicht.

Als Kind hatte ich nämlich eine Darstellung in meinem Geschichtsbuch mißverstanden und bildete mir ein, Frankreich sei eine wirkliche Person, eine Frau mit einer Krone, die sie manchmal abnahm, um sich eine Phrygische Mütze aufzusetzen, und eine meiner Hauptsorgen war, diese Person, in die ich verliebt war, könnte früher oder später älter werden und vielleicht sogar sterben. Daher die seltsamen Fragen, die ich meiner Mutter immer wieder stellte: »Wie alt ist Frankreich? Ist sie zwanzig, oder dreißig? Glaubst du, sie wird lange leben?« So fest in meinem Denken verankert war diese Vorstellung, daß ich sie sogar als erwachsener Mann nie ganz loswurde, und eigentlich wollte ich sie auch gar nicht loswerden, denn mir schien, sie enthielt in gewisser Weise mehr Wahrheit, mehr verborgene Wahrheit, als einem Kind bewußt sein konnte.

Ich glaube, wenn wir an ein Land denken als an eine Masse von Menschen, welche dieser oder jener Weisung gehorchen, die sie aus den Händen eines politischen Organs namens Regierung erhalten, machen wir uns eine unvollständige und unbefriedigende Vorstellung von der Persönlichkeit dieses Landes und verwechseln sie irgendwie auch mit der Persönlichkeit der Männer, die an seiner Spitze stehen. Deshalb scheint mir, daß Karikaturisten der Wahrheit auf plumpe Art näher kommen, wenn sie Nationen als Menschen darstellen. Nationen sind Menschen, und wenn wir an sie denken wie an Menschen, werden sie überraschend wirklich. Wenn wir an Frankreich denken wie an eine Person, *la France*, die wir lieben und die von den Nazis beleidigt und bespuckt wird, dann weckt ihr Schicksal unendlich größeres Mitleid. Wir wissen, daß sie töricht gewesen ist, daß sie sehr viele Fehler begangen hat, daß sie weit davon entfernt ist, vollkommen zu sein, und auch sie weiß es, besser als irgendwer sonst; aber trotz ihrer heutigen Erniedrigung ist sie ihrem Widersacher weit überlegen, und geistig überragt sie ihn auf ihrem Kreuz, an das er sie geschlagen hat.

Was mit ihr geschehen wird, können wir nicht sagen. Wir wissen, daß sie nicht sterben wird, weil Geist nicht stirbt und sie im wesentlichen Geist ist, doch ihr physisches Leben ist bedroht, und ihr physisches Leben ist für viele von uns so kostbar wie das Leben einer Mutter. Wir brauchen ihre Gegenwart. Ihr Platz kann von anderen Nationen nicht eingenommen werden. Sie darf nicht verschwinden, sollte es aber dennoch so weit kommen, würden viele Gründe, an diesem Leben zu hängen, gemeinsam mit ihr verschwinden. Sie hat uns mehr gegeben, als wir ahnen, sie hat diese Welt für Millionen von Männern und Frauen reicher und schöner gemacht; sollte sie jemals untergehen, würden wir nicht aufhören zu leben, wir wären jedoch ärmer und etwas in uns würde sterben. Das aber wird nicht geschehen.

Mit welchen Absichten ich mein Buch auch begonnen habe, niemals wollte ich, daß es ein trauriges Buch wird. Durch seine lange Geschichte hindurch hat uns Frankreich gezeigt, daß es in seinen tragischsten Stunden zu lächeln verstand, und ich habe versucht, aus seinem Beispiel zu lernen. Ein Lächeln bedeutet nicht immer, daß das Herz aufgehört hat wehzutun, häufig zeigt es, daß noch Hoffnung da ist, trotz allem.

New York, April 1942

Erster Teil

I.

Meine Eltern stammten beide aus den Südstaaten, meine Mutter kam aus Savannah, Georgia, und mein Vater aus Prince William County, Virginia. Wenn meine Mutter streitlustig war, erinnerte sie meinen Vater spöttisch daran, daß sich Virginia als letzter Bundesstaat abgespalten hatte, und meine beiden älteren Schwestern riefen: »Sie fangen schon wieder an.« Die Kämpfe wurden gewöhnlich am Eßzimmertisch ausgefochten. In Kalbsleder gebundene Bände der historischen Archive der Konföderierten Staaten wurden herbeigeschleppt, um die heiß umstrittenen Punkte, die wir Kinder zumeist nicht verstanden, zu beweisen oder zu widerlegen.

Doch ich sollte besser mit dem Anfang beginnen. 1895 verließen meine Eltern Savannah, wo sie geheiratet hatten, und gingen nach Le Havre, in der Normandie; dort hatte man meinem Vater eine Stelle als europäischer Handelsvertreter der Southern Cotton Oil Company angeboten. Sie blieben nicht lange, 1898 zogen sie nach Paris. Unser Familienmobiliar war ihnen aus dem fernen Georgia nachgereist, *à petite vitesse*, wie man in Frankreich sagt. In *Trilby* übersetzt George Du Maurier diesen Ausdruck mit »little quickness«, eine ausgezeichnete Übersetzung, wenn man die wirklichen Verhältnisse kennt. Diese Möbel verblüfften unsere Pariser Nachbarn, die nie zuvor etwas Ähnliches gesehen hatten: Die verschnörkelten Lehnsessel, die langen Sofas mit ihren sinnlichen Kurven aus der Zeit vor dem Sezessionskrieg waren für französische Augen ein grauenerregender Anblick, aber nach unserer Vorstellung Meisterwerke guten Geschmacks. Wir liebten den Gedanken, uns auf Rosenholzstühle zu setzen, denn der Name dieses Holzes entzückte uns ebensosehr wie die geschnitzten kleinen Blumensträuße auf den schrägen Rückenlehnen.

Tatsächlich müssen diese um 1850 bei Herter in New York für meinen Großvater angefertigten Möbel in unserer Wohnung in der Rue Ruhmkorff Nr. 4 seltsam und fremd gewirkt haben. Die niedrigen Räume hatten immer nur anständige Tische und Stühle beherbergt, im konventionellsten Louis-seize-, Empire- oder Louis-Philippe-Stil, während unsere Lehnsessel etwas Frivoles und Verantwortungsloses hatten, als wollten sie sich auf irgendeine seltsame Weise erheben und Walzer tanzen. Dagegen bewahrten unsere Eßzimmerstühle aus massivem Mahagoni und mit dunkelgrünem Leder bezogen eine schwerfällige, ernste, praktische Ausstrahlung, die nur durch ihre Beine ein wenig gemildert wurde, denn diese glichen den in Rüschenhosen steckenden Beinen einer schwergewichtigen Dame. Diese Stühle gefielen uns ausnehmend gut, und wir behaupteten, in Frankreich könne es nichts Derartiges geben, eine Aussage, der bis auf den heutigen Tag niemand widersprochen hat.

Ich wurde am 6. September 1900 in Paris, Rue Ruhmkorff, geboren, doch unsere Straße lag so nahe an den Stadttoren, daß ich mir, wenn meine Eltern nur ein paar hundert Meter weiter westlich gewohnt hätten, heute nicht schmeicheln könnte, gebürtiger Pariser und amerikanischer Staatsbürger zugleich zu sein. Amerikaner wurde ich nicht durch Einbürgerung, ich bin es von Geburt und war nie etwas anderes.

Die Rue Ruhmkorff hat keinen besonderen Eindruck bei mir hinterlassen, doch später hörte ich mit ausgiebigem Kopfschütteln von ihr reden als jenem Ort, an dem meine Eltern ihre schlimmsten finanziellen Schwierigkeiten durchgemacht hatten. Der Name dieser Straße gefiel mir nicht, er klang wie ein Hustenanfall, und ich habe ihn stets mit einem Gefühl von Armut verbunden, doch vor einiger Zeit habe ich einen Spaziergang in jenes entlegene Viertel von Paris unternommen und entdeckt, daß unser einstiges Haus viel besser aussah, als ich gedacht hatte: Klein und gedrungen, wirkte es ordentlich, obwohl die Nachbarschaft volkstümlich war, wie damals im Umkreis der Pariser Zollschranken üblich.

1903 zogen wir in die Rue de Passy und gewannen das 16. Arrondissement so lieb, daß wir fünfunddreißig Jahre hier lebten. Wir waren nur ein paar Schritte vom Bois de Boulogne entfernt, wo Eltern tagsüber ihre Kinder hinführten, damit sie auf den Wiesen spielen und Karussell fahren konnten, wo sich jedoch nach Sonnenuntergang weniger unschuldige Szenen abspielten. Von diesen Dingen wußten oder ahnten wir freilich nichts, wir fanden den Bois eher ein bißchen langweilig, weil man, einmal dort angekommen, spielen mußte, ob man Lust hatte oder nicht; viel lieber schlenderten wir mit unserer Mutter die Rue de Passy auf und ab und bestaunten die Läden.

Unser Haus in der Rue de Passy ist so angefüllt mit glücklichen Erinnerungen, daß man es mir nachsehen möge, wenn ich ein wenig bei ihm verweile. Die Wohnung lag im dritten Stock, mit niedrigen und ziemlich dunklen Räumen; an der Eingangstür befand sich eine altmodische Klingel, und wenn man sie mit fester Hand ergriff und energisch daran zog, hörte man irgendwo tief im Haus ein leises Bimmeln, dann das Geräusch von Schritten und die hohe Stimme meiner Mutter: »Wenn das schon wieder eine Rechnung ist, ich zahle nichts!« Aus allen Zimmern tauchten Kinder auf, Türen schlugen, und schließlich wurde, nach einer gewissen Zeit, von einem mürrisch blickenden Hausmädchen in weißer Schürze und mit einer hastig und zornig auf dem Kopf festgesteckten Haube die Tür geöffnet. Weiße Gischt, die eine Welle krönt, ist auf See ein Zeichen für Unwetter; bei uns zu Hause entfachte die weiße Haube stürmische Auseinandersetzungen zwischen meiner Mutter, die darauf bestand, sie auf dem Kopf ihrer Dienstmädchen zu sehen, und diesen letzteren, die sich stets aufs neue gegen eine so altehrwürdige Sitte auflehnten.

Der dunkle Flur führte rechts in das Schlafzimmer meiner Eltern und linkerhand in den Salon. Dieser hätte bei den Herausgebern von *Vogue* oder *House and Garden* ganz gewiß keinen Beifall gefunden. Zunächst einmal waren die Möbel bunt zusammengewürfelt, was den Eindruck von Durcheinander erweckte; ich kann jedoch nie an diesen Raum zurückdenken, ohne die Hoffnung zu verspüren, daß er auf wundersame Weise in eine bessere Welt versetzt wurde mit all dem Glück, das in ihm wohnte. Da war zunächst einmal ein elefantöses Chesterfield-Sofa unter dem Kronleuchter, dann, neben der Tür, ein Klavier aus Palisanderholz, und am Fenster hatte der kleine Mahagonischreibtisch meiner Mutter seinen Platz, bedeckt mit Briefen, die überall hervorstanden wie die Federn eines Vogels. Lehnsessel von unterschiedlichster Form waren im Halbkreis um den Kamin herum angeordnet und schienen sich über die Löcher im Vorleger zu unterhalten. Die auffälligste Besonderheit dieses Raums waren die abgerundeten Wände in der einen Hälfte, und folglich war auch die Tür neben dem Klavier geschwungen, und wenn diese Tür offenstand, konnte sich ein kleiner Junge leicht zwischen ihr und der Wand verstecken und jedem Angst einjagen, der hereinkam. Natürlich machte ich mir das zunutze, und die Freundinnen meiner Mutter, die ich mir gewöhnlich zum Opfer erkor, hielten mich für einen Quälgeist.

Anderen Angst einzujagen und mir selbst Angst einzujagen scheint eines der größten Vergnügen meiner Kindheit gewesen zu sein. Mich auf den Klavierlehrer meiner Schwestern zu stürzen war gewiß ein Heidenspaß, aber noch viel mehr genoß ich den gruseligen Schauder, der mich erfaßte, wenn ich einen Blick in den Kleiderschrank meiner Eltern warf, nachdem ich den Teufel aufgefordert hatte zu erscheinen. Ich war nämlich fest davon überzeugt, der Teufel hause im Kleiderschrank meiner Mutter, einem besonders dunklen und tiefen Wandschrank, den man vom Schlafzimmer meiner Eltern aus betrat. Den Bösen zu beschwören war eine so erschreckende wie simple Zeremonie. Sie bestand darin, die Tür weit aufzureißen und aus Sicherheitsgründen sofort wenigstens einen guten Meter zurückzuspringen. Hierauf mußte der Teufel angerufen werden: Das erforderte eine gewisse Kühnheit, versetzte mich jedoch in einen Zustand äußerster Erregung, der allein schon meine Belohnung war. Ich pflanzte mich also vor der Türe auf und sprach nicht ein-, sondern dreimal: »*Diable!*«, mit leicht erstickter Stimme. Die erste Anrufung blieb folgenlos; bei der zweiten lief mir ein Kribbeln über die Kopfhaut, und nach der dritten stürzte ich aus dem Zimmer und lief zu meiner Mutter, die nicht begriff, warum ich mein Gesicht unter Angstgewimmer in ihrem Schoß verbarg. Hätte sie jedoch gesehen, was ich im Kleiderschrank zu sehen glaubte, sie wäre so erschrocken gewesen wie ich, aber ich weiß nur allzugut, man wird mir nicht glauben, wenn ich erzähle, was ich in dem furchtbaren Schrank sah und wie die Kleider meiner Mutter und die Anzüge meines Vaters ganz sachte anfingen, sich zu bewegen zwischen der zweiten und der dritten Anrufung, so als habe jemand diese Gewänder auseinandergeschoben, um sich einen Weg zu bahnen und mir an die Gurgel zu springen.

Wäre ich wirklich tapfer gewesen, ich hätte mich nicht von der Stelle gerührt, doch im letzten Augenblick fehlte es mir immer an Mut, und die Angst siegte über die Neugier. Jedesmal bereute ich das und nahm mir vor, beim nächsten Mal nicht schwach zu werden, denn ich wollte unbedingt herausfinden, wie der Teufel aussah. Trotzdem endete jeder neue Versuch mit schmachvoller Flucht, und bis auf den heutigen Tag gründet meine Vorstellung vom physischen Aussehen des Dämons auf nichts anderem als den Sinnestäuschungen eines kleinen Jungen.

Da ich nun schon einmal begonnen habe, von übernatürlichen Dingen zu reden, kann ich auch gestehen, daß wir alle davon überzeugt waren, in einer Wohnung zu leben, in der es spukte, alle, mit Ausnahme meines Vaters, der sich weigerte, etwas zur Kenntnis zu nehmen, was er als kindische und unbegründete Angst betrachtete. Doch das eingebildete Böse kann genauso schlimm sein wie das wirkliche, und oft besteht kaum ein Unterschied in der Wirkung, die es auf die geistige Verfassung seiner Opfer hat. Das Schlafzimmer meiner Eltern war geräumig, einigermaßen hell und tagsüber recht freundlich mit seinem großen Fenster, welches auf das Haus unseres

Vermieters ging und auf seinen Garten, in dessen Mitte eine herrliche Kastanie wuchs. In diesem Baum lebte eine Amsel, deren fröhliches Flöten mich entzückte, vor allem früh am Morgen, wenn ich in meinem Bett lag und beobachtete, wie über den zugezogenen Vorhängen das Licht heller wurde. Obwohl ich nachts nie Angst hatte, verspürte ich Erleichterung, wenn die ersten Sonnenstrahlen durch die Fensterläden in unser Zimmer drangen und den Dingen ihr vertrautes Aussehen zurückgaben, wenn die Kleider meines Vaters nicht mehr einem in der Ecke kauernden Buckligen glichen und wenn der kleine weiße Toilettentisch nicht länger eine Frau ohne Kopf war, in ein Bettlaken gehüllt, das von ihren breiten Schultern herabfiel. Irgendwie half der Gesang der Amsel, diese spinnigen Gedanken zu vertreiben.

Andererseits war ich froh, daß das Bett meiner Eltern zwischen meinem Bett und jenem grauenerregenden Wandschrank stand, in dem der Teufel hauste; nichts konnte mir geschehen, solange meine Eltern in der Nähe waren. Das gab mir ein Gefühl der Überlegenheit über meine Schwestern, die in anderen Zimmern schliefen und nicht den gleichen Schutz genossen. Auch wenn ihnen verboten war, in meiner Gegenwart über so etwas wie Geister zu sprechen, hatte ich doch sehr früh aus ihren Blicken und ihrem Getuschel erraten, daß mit jedem Raum des Hauses irgend etwas nicht stimmte. In einem Zimmer erschien, wie man mir Jahre später erklärte, jede Nacht zwischen elf und Mitternacht oben auf dem Schrank ein abgeschlagener Kopf. In einem anderen, das neben dem Zimmer meiner Eltern lag, kam regelmäßig eine Frau und setzte sich bei meiner jüngsten Schwester ans Bettende, aus keinem anderen Grund, als ihr in die Augen zu schauen, und was die Sache noch schlimmer machte: Die nächtliche Besucherin hatte kein Gesicht.

Es ist leicht, über so abergläubische Ängste zu lachen, wenn man groß ist und besser weiß, was es mit Geistern auf sich hat. Für ein nervöses Kind kann der Umstand, daß es im Schein einer Kerze zu Bett geht und weiß, dieses Licht wird früher oder später erlöschen und dann wird irgendein namenloses Schreckgespenst aus dem Dunkel auftauchen, Ursache sein für schlimme geistige Qualen mit weitreichenden Folgen. Meine Schwester Lucy, die damals zehn, elf Jahre alt war, litt unter Albträumen, die ihre Nerven zerrütteten. Sie war es, die jede Nacht, ein paar Minuten vor dem Morgengrauen, eine Frau in ihr Zimmer treten und sich auf ihr Bett setzen sah oder zu sehen meinte. Meine älteste Schwester, die mit ihr das Zimmer teilte – wir waren damals noch fünf Kinder im Haus –, bestätigte Lucys Aussagen über diese Erscheinung, aber das alles wurde als Unsinn abgetan.

Es ärgerte meinen Vater, daß er eine komfortable Wohnung mit einem Dreijahresvertrag gemietet hatte und erleben mußte, daß seine Kinder sie innerhalb einer Woche mit Gespenstern anfüllten. Es war nichts zu machen. Die Vorstellung, unserem Vermieter, Monsieur Cassagnade, zu schreiben, war viel zu absurd, um auch nur einen Augenblick in Erwägung gezogen zu werden. Denken Sie nur, Sie beklagen sich bei einem französischen Vermieter, daß es in seiner Wohnung spukt! Er würde Sie zum Psychiater schikken, nachdem er vorsorglich seine Miete kassiert hat. Deshalb bat mein Vater seine Töchter, vernünftig zu sein, und fügte hinzu, er sei überzeugt, die unheimlichen Geräusche und widerlichen Erscheinungen würden mit der Zeit aufhören, »vorausgesetzt, ihr Mädchen kümmert euch nicht um sie«. Diese optimistische Sicht der Dinge stieß auf mürrische Mißbilligung, und »ihr Mädchen« sahen und hörten weiterhin, was sie schon bisher gesehen und gehört hatten. Jemand ging die halbe Nacht im Flur auf und ab, und das Parkett knarrte so laut unter seinen Schritten, daß dieses Geräusch schließlich sogar einen Menschen mit so bleiernem Schlaf wie meinen Vater weckte, der seinen alten Revolver aus der Nachttischlade holte und aus dem Bett kroch, um nachzuschauen. Natürlich war niemand im Flur, doch seine Töchter erklärten ihm am nächsten Tag, er besäße ganz einfach nicht die Gabe des Sehens.

Nach einiger Zeit wurde über die Gespenster nicht mehr geredet. Wir hatten uns gewissermaßen an sie gewöhnt, und ich vermute, sie hatten unsere Gegenwart in dem, was sie als ihr Haus betrachteten, widerwillig akzeptiert. Von Zeit zu Zeit spielte jemand auf ihre Umtriebe an; Mary, Expertin auf diesem Gebiet, warf einen vielsagenden Blick in meine Richtung, damit nichts gesagt würde, was ich verstehen konnte, und murmelte dann: »Heute nacht waren *sie* wieder besonders schlimm.« Aber ich verstand genau, was gemeint war. Im übrigen verstanden es alle, und niemand regte sich mehr darüber auf, ausgenommen Lucy.

II.

Was immer nachts auch vor sich gehen mochte, tagsüber war unsere Wohnung so angenehm wie keine andere, in der ich je gelebt habe. Das Haus war wohl unter Napoleon I. erbaut worden, und die Kaminplatte im Salon zeigte einen kaiserlichen Adler, der sich im Flackern der Glut zu bewegen und mit den Flügeln zu schlagen schien. Wie oft habe ich diesen Adler betrachtet und mich auf dem dünnen Teppich gewälzt ohne jeden anderen Grund als eine Art animalisches Glück, ein köstliches Gefühl von Wohligkeit, das ich später, als ich älter war, nur noch selten empfunden habe.

An Winterabenden legten wir ein Kissen auf den Boden, meine Mutter setzte sich vor das Feuer, einen langen grauen Wollshawl über den Schultern, und erzählte uns Geschichten über Amerika. Wir zankten darum, wer ihr am nächsten sitzen durfte, aber da ich der kleinste war, schaffte ich es immer, auf ihren Schoß zu klettern, und obwohl ich noch nicht verstand, was sie sagte, gefiel es mir, dem Klang ihrer Stimme zu lauschen. Es ist nun sechsundzwanzig Jahre her, daß diese Stimme verstummt ist, und doch erinnere ich mich so deutlich an sie, als habe sie mich eben bei meinem Namen gerufen: eine helle, laute, glückliche Stimme.

Immer und immer wieder erzählte sie uns von Savannah, wo sie geboren war, und von dem großen Tudor-Haus, das unser Großvater väterlicherseits kurz vor dem Sezessionskrieg von einem der allerersten amerikanischen Architekten an einem Platz hatte erbauen lassen. Ich habe mich oft gefragt, welches Bild die Worte meiner Mutter in der Phantasie ihrer Töchter wohl heraufbeschworen haben, denn das Haus in Savannah war eine so seltsame Mischung aus Victorian Gothic und Pseudo-Louis-quinze, daß es mir fast unmöglich erscheint, von ihm eine Vorstellung zu vermitteln, insbesondere den beiden jüngsten meiner Schwestern, die nie einen Fuß nach Amerika gesetzt hatten.

Wie dem auch sei, das Haus in Savannah schwebte wie eine Art himmlisches Jerusalem durch viele Gespräche, oder zumindest kam es mir so vor, sobald ich genug Englisch verstand, um den Erzählungen meiner Mutter zu folgen, und ich malte mir ein so herrliches Bild von diesem vielgerühmten Heim, daß nur wenige Paläste auf Erden meinen Erwartungen hätten entsprechen können; offen gestanden, ich fürchte eine leichte Enttäuschung verspürt zu haben, als ich das Haus in Savannah mit dem kritischen Blick eines Neunzehnjährigen dann zum ersten Mal sah. Aber das macht nicht viel; wichtig sind nur all die Jahre, die wir glücklich in einem Phantasiehaus verlebt haben, erbaut in den Lüften, mit den Ziegeln und dem Mörtel der Worte meiner Mutter.

Uns, den drei in Frankreich geborenen Kindern, schien Amerika so fern, daß ich mich zuweilen verträumt fragte, ob es nicht ein Ort war, den meine Mutter nur zu unserem Amüsement erfunden hatte. Zunächst einmal konnte ich mir kein Land vorstellen, in dem sich alles von der Rue de Passy so sehr unterschied, daß es unglaublich und manchmal beängstigend wirkte. Der Gedanke zum Beispiel, daß man in den Wäldern nahe der Stadt, in der meine Mutter gelebt hatte, auf große Schlangen stoßen konnte, die einen töteten, war an sich schon faszinierend, doch um mir wirklich vorstellen zu können, was sie damit meinte, mußte ich mir ausmalen, wie ich mit Lina, meiner *bonne*, im Bois de Boulogne spazierenging und von einem Reptil der Größe einer Boa constrictor angegriffen wurde. Mich schauderte bei dem Gedanken an die Gefahren, denen meine Mutter ausgesetzt gewesen war, und ich schätzte mich glücklich, daß unsere vernünftigen französischen Schlangen nicht über die Stränge schlugen wie ihre amerikanischen Vettern, sondern ein geregeltes Leben führten in den hübschen Käfigen des Jardin des Plantes.

Eine andere Geschichte, zu deren Wirklichkeitstreue ich

mich lieber nicht äußern wollte und die ich auf eine Ebene mit Kindermärchen stellte, war jene, in der es um Häuser ging, die mehr als dreimal so hoch waren wie die Häuser in Paris, also Häuser mit achtzehn oder zwanzig Stockwerken. Dergleichen war einfach ungeheuerlich, aber es stand einem frei, diese Geschichten zu glauben, obwohl man im tiefsten Herzen wußte, daß es so etwas nie gegeben hatte, genau wie bei den Bilderbuchhelden. Auf alle Fälle war es klüger, seinen Eltern nicht zu widersprechen. Insgeheim aber weigerte ich mich zu glauben, ein Haus könne höher als fünf oder sechs Stockwerke sein, aus dem simplen Grund, daß unsere es nicht waren. Natürlich konnte ich so tun, als glaubte ich meiner Mutter, denn es herrschte ja die stillschweigende Übereinkunft, daß sie genausowenig glaubte, was sie mir da erzählte.

Dieser komplizierte Denkprozeß wurde eines Tages erschüttert durch das Eintreffen eines sonderbaren Gegenstands, von dem meine Mutter behauptete, er käme geradewegs aus Savannah. Er glich einem grünen Spazierstock und schien mir die Aufregung nicht wert, die sich bei allen bemerkbar machte, als meine Mutter um ein scharfes Messer bat und anfing, diesen Spazierstock in kleine Stücke zu schneiden, die sie uns, meinen Schwestern und mir, zum Kauen gab. Ich beäugte meinen Anteil an dieser Näscherei mit einigem Mißtrauen und nagte zögernd daran herum. Da sie sich jedoch als süß herausstellte und meine Schwestern ganz versessen darauf schienen, tat ich wie sie. Auf diese Weise entdeckte ich den Geschmack von Zuckerrohr, und dies war der erste Beweis, den mir Amerika von seiner Existenz lieferte.

Die Schule, in die ich ging, war ein kleines Haus am Ende eines sehr langen Gartens, etwa zehn Minuten von unserem Haus entfernt. Lina brachte mich jeden Morgen dorthin. Sie war ein Mädchen vom Land, aus einem Dorf in der Dordogne, das Badefols d'Anse hieß (wie könnte man einen solchen Namen je vergessen?), und ich mochte sie sehr, obwohl sie mir allmorgendlich meine Schuhe an den Kopf warf, ihre Art, mir mitzuteilen, daß es Zeit war zum Aufbruch. Meine

Schwestern, die sie genauso behandelte, waren empört über diese rüden Manieren und beklagten sich lautstark bei meiner Mutter. Sie lachte nur. Ich wich den Schuhen einfach aus und sagte nichts, denn Lina war andererseits sehr nett zu mir. Sie erlaubte mir, nach den Mahlzeiten in die Küche zu schlüpfen und ihr beim Geschirrabwasch zu helfen. Sie tanzte für mich allein eine *bourrée*, wie man sie in ihrem Dorf tanzte, und sang dazu ein Lied, das ganz sicher aus der Zeit vor der Eroberung Galliens stammte.

Wenn ich an ihr Aussehen zurückdenke, dann wundert mich nicht, daß ich sie gern tanzen sah; sie war eine rotwangige Person mit frecher Nase, vollem Busen und breiten Hüften, die in einem engsitzenden schwarzen Rock steckten. Selbst ihr Gang hatte etwas Erfreuliches. Sie trug lange, spitze schwarze Schuhe und schritt mit nach außen gekehrten Fußspitzen einher, mit hochgerecktem Kinn und herausforderndem Blick. Ihr Bruder kam sie einmal im Monat besuchen. Er war Butler im Haus meines Patenonkels, hat bei mir aber keine so pittoreske Erinnerung hinterlassen wie Lina. Er war ein eher vierschrötiger Mensch, und mir ist nur eine Besonderheit im Gedächtnis geblieben: Er ging die Treppe immer rückwärts hinunter, so als ob sie eine Leiter wäre.

Nachdem Lina mich zur Schule geleitet hatte, wurde ich der Obhut einer sanftäugigen Dame übergeben, die Mademoiselle Marie hieß und mir das Lesen beizubringen versuchte, was keine leichte Aufgabe war. Ich war langsam und hörte nie zu, denn ich hatte Heimweh nach der Rue de Passy. Schließlich lernte ich zusammen mit den dümmsten Kindern aus der Gruppe der Kleinen »Taler, Taler, du mußt wandern« spielen, und zwar mit Hilfe einer alten Garnrolle, einem grellfarbigen Wollknäuel und ein paar Stecknadeln; meterweise lief das knallbunte Zeug von unseren Rollen, und wir sangen dazu: *Il court, il court, le furet …*, ein altes kanadisches Lied über ein Frettchen, das durch den Wald rennt.

Das war ungefähr alles, was Mademoiselle Marie mir beibrachte; ich bin mir ganz sicher, daß ich kein A von einem B unterscheiden konnte, als ich ihre Schule verließ. Und dennoch kann ich an jene Zeit nicht ohne ein Gefühl des Bedauerns, ja der Sehnsucht zurückdenken, weil ich heute weiß, daß ich damals so glücklich war, wie es ein kleiner Junge nur sein kann, und daß alles Glück, das ich in späteren Jahren erlebte, nicht von derselben Art war. Vor allem konnte ich mich nie wieder *zum ersten Mal* glücklich fühlen; je älter ich wurde, desto mehr wurde das Glück zu etwas, wonach ich strebte, weil ich es gekostet hatte und mehr davon wollte; die Überraschung war für immer verschwunden. Ich konnte nicht länger ein kleiner Faust in schwarzer Kittelschürze bleiben, der plötzlich entdeckte, daß die alte Welt, in der er lebte, ein Ort unbeschreiblicher Schönheit war, daß die Wolken über seinem Kopf so bezaubernd waren wie alles, was er sah, und daß die kühle Luft eines Oktobermorgens sein Herz mit dem Wunsch erfüllte, ewig zu leben. Ich sehe mich allein im Garten der Schule stehen und horchen, wie jemand in der Nachbarschaft einen Teppich ausklopft. Warum ist diese prosaische Erinnerung nach all den Jahren immer noch da, während so viele andere, schönere Dinge vergessen sind? Vielleicht, weil im selben Augenblick der Klang eines fernen Klaviers an mein Ohr drang, auf dem der *Türkische Marsch* gespielt wurde, der mir vertraut war, denn meine Schwester Mary spielte ihn oft zu Hause. An jenem Herbstmorgen des Jahres 1905, ein paar Minuten vor acht, fühlte ich mich auf so unerklärliche Weise außer mir vor Freude, daß ich die Erinnerung an dieses Gefühl niemals verloren habe, auch nicht in den düstersten Zeiten meines Lebens. Nie kehren die ersten kühlen Tage nach dem Sommer zurück, ohne mir wenigstens einen Hauch dieses frühen Glücks zu bringen. Was mich am Kindsein immer beeindruckt hat, ist die Verschwiegenheit. Ein Kind drückt das, was es empfindet, selten anders aus als durch Singen, wenn es glücklich ist, oder durch Schreien, wenn es Angst hat; seine tieferen Gefühle bleiben notgedrungen im Schweigen verborgen, weil es noch keine Worte besitzt, sie auszudrücken. Sicher, das Kind redet mit sich selbst, wie auch ich es getan habe, mit leiser, murmelnder Stimme. Ich hatte eine Sprache erfunden, dank der ich mir selbst Vertraulichkeiten erzählen konnte. Diese Geheimsprache war reich und vielfältig; wie einfach sie funktionierte, wird man erkennen, wenn ich verrate, daß sie bloß eine Nachahmung der Gespräche meiner älteren Geschwister war, so wie diese eben in meinem Ohr klangen. Kein Wort war klar verständlich, doch in der Flut von halb artikulierten Silben und Konsonanten kamen Freude, Kummer, Heiterkeit, Überraschung und manchmal grimmiger Zorn deutlich genug zum Ausdruck, um meine innersten Bedürfnisse zu befriedigen.

Bloß waren es keine Selbstgespräche. Da hockte jemand in der Zimmerecke, dem ich endlose Reden hielt, obwohl niemand außer mir sehen konnte, wer das war. Mary, die ständig Gespenstern auflauerte, wollte nicht im Zimmer bleiben, wenn ich das Wort an etwas richtete, was in ihren Augen nur ein körperloser Geist sein konnte. Mein Kauderwelsch machte ihr angst; sie sagte, Kinder und Tiere *sehen* Dinge, und ich sei ganz offensichtlich ein *Medium.*

Medium oder nicht, ich wurde aufs nächstgelegene *lycée* geschickt, um dort zu lernen, was Mademoiselle Marie nicht in meinen Kopf hineingekriegt hatte. Dieses Gymnasium, Janson de Sailly, war eines der größten in Paris, seine häßlichen braunen Gebäude füllten einen ganzen Häuserblock; schön waren nur die Höfe mit den hohen Platanen und Fliederbüschen. Am ersten Tag begleitete mich meine Mutter bis an die Tür des Klassenzimmers, und ich weinte laut, nein, ich brüllte, als sie fortging. Diese neue Umgebung, in der sie mich zurückließ, erfüllte mich mit Furcht und Schrecken: der düstere, riesengroße Klassenraum, die mucksmäuschenstillen Kinder und vor allem die strenge Mademoiselle Blondeau, die mit ihrem Federhalter auf den Tisch klopfte.

Warum sie mich so erschreckte, kann ich heute nicht mehr sagen. Eine füllige Vierzigjährige, mit üppigem Busen, die einen kleinen Kneifer trug und eine ungeheuer lange Uhrkette, die mich so sehr faszinierte, daß ich gleich mehreren

Frauenfiguren in meinen Romanen eine ähnliche geschenkt habe. Ich hoffe, es sind nicht allzu unsympathische Figuren. Meistens trug sie Schwarz und wirkte auf mich wie ein Turm der Finsternis, obwohl sie nicht größer war als die Durchschnittsfranzösin. Im Rückblick, und erfahrener geworden durch die Jahre, vermute ich, daß Mademoiselle Blondeau irgendein trauriges Geheimnis hütete, wie Hawthornes Heldinnen. Vielleicht schmücke ich ein banales Leben aus, doch ihr Benehmen war merkwürdig. Für gute Noten belohnte sie uns mit einem oder zwei der kleinsten *dragées*, die ich je gesehen habe: zwei *dragées* für eine Zehn, die beste Note, die man bekommen konnte, und eins für eine Neun, aber diese Zuckereier waren so winzig, daß man unmöglich sagen konnte, ob man nun eines geschluckt hatte oder nicht. Das war ihr System der Auszeichnung. Die Züchtigung hingegen vollzog sich auf eine seltsam ausgeklügelte Weise und hatte etwas Zeremonielles. Die kleinste Unaufmerksamkeit, ein falsch ausgesprochenes Wort, eine Grimasse zogen die augenblickliche Bestrafung des Schuldigen nach sich, dieser mußte aufstehen, vor Mademoiselle Blondeaus Tisch treten und in unterwürfiger Stille niederknien. Dann wurde er gerügt und leicht geohrfeigt. Aber das war noch nicht alles: Die Hand, die ihn gestraft hatte, wurde ihm zum Küssen hingestreckt, dann stand er auf, sagte: »*Merci, Mademoiselle*« und kehrte zurück an seinen Tisch.

Abgesehen von dieser kleinen Marotte, war Mademoiselle Blondeau ein anständiger Mensch, und sie brachte mir das Lesen bei. Ruhig, unbeugsam, gewissenhaft, verlor sie niemals die Beherrschung, selbst wenn sie es für notwendig hielt, uns zu bestrafen: Wie der Engel in Baudelaires Gedicht züchtigte sie uns, jedoch ohne Zorn. Obwohl sie nach außen hin unerbittlich war wie das Gesetz, habe ich den Verdacht, daß sie in ihrem ausladenden Busen ein zartes Herz verbarg und außerdem noch Gedichte schrieb.

»Vierzig französische Äffchen«, lautete die Beschreibung, die meine Mutter von unserer Klasse gab, »und Julian«, fügte sie hinzu, »ist eines von ihnen.« Das war für sie Grund zu Belustigung und Ärger in einem; sie liebte die Franzosen fast so sehr wie ihr eigenes Volk, aber sie wollte, daß ich ein Amerikaner war. Sie wollte, daß alle ihre Kinder Amerikaner waren, und konnte den Gedanken nicht ertragen, daß einer von uns Englisch mit starkem französischen Akzent sprach. Es war eine schwierige Aufgabe, uns auf den rechten Ausspracheweg zu führen, doch sie war fest entschlossen zum Erfolg.

Jeden Tag las sie uns aus der Bibel vor, aus der Authorized Version von 1611. Selbst als ich noch zu klein zum Begreifen war, setzte ich mich ihr zu Füßen nieder und hörte zu. Ich liebte den Klang der englischen Bibel, auch wenn sie mir unverständlich blieb. Eines Tages jedoch geschah etwas Neues und Aufregendes: Meine Mutter las einen Vers vor, und ich verstand ihn vom Anfang bis zum Ende. Ich wollte etwas sagen, doch meine Mutter befahl mir, still zu sein, und las weiter. Seither habe ich oftmals große Anstrengungen unternommen, diesen ersten Satz, den ich verstanden hatte, wiederzufinden, doch vergeblich. Trotzdem gebe ich die Hoffnung nicht auf, daß mit den Jahren mein Erinnerungsvermögen tiefer in die Vergangenheit vordringt und dieser Satz eines Tages auftaucht, leuchtend in der Finsternis.

Als ich etwa sieben Jahre alt war, wurde mir diese Bibel in die Hände gelegt, und meine Mutter hieß mich, »Der Herr ist mein Hirte« und »Warum toben die Heiden?« zu lernen. Ja, wirklich, warum die Heiden tobten, das war mir ein Geheimnis, doch es freute mich zu hören, daß sie zerschmissen werden sollten wie Töpfe, und ich stampfte mit den Füßen, während ich mir selbst diese zornigen Verse aufsagte. In der Bibel meiner Mutter waren die Ränder mit kleinen Sätzen beschrieben, die mich mindestens ebenso verwirrten wie der Inhalt des Buches selbst. Sie hatte diese Bibel als junges Mädchen geschenkt bekommen und viele Verse angekreuzt und mit Kommentaren versehen: »Vergiß niemals den Morgen des 17. Juli 1876« oder »Denke immer an den 12. Oktober 1875«. Das eine oder andere Datum sollte gewiß an etwas Bewegendes erinnern, es gab jedoch so viele davon, daß sogar sie selber lachen mußte. Meine älteren Schwestern ließen ihr keine Ruhe und wollten Einzelheiten wissen: »Mama, was geschah am 17. Juli 1876? Hat jemand um dich angehalten?« – »Nein, dummes Ding.« – »Versuch doch, dich zu erinnern.« – »Ich kann mich nicht erinnern.« – »Gut, dann sag wenigstens, was am Abend des 19. März 1891 geschah.« – »Fort mit dir, kleines Fräulein. Ich will keinem Kreuzverhör unterzogen werden. Laßt mich in Ruhe und geht eure Aufgaben machen.«

Die Bibel beeindruckte mich so sehr, daß meine Mutter mir eine illustrierte Ausgabe mit Erzählungen aus der Heiligen Schrift schenkte. Ich las begierig, vertiefte mich vor allem in die Bilder, bis sich jedes Detail in mein Gedächtnis eingegraben hatte. Wenig später kam ich auf den Einfall, Hoherpriester zu werden und ein Brandopfer darzubringen. Die schier unüberwindbaren Schwierigkeiten eines solchen Plans entmutigten mich nicht im geringsten. Zunächst mußte ein Kostüm gefunden werden, in dem ich wie der Hohepriester in meinem Buch aussah. Ein um den Kopf gewickeltes Frotteehandtuch und der mit Sicherheitsnadeln hochgesteckte rote Morgenmantel meiner Mutter erzielten, wie mir schien, die gewünschte Wirkung. Dann mußte noch ein Hochaltar errichtet werden: Es gab natürlich keinen in unserem Haus, aber die Nähmaschine war ein brauchbarer Ersatz, vorausgesetzt, man stülpte den Deckel darüber, was auch geschah. Ein zweites Frotteehandtuch wurde über den Altar gebreitet, und schon sah er aus wie auf dem Bild. Aus der Küche holte ich zwei Kerzenleuchter, stellte sie links und rechts auf den Altar, dazwischen legte ich die Haarbürsten meines Vaters, stellvertretend für die »Schaubrote«.

An diesem Punkt angelangt, traten neue Schwierigkeiten auf. Zunächst einmal durften, wie mein Bilderbuch zweifelsfrei bewies, die Schaubrote nicht auf dem Hochaltar liegen, doch ich erklärte der mindestens siebzigtausend Juden zählenden Menge, die der Zeremonie beiwohnte, daß uns ein Altar fehlte und dieser hier genügen mußte. Alle stimmten mir zu, und ich fragte mich nun, was ich als Opfer darbringen sollte. Ein Kalb oder ein Ochse kam nicht in Frage, doch irgendein wertvoller Gegenstand konnte vielleicht Gefallen finden bei dem Allmächtigen. Kurz kam mir der Gedanke in den Sinn, ein Spielzeug von mir zu opfern, doch keines erschien mir einer solchen Ehre würdig. Nachdem ich eine Weile gesucht hatte, ohne fündig zu werden, entdeckte ich im Flur den Zylinder meines Vaters.

Dieser Hut war aus Seide und glänzte auf eine Weise, die ich hinreißend fand, eine Meinung, die von meiner Mutter geteilt wurde, denn sie entfernte jedesmal, bevor mein Vater und sie ausgingen, mit einem kleinen braunen Samtkissen den Staub von dem kostbaren Objekt. Und da hingen sie beide, der Zylinder und das kleine braune Samtkissen. Ich betrachtete den Hut mit einer Mischung aus Ehrfurcht und Begierde, plötzlich durchzuckte ein Gedanke mein Gehirn: Ich würde den Zylinder meines Vaters als Opfer darbringen. Ich kletterte auf einen Stuhl und brachte ihn ohne große Mühe in meinen Besitz, dann trug ich ihn triumphierend zum Hochaltar, wo ich ihn mit Zeichen tiefster Ehrerbietung zwischen die Kerzenleuchter legte. Als nächstes mußte die Frage gelöst werden, ob ich mich sozusagen mit einem symbolischen Opfer begnügen oder ob ich den Hut wirklich anzünden sollte, was der Tradition des Alten Testaments eher entsprach. Irgend etwas sagte mir zwar, daß es böse und auch gefährlich war, wenn man den Seidenhut seines Vaters verbrannte. Die Verlockung, es dennoch zu tun, muß unwiderstehlich gewesen sein, denn ich lief in die Küche, um Streichhölzer zu holen.

Zum Glück hatte mein Hin- und Hergelaufe die Aufmerksamkeit meiner Mutter geweckt, und die Neugier lockte sie in das Zimmer, wo das Brandopfer stattfinden sollte. Nun kam ich mit der Streichholzschachtel, die ich der abwesenden Köchin gestohlen hatte, aus der Küche zurück, und ich vermute, daß ich sehr schuldig ausgesehen habe: Der Mund blieb mir offen, ich hatte keine Erklärung zu bieten. Mit einer schnellen Geste rettete meine Mutter den Hut und brachte ihn zurück an seinen gewohnten Platz im Flur, während ich in den Morgenmantel gewickelt hinter ihr herrannte und schrie, es handle sich doch um ein Brandopfer. Ich wurde völlig mißverstanden, und das Experiment endete mit einem schlimmen Reinfall: Dem Hohenpriester wurde der Hintern versohlt.

Der Hut jedoch war nicht für lange gerettet. Wie so vielen hübschen Dingen auf der Welt war auch ihm ein trauriges Schicksal beschieden.

III.

1907 kam meine Cousine Sarah Elliott aus Amerika, um den Sommer bei uns zu verbringen, und blieb, bis der Weltkrieg vorüber war, denn Paris faszinierte die jungen Amerikanerinnen. Sarah trug Matrosenmützen, deren breites schwarzes Band hinter ihrem Kopf flatterte, und spielte auf unserem Klavier holprig, aber temperamentvoll *Die lustige Witwe*. Vermutlich habe ich auf sie einen ebenso komischen Eindruck gemacht wie sie auf mich, wir waren einander sehr fremd. Sie war ungefähr sechzehn, hatte hellblaue Augen, Sommersprossen auf der Nase und wunderschönes, struwweliges kastanienbraunes Haar. Mit meinen sechs Jahren war es schwer für mich, sie zu begreifen. Sicher, sie redete wie mein Vater und meine Mutter und erwähnte häufig Mamas Geburtsstadt Savannah, an deren Existenz ich schließlich glaubte. Doch fiel mir auf, daß sie über Amerika nicht die gleichen Dinge sagte wie meine Eltern. Sie erzählte von Gebäuden, die diese nie gesehen hatten, und genauso sprachen meine Eltern von Häusern und Menschen, von denen sie nichts wußte, so daß ich mich manchmal fragte, ob sie wirklich von der gleichen Stadt sprachen. Immerhin schienen sie sich einig, daß meines Großvaters Haus am Madison Square stand und Bull Street und Broad Street parallel verliefen.

Andere, feinere Unterschiede entgingen mir, während sie meinen Schwestern bestimmt auffielen. Die Lieder, die Sarah kannte und sogar vorzusingen versuchte, waren uns unbekannt; ihre Ausdrucksweise war nicht die unsere, ihr Slang so schwer verständlich wie eine Fremdsprache. Das alles konnte als ganz normal durchgehen, aber da war noch etwas anderes: der Sezessionskrieg.

Wir teilten die Ansichten unserer Eltern, die uns beigebracht hatten, die Fahne der Südstaaten als die unsere zu betrachten, was sie ja auch war. Doch sie hatten die Vereinigten Staaten vor etwa zwanzig Jahren verlassen und die Ideen jener Zeit mitgebracht, die sich in Frankreich nicht verändern konnten, wogegen sie sich weiterentwickelt hätten, wenn meine Eltern in Amerika geblieben wären. Danton hat einmal gesagt, man könne seine Heimat nicht an den Schuhsohlen mit sich nehmen, und er wollte damit wohl ausdrücken, daß ein Mensch, der aus seinem Land fortgeht, alles zurückläßt, was aus ihm einen Franzosen, einen Deutschen oder einen Amerikaner macht. Ich frage mich, wie wahr oder falsch das ist. Was ein Mensch mit sich nimmt, ist sein Land zu einem bestimmten Zeitpunkt seiner Geschichte. Aber die Welt, die er verlassen hat, entwickelt sich weiter und verändert sich, während die, die er mitgenommen hat und sozusagen in seinem Herzen trägt, bleibt, was sie gewesen ist, heilig, aber irgendwie erstarrt. Besitzt der Verbannte Energie, Phantasie und Widerstandskraft, dann nimmt sein Land, das ihm zu einer inneren Heimat geworden ist, eine ganz eigene Entwicklung. Das geschah bei den amerikanischen Siedlern und in gewisser Hinsicht auch bei meinen Eltern. Ihr Amerika war von lebhafter Wirklichkeit, aber zwangsläufig überholt. Als ich zum ersten Mal in die Vereinigten Staaten kam, war es eine der größten Überraschungen für mich, daß die Leute meiner Generation sich viel weniger für den Sezessionskrieg interessierten als ich und daß sie kaum etwas davon wußten und sich auch nicht besonders darum kümmerten. Für mich war der Sezessionskrieg noch immer ein Grund für Traurigkeit, denn ich hatte nicht in dem Land gelebt, wo er stattgefunden hatte und wo die Gefühle für die tragischen Unterschiede zwischen Nord und Süd größtenteils verschwunden waren. Dieser Krieg hatte sich eben erst ereignet und wir hatten ihn verloren, zumindest kam es mir nach den Erzählungen meiner Mutter so vor. In gewisser Weise waren wir im Nachkriegssüden und der bedrückenden Atmosphäre des Wiederaufbaus erzogen worden.

Eine erste Ahnung von diesem Unterschied bekamen wir, als meine Cousine Sarah bei uns auftauchte. Natürlich war sie eine treue Südstaatlerin, doch über unseren verbissenen Ernst machte sie sich lustig. Eines Tages löste sie Empörung aus, als sie *Marching through Georgia* auf dem Klavier klimperte. Meine Mutter, die nicht besonders musikalisch war, erkannte dennoch die verhaßte Melodie und kam aus ihrem Zimmer gestürzt, wobei sie mehr einer Personifikation des Sturms glich als einem menschlichen Wesen. Es folgte ein kurzer Wortwechsel, und Tränen wurden vergossen; zum ersten und letzten Mal marschierten Shermans Soldaten durch unser Haus.

Unsere Niederlage erschütterte mich so sehr, daß ich schließlich die Augenblicke fürchtete, in denen meine Mutter wieder davon erzählen würde. Wir hatten zu Beginn des Krieges so herrliche Siege errungen, daß ich auf unerklärliche Weise immer hoffte, wir würden gewinnen, obwohl ich genau wußte, daß wir verloren hatten. Mir ging es wie jener Dame, der eine besonders schreckliche Episode aus der Bibel erzählt wird und die ausruft: »Ach du meine Güte, hoffentlich ist das alles nicht wahr!«

In der Schule, ich war schon fast acht Jahre alt, begann ich nun französische Geschichte zu lesen, und das erste, was man uns über »unsere Vorfahren, die Gallier« beibrachte, war, daß sie blaue Augen hatten und lange Haare und, wenn Gewitter drohte, immer fürchteten, der Himmel könnte ihnen auf den Kopf fallen. Es war seltsam, aber ich dachte gern an die Gallier und daß sie vielleicht auch meine Vorfahren waren, obwohl meine Mutter mir erklärt hatte, es flösse kein Tropfen französisches Blut in unseren Adern. Was sie auch sagen mochte, ich wurde Franzose, sobald ich über die Schwelle unseres Klassenzimmers trat. Hier saß ich mit fünfunddreißig gleichaltrigen Jungs, kritzelte mit hängender Zunge in mein Heft oder betrachtete den vor der Tafel gestikulierenden Monsieur Lesellier. Er war ein hochgewachsener Mann mit Ziegengesicht und grauem Kinnbärtchen, das er in modischer Manier zurechtzwirbelte; sein Haar war kurzgeschnitten und nach hinten gekämmt, die blauen Augen blitzten spöttisch hinter einem kleinen Zwicker, der ganz oben auf einer langen geröteten Nase saß. Alles an ihm war beeindruckend: seine Größe, sein schlurfender Schritt und mehr noch der lange schwarze Gehrock, unter dessen Schößen er seine Hände versteckte und mit den Gelenken knackte. Er streute in seine Reden großzügig attisches Salz, und seine Bonmots waren bei uns oft verlorene Liebesmüh, doch einige seiner kleinen Späße erkannte ich Jahre später wieder, als ich Anatole France las.

Ich bewunderte Monsieur Lesellier. Und zwar so sehr, daß mir nichts erstrebenswerter schien, als zu sein wie er, ein brillanter Mensch mit elegantem Zwicker auf der Nase und einem Gehrock, der bis an die Knie reichte, und natürlich wollte ich unbedingt die gleichen Vorfahren haben, unsere Freunde, die Gallier. Eines Tages versetzte er mir unabsichtlich einen furchtbaren Schlag, als er mich fragte, ob meine Eltern Engländer seien. Ich antwortete, sie seien Amerikaner. »Haben Sie Indianer in der Familie, *mon petit ami?*« Ich war perplex und sagte, daß ich es nicht wüßte. Die Indianer waren mir gleichgültig, ich liebte die Gallier mit ihren langen roten Schnauzbärten, wie unser Bäcker einen hatte, und mit ihren Helmen. »Aber«, erwiderte Monsieur Lesellier, »wenn Sie Amerikaner sind, haben Sie vielleicht einen oder zwei Indianer in der Familie, aber keine Gallier. Machen Sie kein so trauriges Gesicht«, sagte er noch und schickte mich an meinen Platz zurück, »ich will Ihnen und Ihren Kameraden ein gallisches Kriegslied beibringen.«

Daraufhin zog er eine Stimmgabel aus der Tischlade, und nachdem seine Stimme den richtigen Ton gefunden hatte, begann er eine grauenerregende Ballade zu singen, in der nach der Schlacht aus den Schädeln der Toten deren Blut getrunken, auf Schimmeln durch den Sturm geritten und dem Feind mit scharfem Schwert der Kopf abgeschlagen wurde. Nach so vielen Jahren klingt mir der mit meckernder Stimme gesungene, wilde Refrain noch in den Ohren:

Tam, tam, tirelo,
Bois le sang des morts, ma chèvre!

Monsieur Lesellier bedauerte, daß unser Lied nicht vom Klirren der auf die Schilde herniedersausenden Schwerter begleitet werden konnte, wie in der Wirklichkeit; dennoch waren wir begeistert von seinem Vortrag dieses barbarischen Gesangsstücks und hatten es schnell gelernt. Ich war von Monsieur Leselliers Kriegslied ganz besonders angetan und rannte in der Hoffnung nach Hause, meine Mutter zu beeindrucken und womöglich zu erschrecken, indem ich mit den Füßen aufstampfte und *Tam, tam, tirelo!* sang, doch meine Darbietung verdutzte sie nur:

»Für wen hält er sich denn jetzt wieder?« fragte sie meine älteste Schwester. »Letzte Woche hatten wir einen Hohenpriester auf dem Hals und heute das ... Frag dieses französische Äffchen, was es damit ausdrücken will, Eleanor.«

Meine Schwester fragte mich auf französisch.

»Ich bin ein Gallier«, erklärte ich grimmig.

»Du bist schlicht und einfach Amerikaner«, sagte meine Mutter auf diese Antwort. »Was man sich nicht alles anhören muß! Eins meiner Kinder soll Gallier sein! *Gaulois*, also wirklich!«

Das war enttäuschend, und ich fragte, ob unter meinen Vorfahren Indianer gewesen seien.

»Indianer? Nein. Ganz bestimmt nicht. Deine Vorfahren waren Engländer.«

»Und Schotten«, fügte meine Schwester hinzu.

»Und Waliser«, ergänzte meine Mutter.

»Viehdiebe«, fuhr Eleanor sich die Nägel feilend fort. »Sie lebten an der Grenze zu den Lowlands und stahlen den Engländern das Vieh.«

Sie schien ziemlich stolz auf unsere räuberischen Vorfahren und hätte mir gern noch weitere Auskünfte gegeben, doch meine Mutter wechselte das Thema. Ich war furchtbar enttäuscht. Die Vorstellung, Diebe als Vorfahren zu haben, war nicht angenehm. Diebe in der Familie, das war Fremden schwer zu erklären. Krieger, das klingt viel besser, und ich hätte meinen Klassenkameraden gern gesagt, auch unsere Vorfahren seien Krieger gewesen. Diese Gedanken standen mir allzu deutlich ins Gesicht geschrieben, als daß meine Mutter sie nicht gelesen hätte. Deshalb begann sie, von den ersten Einwohnern Britanniens zu erzählen, und ich hörte ihr aufmerksam zu. Am nächsten Tag informierte ich meine Klassenkameraden, daß unsere Vorfahren die Pikten waren, aber niemand hatte bisher von den Pikten gehört, und als ich hinzufügte, ihre nationale Besonderheit sei gewesen, sich die Körper schwarz und blau anzumalen, war offensichtlich, daß meine Zuhörer diese Sitte ekelhaft und barbarisch fanden.

Wenig später erfuhr ich, daß in Schottland die Viehdiebe als die ältesten und angesehensten Familien betrachtet wurden.

IV.

Bis es sehr kalt wurde, blieben die Fenster im Haus weit offen, und eine unserer liebsten Vergnügungen bestand darin, in einer Ecke zu sitzen und die Passanten in der Rue de Passy zu beobachten. Keine Straße auf der Welt wird mir jemals so schön vorkommen wie die Rue de Passy, als ich sechs war: Sie war laut, und ich liebe die Stille, doch wenn ich noch einmal das Klappern der Pferdehufe auf dem Holzpflaster hören könnte oder das Geratter der alten Doppeldeckertram auf ihrem Weg zum Hôtel de Ville, ich würde mich freuen über diesen Lärm. Frühmorgens, wenn unser Dienstmädchen die Salonfenster öffnete, schien die ganze Straße in den Raum hereinzukommen mit ihren Mietdroschken, ihren Omnibussen und ihrer geschäftigen Menge aus Arbeitern und Haushälterinnen mit Einkaufskorb am Arm. Von Zeit zu Zeit flitzte ein Metzgergehilfe auf seinem Fahrrad vorüber, eine jener Melodien pfeifend, die kein Franzose heutzutage hören kann, ohne daß es ihm das Herz zusammenzieht, sofern er alt genug ist, sich an jene glücklichen Tage zu erinnern.

Der Gedanke stimmt traurig, daß die Straßengeräusche einer Stadt, so lästig sie manchmal auch sind, mit den Veränderungen des alltäglichen Lebens verstummen und für immer verschwinden und in keinem Gedächtnis eine Spur zurücklassen. Wir können uns nur düster vorstellen, wie sich die Hauptstraße von Athen unter der Herrschaft des Perikles angehört haben mag oder das Forum, als Tiberius regierte, oder die Place de Grève im mittelalterlichen Paris. Ein Lied bringt uns manchmal ein Echo von dem, was man einst hörte, ein paar Verse von Villon oder auch Rufe der Straßenverkäufer, die sich aus Tradition erhalten haben, und das ist alles. Die Mittel, die uns heute zur Verfügung stehen, werden vielleicht jemanden auf den Gedanken bringen, die Stimme des Times Square oder des Piccadilly Circus aufzunehmen, damit zukünftige Generationen sich eine genaue Vorstellung von dem machen können, was wir heute hören.

Niemals vergessen werde ich den ungeheuerlichen Lärm, den der Lieblingsbus meiner Mutter machte, der schmerzlich vermißte Passy-Bourse. Dieses riesige, kanariengelb angestrichene Fahrzeug hockte auf sehr großen Rädern und wurde von zwei schweren Percheron-Pferden gezogen. Bei schlechtem Wetter saß man besser im Inneren, doch an einem schönen Sommernachmittag konnte es nichts Aufregenderes geben, als hinter meiner Mutter die schmale Treppe hochzuklettern und neben ihr auf der sogenannten *impériale* zu sitzen. Die *impériale* befand sich unter freiem Himmel, nichts schützte einen hier vor Regen, dennoch war sie immer voll, vielleicht weil die Plätze billiger waren.

Mit ein bißchen Glück konnte sich ein kleiner Junge gleich hinter den Kutscher zwängen, ein sehr begehrter Platz, um den ich hart kämpfte. Es machte Spaß, die lange Peitsche wie einen Pistolenschuß über seinem Kopf knallen zu hören und sich die gesprenkelten Kruppen der Pferde anzuschauen, während diese kräftigen Tiere die Rue de Passy entlangtrabten. Außerdem gab es einem ein Gefühl von Wichtigkeit, so nah beim Kutscher zu sitzen. Er trug einen dunkelblauen Mantel und einen glänzenden schwarzen Hut mit ziemlich breiter Krempe. Die meisten Kutscher der *Compagnie des Omnibus* waren kräftige Burschen mit roten Gesichtern, und einer von ihnen steigerte die Schönheit seiner Erscheinung noch durch große Ohrringe, aber das war eine ganz persönliche Note. Meine Mutter war der Meinung, die Ohrringe seien aus Messing; ich glaubte lieber, sie seien aus Gold. Wie dem auch sein mochte, der Fahrer des Passy-Bourse hielt sich für den Gebieter und Herrn jeder einzelnen Straße, durch die er uns kutschierte. Alles und jeder machte ihm schleunigst Platz. Jetzt, da ich auf diese wunderbaren Ausflüge zurückblicke, glaube ich, daß unsere Gangart eher einem Kavallericangriff glich als einer Fahrt durch die Stadt. Genau das machte die Sache so aufregend! Die Leute stoben in alle Richtungen, wenn sie uns unter Donnergrollen heranpreschen sahen, und früher oder später würden wir den Karren eines Obst- und Gemüsehändlers umstoßen oder auf eine Droschke prallen, hoffte ich beinahe. Mehr als einmal habe ich schnell die Augen zugemacht, um das schreckliche Schauspiel nicht zu sehen, doch nichts geschah. Zu meiner großen Verwunderung kippte das riesige Fahrzeug auch niemals um, wenn es von der Rue de Passy in die enge Rue Guichard bog. Diese Straße war in der Tat so schmal und der Omnibus so breit, daß ich mich immer fragte, wie der eine in die andere passen konnte. Außerdem wurde die mit runden Steinen gepflasterte Rue Guichard aus irgendeinem unersichtlichen Grund stets im Galopp genommen und der Omnibus so heftig durchgerüttelt, daß seine Scheiben bebten und meine Backen zitterten wie Wackelpudding.

So ging es die Rue Guichard hinunter, die Rue de la Pompe hinauf bis zur Avenue Victor-Hugo, und dann hopp bis zur Place de l'Étoile, die ihren weiten Kreis vor uns auftat. Von hier donnerten wir die Avenue de Friedland hinunter und machten nur ein paar Minuten halt an der Rue du Faubourg Saint-Honoré, um unser schwitzendes Gespann durch ein drittes Pferd zu ergänzen. Diese glücklichen Tage werden niemals wiederkehren. Mit dem Passy-Bourse, einem der letzten Überreste des 19. Jahrhunderts, verschwanden viele der liebenswertesten Seiten des Lebens. Er wurde 1914 kurz vor dem Krieg eingestellt. Vor einigen Jahren wurde der ungeschickte Versuch unternommen, ihn für ein paar Stunden wiederzubeleben, an einem kurzen Aprilnachmittag. Noch einmal rollte der alte gelbe Wagen in voller Fahrt den Boulevard de La Madeleine hinunter, doch er sah irgendwie anders aus; er wirkte klein und komisch, und die Leute lachten über ihn: So wurde ein Teil meiner Kindheit lächerlich gemacht, und ich ging traurig davon, als hätte ich nichts gesehen.

Hin und wieder nahm meine Mutter mich mit zu ihrer besten Freundin, Agnes Farley, die in einer ernsten, dunklen Wohnung in der Rue de la Paix lebte. Wir stolperten ein finsteres Treppenhaus hinauf, bevor wir in einen Salon geführt wurden, der nach Zigarrenqualm roch. Eine Büste Cäsars thronte auf dem Kaminsims, und immer, wenn ein Omnibus durch die Straße fuhr, klirrte leise der Kristallüster. Fünf oder sechs vergoldete Lehnsessel waren im weiten Halbkreis angeordnet und schimmerten in der Nachmittagssonne. Ich bemühte mich, sie alle auszuprobieren, bevor Agnes hereinkam; und wenn mir das gelang, war es ein glückliches Vorzeichen. Ein Vorzeichen wofür, das hätte ich nicht sagen können, doch ich hütete diesen Aberglauben wie einen geheimen Besitz.

Agnes erschien hinter einem kläffenden Hund. Sie war eine korpulente Frau mit einem nicht sehr schönen Gesicht, aber einem bezaubernden Lächeln. Da sie ständig eine kleine brennende Zigarre zwischen den Fingern hielt, rochen ihre Kleider, ihre Bücher, ihr Hund, alles, was sie umgab, sehr stark nach diesen *niñas*. Sie war Irin, hatte aber den größten Teil ihres Lebens in Frankreich verbracht und sprach französisch mit einem feinen Hauch ihres heimatlichen Akzents, der für ein südländisches Ohr eher angenehm klang. Ihr Lachen übertönte den Lärm, der von der Straße heraufdrang, und obwohl ich von dem, was sie sagte, nicht viel verstand, lachte ich so oft wie sie, denn ihre Fröhlichkeit hatte etwas Ansteckendes und Betörendes. Nichts, was sie sagte oder tat, glich dem, was andere Leute sagten oder taten; sie verstand es, banale Dinge ungewöhnlich und interessant erscheinen zu lassen, und das ist der Inbegriff von Talent. Man staunte über die unverhoffte Schönheit der Welt, solange sie da war, um sie einem zu zeigen; kaum war sie fort, sahen die Leute wieder langweilig aus und sogar das Licht schien zu verblassen.

Sie sprach zu mir immer wie zu einem Erwachsenen. Das war einer der Gründe, warum sie mir gefiel. Es ist schmeichelhaft, wie ein Mann behandelt zu werden, wenn man gerade einmal zehn ist.

»Und was denken Sie über den Eisenbahnerstreik?« fragte sie mich. »Halten Sie es für richtig, daß Briand Soldaten aufmarschieren ließ? Nein, natürlich nicht. Sie sind ein vernünftiger Franzose mit liberalen Ideen.«

Ich sperrte den Mund auf und grinste verschämt. Ein andermal stand die Literatur auf dem Programm:

»Sie müssen also den *Cid* lesen. Nun, das hat man davon, in Frankreich geboren zu sein, mein Lieber. Eine drögere Geschichte als den *Cid* kann ich mir überhaupt nicht vorstellen, und Sie?«

Konnte ich nicht.

»… oder eine, die widernatürlicher wäre, unmenschlicher. Absurde Gedanken, ausgedrückt in hochtrabenden Versen.«

Ich stimmte zu.

»Erlauben Sie mir, Sie als vernünftigen Franzosen zu fragen, ob Sie wegen der Liebesgeschichten Ihrer Tochter so einen Krach schlagen würden? Nein, das habe ich mir gleich gedacht. Mein Lieber, Sie und ich, wir bleiben besser bei unseren guten alten Lieblingen, dem *Sturm* und *Tristram Shandy*. Haben Sie das letzte Buch von Anatole France gelesen? Nein. Mary, Ihr Sohn ist ja schrecklich *blasé*, wenn er France nicht lesen kann. Also, versuchen Sie wenigstens *Le Livre de mon ami* zu lesen, lieber Freund, der Stil wird Ihnen gefallen, auch wenn Sie seine Ansichten altmodisch finden.«

Und so weiter. Ich saß auf meinem Stuhl, hingerissen und verzückt, ein Stück Brioche in der Hand und Bewunderung in den Augen. Es war so angenehm, von einer beeindruckenden erwachsenen Person nicht gesagt zu bekommen, man solle spielen gehen, sondern ganz im Gegenteil aufgefordert zu werden, sich an der Unterhaltung zu beteiligen, obwohl ich, wie die meisten Kinder, mit ziemlicher Sicherheit das war, was Agnes »einen kleinen Quälgeist« nannte.

Sie liebte die englische und die französische Literatur leidenschaftlich und schrieb mit einer gewissen Lässigkeit bezaubernde Bücher über das Landleben. Fast ihre ganze Zeit verbrachte sie in ihrem kleinen Salon, wo sie Zigarren rauchte und las. Einmal am Tag, gegen Ende des Nachmittags, machte sie einen kleinen Spaziergang bis zur Place Vendôme, etwa zweihundert Meter von ihrer Wohnung entfernt, oder bis zur Place de l'Opéra, wo sie sich ins Café de la Paix setzte und die Passanten betrachtete. Sie hatte Wilde gut gekannt und seine Vorliebe für amüsante Gespräche und Absinth geteilt. Ich habe oft ihren Tod beklagt, der eintrat, als ich zwölf war und sie etwas über vierzig. Sie war meine Taufpatin. Hätte sie gelebt, bis ich alt genug war, ihren gesunden Menschenverstand und ihren köstlichen Sinn für Humor zu schätzen, dann hätte ich mir ihre Ratschläge zunutze machen und viele literarische Irrtümer vermeiden können.

Ab und zu tadelte sie meine Mutter wegen der Art, wie ich englisch sprach.

»Wissen Sie, meine Liebe, es ist ganz in Ordnung, daß er ein vernünftiger Franzose ist, aber er spricht seine Hs nicht aus. Sie können nicht durchgehen lassen, daß Ihr Sohn groß wird und seine Hs nicht ausspricht, wie Bennett.«

Aber das war nicht die Schuld meiner Mutter. Mich die Psalmen mit einem französischen Akzent aufsagen zu hören war für sie eine schlimme Qual, und obwohl sie mich ständig korrigierte, wurde meine Aussprache nicht besser. Das war um so erstaunlicher, als meine Schwestern, bis auf eine Ausnahme, ihre Muttersprache wunderbar beherrschten. Die Aussprache war auch der Grund, daß Eleanor, die mit Arnold Bennett verlobt war, ihn schließlich nicht heiratete. Er vernachlässigte seine Hs.

Mein Fall war seltsam. Obwohl man uns unzählige Male gesagt hatte, unsere Fahne sei die Fahne der Südstaaten, und ich das kleine Aquarell, das in unserem Salon an der Wand hing, über alles bewunderte, brach ich unweigerlich in Tränen aus, wenn Monsieur Mougeot uns von den Schrecken des Krieges von 1870 erzählte und der Demütigung von Sedan. Daß ein acht- oder zehnjähriges Kind unglücklich ist bei dem Gedanken an militärische Niederlagen, die sich vierzig Jahre vor seiner Geburt ereignet haben, erscheint mir heute offen gestanden als Absurdität, um nicht zu sagen als Dummheit, aber das gehört wohl zu dem, was man gemeinhin Erziehung nennt. 1870 hieß in Gesprächen immer nur *l'année terrible*, und wurde selten ohne Klagen und Seufzen erwähnt. Unsere Lehrer, von denen einige alt genug waren, um gegen die Deutschen gekämpft zu haben, flößten uns ein Gefühl der Verbitterung ein und die Hoffnung, Elsaß-Lothringen werde eines Tages wieder an Frankreich zurückfallen.

Etwas Magisches mußte mit dem Namen Elsaß-Lothringen verbunden sein, denn so wild und undiszipliniert ein kleiner Franzose ansonsten auch sein mochte, immer blickte er aufmerksam und ernst gen Himmel, wenn der Name dieser verlorenen Provinzen fiel. Eine ganz besondere Traurigkeit schien mit dem Gedanken an diesen Krieg verbunden, und diese Traurigkeit kam in der großen schwarzen Schleife zum Ausdruck, die die Frauen in manchen Gegenden des Elsaß an ihrer Haube trugen. Ja, Frankreich trauerte um sein Kind, doch außer in einigen schlechten Versen von Déroulède wurden keine Rachegelüste verbreitet.

Da ich den Namen Déroulède nun schon einmal erwähnt habe, muß ich wohl noch ein paar Worte über ihn verlieren, denn er ist mit so vielen Kindheitserinnerungen verbunden. Ob er ein großer Mann war oder nicht, muß Gott sei Dank nicht ich entscheiden. Ein guter Franzose und ein schlechter Dichter, den Tausende von Franzosen für nichts weniger als ein Genie hielten, und auch Déroulède selbst war von dieser höchst zweifelhaften Tatsache fest überzeugt. Er trug einen weißen Spitzbart, einen breitkrempigen Hut und eine schwarze Lavallière-Schleife, wie ein Dichter in Trauer, und zeigte sich in der Öffentlichkeit nie anders als in einem langen schwarzen Gehrock militärischen Zuschnitts. Einmal im Jahr führte er die Abordnung einer patriotischen Liga an und zog verwegen zum Standbild der Stadt Straßburg auf der Place de la Concorde, einen Kranz in der Hand und neue schlechte Verse im Kopf. Auf dem Platz angekommen, erklomm Déroulède, seinen Spitzbart in die Luft gereckt, den hohen Sockel des Standbilds wie eine Ziege, die auf ihren Lieblingsfelsen klettert.

Heute, im Jahre 1941, angesichts der schlimmsten Katastrophe in der Geschichte Frankreichs, kann man nicht mehr lachen über diesen alten Herrn, der die Seele seiner Heimat zu verkörpern suchte, doch vor dem Krieg von 1914 spotteten viele über ihn und seine chauvinistischen Gedichte. Niemand hegte ernsthaft revanchistische Gedanken, und obwohl Franzosen und Deutsche sich nicht besonders mochten, kann ich nicht sagen, daß uns Kindern beigebracht wurde, die Menschen auf der anderen Seite des Rheins zu hassen; doch klugerweise empfahl man uns, ihnen nicht allzu sehr zu trauen.

Natürlich gab es Feuerschlucker wie den guten Monsieur Mougeot, der Bismarcks Namen nicht über die Lippen brachte, ohne zu knurren und mit seinem Lineal zornig auf den Tisch zu hauen, doch im allgemeinen kam es nicht zu Gefühlsausbrüchen dieser Art. Unser Deutschlehrer, ein Elsässer namens Kessler, ein ehemaliger Kavallerieoffizier, der einen engtaillierten Gehrock und ein imposantes Monokel an einem langen schwarzen Band trug, war noch ziemlich jung, obwohl er schon eine Glatze hatte, und erlaubte sich nie, Beleidigungen gegen die deutsche Regierung auszustoßen, doch den Sarkasmus handhabe er mit dem Geschick eines Fechtmeisters. Fast immer war die germanische Schwerfälligkeit Zielscheibe seiner Scherze, und unser Klassenraum dröhnte von dem Gelächter, das sie hervorriefen auf Kosten derer, die wir damals Preußen nannten.

Zu Hause jedoch bekamen meine Schwestern und ich zusätzliche Deutschstunden von einer Dame aus München, Fräulein Margreiter. Eines unserer größten Vergnügen bestand darin, sie zu fragen, woher sie komme – wir taten immer so, als hätten wir es vergessen –, und zwar wegen ihrer lustigen Art, die Nase zu rümpfen, wenn sie München sagte. Sie war eine stille, bescheidene Person, immer in Braun gekleidet, mit einem Hasenprofil und widerspenstigem schwarzen Haar, das ihr in die Augen fiel. Sie war von unterwürfiger Höflichkeit und stürzte meine Mutter jedesmal in Verwirrung, wenn sie ihr die Hand küßte. Wir mochten sie recht gern, obwohl sie uns auf die Nerven ging, aber für die übertrieben unregelmäßigen Verben der deutschen Sprache konnte man sie nun wirklich nicht verantwortlich machen. Sie sprach immer in ernstem, ruhigem Ton mit uns und gebrauchte die längsten französischen Wörter, die sie finden konnte, wenn sie sich dieser Sprache bediente. Ihre krankhafte Schüchternheit und ihr ängstlicher Blick ließen uns an ein Leben voller Enttäuschungen und Widrigkeiten glauben; ihr altes braunes Kleid blieb in meiner Erinnerung haften als ein Bild von Traurigkeit und Armut. Als der Krieg ausbrach, verschwand sie.

V.

Wenn ich auf meine Kindheit zurückblicke und jene Zeit mit dem Verhalten heutiger Kinder vergleiche, wird mir klar, daß die Jungen und Mädchen von 1940 gefunden hätten, daß wir leicht zu unterhalten waren und vielleicht auch ein bißchen dumm. Irgendwie gelang es uns, ohne Radio und ohne Kino glücklich zu sein! Wir spielten Verstecken und Reise nach Jerusalem, tauschten Briefmarken und zerbrachen uns die Köpfe über japanischen Geduldsspielen. Meine Schwester Retta, die fast zwölf war, setzte sich manchmal ans Fenster, zählte alle Fahrzeuge auf der Straße und machte sich in winziger Schrift Notizen auf der ersten Seite eines großen Schreibhefts, das eigens dafür gekauft worden war. Sie hatte sich vorgenommen, es vollzuschreiben, kam über die erste Seite aber nie hinaus, weil sie es schon nach einer Stunde langweilig fand, Trambahnen, Omnibusse, Wagen, mit einem Wort, alles, was fuhr, zusammenzuzählen. Wäre dieser Versuch, den Verkehr in der Rue de Passy zu beschreiben, fortgesetzt worden, dann wüßte ich heute, daß am 23. April 1908 zwischen zwei und drei Uhr nachmittags fünfzehn Mietdroschken unsere ehemalige Straße hinauf- oder hinuntergerollt sind. Das erinnert mich an den Irrsinn von Statistiken. Sicher könnte ein Schriftsteller sich fragen, welche Gründe es gab für diese Ausfahrten, und sich leichtfertige Paare ausdenken, die in den Bois de Boulogne fuhren, oder griesgrämige Juristen, die zu ihren düsteren Büros im Madeleine-Viertel eilten. Als ich *Treibgut* schrieb, habe ich daran gedacht.

Retta war ein stilles und nachdenkliches Kind mit einem schönen, ernsten Gesicht, unergründlichen schwarzen Augen und dichtem schwarzen Haar, das ihr über die Schultern fiel. Keines ihrer Geschwister hatte das Gefühl, sie gut zu kennen, denn sie war wortkarg und vertraute nie irgendwem ein Geheimnis an, doch sie war so hübsch anzusehen und von so sanftem Wesen, daß sie immer viele Freunde hatte. Das merkwürdigste an ihr war ein unheimlicher Sinn für Humor, aber davon will ich später erzählen.

Als ich älter wurde, vertrieb ich mir eher mit literarischen Dingen die Zeit, ich sagte mir gern, daß ich eines Tages ein großer Schauspieler sein würde, so wie der Mann, der bei *In achtzig Tagen um die Welt* die Rolle des Mr. Fogg spielte. Mit dieser Idee im Kopf begann ich Dialoge aus berühmten Stücken auswendig zu lernen, um bereit zu sein für den Tag, da man mich auf die Bühne rufen würde. Daß ich von allem, was ich da aufsagte, die Hälfte nicht verstand, war nicht so wichtig. Was ich wollte, war, in meinem Zimmer mit dem Fuß aufstampfen, hochtönende Worte sprechen und mir einbilden, daß ich nicht ich selbst war, sondern irgendein wichtiger und scharfsinniger Mensch wie Augustus oder Cyrano de Bergerac.

Ungeduldig wartete ich auf den Donnerstag, denn an diesem Tag hatten wir frei, und außerdem kam unsere Näherin, Mademoiselle Félicité Goudeau, frühmorgens ins Haus und blieb bis abends nach dem Essen. Sie war mein Publikum. Ihre Rolle war ziemlich leicht, denn sie bestand einfach darin, wie gewöhnlich ihre Arbeit zu verrichten, während ich für sie deklamierte. Zuweilen geschah es, daß ich mit der Faust vor ihrem Gesicht herumfuchtelte oder einen Dolch über ihrem Kopf schwang, aber selbstverständlich wußte sie, daß alles Theater war, und nahm die Sache gelassen.

Sie war ein schüchternes kleines Geschöpf mit grauen Locken und trippelte so geschwind von einem Zimmer ins andere, daß man unvermeidlich an eine Maus denken mußte oder an irgendein anderes verhuschtes Tier. Meistens trug sie eine schwarze Schürze und lief mit Stecknadeln zwischen den Zähnen umher. Das störte mich ein bißchen; mir wäre lieber gewesen, sie hätte dagesessen und sich nicht gerührt. Eines Tages sagte ich das auch, und daraus entspann sich eine lange

Diskussion, an deren Ende meine Mutter als Schiedsrichterin hereingerufen wurde. Natürlich befahl sie mir, den Raum auf der Stelle zu verlassen, doch wenig später kehrte ich zurück und »schnaubte noch mit Drohen und Morden«, im reinsten Stil der Comédie-Française.

Wir nannten sie kurz und bündig Goudeau. Wenn sie guter Laune war, amüsierte sie mein überspanntes Deklamieren, und sie lachte, den grauen Kopf schüttelnd, in sich hinein, doch manchmal zeigte sich bei ihr eine gewisse Reizbarkeit, die meine Mutter auf irgendeine jugendliche Liebesenttäuschung zurückführte.

»Sie muß einmal sehr hübsch gewesen sein, ich finde, das sieht man ihrem Gesicht noch immer an.«

Es war eine Spezialität meiner Mutter, Spuren von Schönheit unter den Runzeln der Leute zu entdecken oder verborgene Güte in ihren Seelen, aber meine Schwestern protestierten:

»Goudeau! Sie ist fast bucklig, und sie hat eine spitze rote Nase!«

»Sie ist nicht mit einer roten Nase auf die Welt gekommen, ihr dummen Gören, und sie ist nicht bucklig, nur ein wenig gebeugt von der vielen Arbeit.«

Ich fand Goudeau gewiß nicht attraktiv, aber sie war mir unentbehrlich. Eines Tages stürzte ich mich auf sie und schrie:

»Ihr habt meine Tochter entehrt! Zieht Euren Degen, Teufel, und verteidigt Euch!«

Sie kicherte leise und schob den Zwicker mit dem Drahtgestell zurecht.

»Leugnen ist zwecklos«, fuhr ich grimmig fort, »meine Tochter wird gegen Euch aussagen.«

Nach diesen Worten lief ich in die Küche, riß unter Linas verdutztem Blick den Schrank auf, packte einen der großen, vier Pfund schweren Brotlaibe, die man damals verkaufte, und wickelte ihn in eine Serviette. Ich brauchte auch einen Dolch, aber Dolche waren etwas Seltenes in unserem Haus, und so gab ich mich mit dem Brotmesser zufrieden und eilte zurück.

»Hier ist meine Tochter«, brüllte ich. »Sie ist gekommen, Euch öffentlich anzuklagen.«

»Eure Tochter muß furchtbar jung sein, wenn sie noch in Windeln herumgetragen wird«, bemerkte Goudeau mit spöttischem Glucksen. »Seid Ihr sicher, Monsieur Julien, daß diese hier die Richtige ist?«

Ich befahl dieser Ausgeburt der Hölle zu schweigen, beschloß, meine Tochter lieber tot als entehrt zu sehen, und erdolchte sie, indem ich das Brotmesser mehrere Male in den Laib stieß.

»Jetzt«, sagte Goudeau, »ist sie tot *und* entehrt. Was tut Ihr nun?«

»Euch töten!« antwortete ich.

Wonach Goudeau aufsprang und zu meiner Mutter lief. Mir wurde verboten, *Le Roi s'amuse* noch einmal aufzuführen, und die Köchin nahm mir empört den Brotlaib weg.

So verwunderlich es sein mag, diese Szenen wiederholten sich mit kleinen Abweichungen jahrelang. Denn jahrelang kam Goudeau am Donnerstag zum Nähen, mit dem Alter immer weißhaariger und immer krummer, und jahrelang drohte ich dem alten Fräulein mit sofortiger Ermordung, sollte sie mir nicht die Namen all ihrer Komplizen nennen, die Schlüssel der Stadt aushändigen oder den Ort verraten, an dem *jener* Sack mit Golddublonen versteckt lag. Sie nähte geduldig weiter, und mit der Zeit gewann sie mich sogar lieb, trotz meiner stürmischen Beziehungen zu Victor Hugo und Corneille.

Ein paar Wochen nach dem Vorfall mit dem entehrten Brotlaib kam Goudeau zu meiner Mutter und eröffnete ihr, sie könne ohne Schneiderpuppe nicht mehr arbeiten. Sie erklärte, sie brauche eine Schneiderpuppe auf einem Fuß, wie alle anderen Näherinnen, und mein Vater, der zu Rate gezogen wurde, entschied, daß sie eine bekommen sollte. Dieser Beschluß stellte sich als Fehler heraus, auch wenn er auf den ersten Blick vernünftig schien.

Zehn Tage später wurde die Schneiderpuppe geliefert. Zunächst fand ich sie nicht weiter interessant, doch Goudeau schien entzückt und tätschelte ihr anerkennend die Hüften. Für eine Schneiderpuppe war sie bestimmt ein besonders schönes Exemplar. Der Busen wölbte sich mit herausforderndem Schwung, der noch betont wurde durch die bezaubernden Kurven der Rückseite; das ganze Ding war schwarz und glänzend und auf einem Fuß befestigt, der einem Besenstiel glich. Mit einem Kleid angetan, sah die Schneiderpuppe aus wie eine elegante, leicht affektierte Dame, der man Kopf und Arme abgeschnitten hatte, ohne daß es ihr etwas ausmachte, denn sie wirkte ganz normal; doch wenn Goudeau ihr das Kleid auszog, lag eindeutig etwas Peinliches in ihrer schwarzen Nacktheit.

Nach und nach begann ich, sie mit anderen Augen zu betrachten. Selbst unbekleidet hatte sie eine ungemein würdige Haltung. Ich taufte sie *Coucou Blanc*, nach einer Figur in Daudets *Le Petit Chose*, und indem ich ihr einen Namen gab, gab ich ihr auch eine Seele und ein Herz, das unter dem üppigen Busen schlug. Von diesem Augenblick an war Coucou Blanc eine wirkliche Person. Sie war so groß, daß Goudeau auf einen Stuhl klettern mußte, um ihre Schultern zu erreichen. Es dauerte nicht lange, und ich wandte mich instinktiv an sie, wenn ich zu Hektors Witwe sprach, der untröstlichen Andromache, oder zur Königin Athalie, die bald von Hunden zerrissen werden sollte. Ihre *hauteur* war beeindruckend, und etwas an ihr ließ einen an Tragödien denken.

In der ersten Zeit wagte ich nicht, sie anzufassen, nachdem ich jedoch gesehen hatte, wie Goudeau erbarmungslos Stecknadeln in sie bohrte, änderte sich mein Verhalten gegenüber Coucou Blanc. Wenn die Schneiderin sie von einer Ecke des Zimmers in die andere befördern wollte, kippte sie die Puppe um, packte sie mit ihren kurzen Armen und zog sie an die Stelle, die ihr geeignet schien. Diese Behandlung hatte etwas so Entwürdigendes, daß ich bald jede Achtung vor der *dark lady* verlor und eines Tages, ich hatte gerade die Geschichte von Rebecca und Front-de-Bœuf in *Ivanhoe* gelesen, stürzte ich mich plötzlich auf Coucou Blanc und entführte sie aus dem Zimmer. Sie war viel leichter, als ich gedacht hatte, und so zogen wir triumphierend durch die Wohnung, verfolgt von einer zornig protestierenden Goudeau, die ihr Kind unbedingt wiederhaben wollte, aber das Mißgeschick, das sie fürchtete, doch nur beschleunigte: Als ich mit meiner Beute davonlief, die etwa doppelt so groß war wie ich, schlug ich in einem engen Gang der Länge nach hin, und Coucou Blanc sauste über mich hinweg. Ein lautes Krachen war zu hören, der Fuß der Schneiderpuppe brach entzwei, als wäre er aus Glas. Augenblicklich tauchte meine Mutter auf, wie die Göttin der Gerechtigkeit. Was folgte, war so banal, daß es keiner Erwähnung wert ist, abgesehen von der Tatsache, daß es schmerzhaft für mich war. Die verkrüppelte Coucou Blanc kam wieder an ihren alten Platz im Schlafzimmer meiner Eltern, da sie jedoch viel von ihrer Größe verloren hatte, mußte man sie auf einen niedrigen Tisch stellen, und dort glich sie in keiner Weise mehr einer Prinzessin aus Kusch oder der Witwe des Helden von Troja, sondern eher einem scheußlichen Überrest aus einem abgebrannten Haus.

VI.

Jedes Jahr, am Festtag Karls des Großen – der meist im Januar gefeiert wurde –, war es für die Schüler der oberen Klassen des Lycée Janson Ehrensache, im Schwarm die Rue du Ranelagh hinunterzulaufen und das Lycée Molière zu stürmen, damals eines der größten Mädchengymnasien der Stadt, das auch meine Schwestern besuchten. Warum der Festtag Karls des Großen für diese Expedition ausgewählt worden war, ist mir ein Rätsel geblieben. Jeder weiß, daß der heilige Kaiser mit Hilfe des englischen Mönchs Alkuin die ersten Schulen in jenem Land gründete, das später Frankreich heißen sollte. Aber ich sehe keinen Zusammenhang zwischen dieser Tatsache und dem plötzlichen Auftauchen eines übel aussehenden Ziegenbocks im Büro der Direktorin eines Mädchengymnasiums. Genausowenig habe ich je erfahren, wie die Jungs es anstellten, das Tier durch die große Eingangstür zu schleusen, wo eigentlich zwei Polizisten Wache standen. Dennoch ist in den Archiven der Préfecture de Police festgehalten, daß die skandalöse Untat an einem Winternachmittag des Jahres 1908 oder 1909 von einer Bande randalierender Schüler begangen wurde, welche sich der Direktorin widersetzten, sie verspotteten und auf diese Weise den Lehrkörper in Verlegenheit brachten und für große Erheiterung bei den Schülerinnen sorgten, die das eigentliche Ziel des Unternehmens waren.

Meine Schwester Anne lieferte einen vollständigen und aufgeregten Bericht von diesem ereignisreichen Tag, und unsere Mutter lachte herzlich. Retta, nach Lucy meine zweitjüngste Schwester, äußerte sich viel zurückhaltender, obwohl sie genausoviel gesehen hatte wie Anne. Retta war nicht sehr gesprächig, sie spielte und schien sich wie jeder andere zu amüsieren, doch was in ihrem Kopf vorging, behielt sie für sich. Wegen ihrer Liebe zu Büchern, der Sorgfalt, mit der sie ihre *devoirs* machte, und wegen ihres ernsten, aufmerksamen Blicks galt sie bei ihren Lehrern als eine der begabtesten Schülerinnen. Und das war sie ganz gewiß, aber nicht so, wie diese guten Leute es sich vorstellten.

Aus irgendeinem Grund, den sie niemals verriet, setzte sie sich eines Tages in den Kopf, drei oder vier Damen, die in ihrem Gymnasium unterrichteten, einen Streich zu spielen. Warum, das erfuhren diese nie, und auch sonst erfuhr es niemand; keine Menschenseele ahnte, was für Gedanken dieses stille kleine Mädchen nährte, dessen Kopf die Lehrer streichelten, weil es eine so *bonne élève* war. Jeden Nachmittag kam sie um halb fünf nach Hause, aß ihr Brot und ihre Schokolade wie alle französischen Kinder, breitete dann ihre Hefte und Wörterbücher auf dem Eßzimmertisch aus und machte ihre Aufgaben mit jener regelmäßigen Schrift, die jede Seite zu einem kalligraphischen Meisterwerk werden ließ.

Wir alle machten unsere Aufgaben rund um den Eßzimmertisch, unter dem zischenden Gasleuchter, zankten uns um den Atlas und kippten das Tintenfaß auf die grüne Moltonauflage. Nur Retta war fleißig und still. Wenn sie fertig war, holte sie ihr Briefmarkenalbum aus der Lade und betrachtete liebevoll die fleckigen, bunten Papierstückchen, die sie unter all ihren Besitztümern am meisten schätzte. Oder sie nahm ihr Handarbeitskörbchen und bestickte ein Taschentuch. Wir liebten sie alle, obwohl sie uns ständig als Vorbild hingestellt wurde.

Eines Tages kam meine Mutter mit der unfaßbaren Nachricht nach Hause, man habe Retta vom Lycée Molière verwiesen. Das Kind wurde nicht ausgescholten, niemand verlor ein Wort über das, was sie angestellt hatte, sie wurde einfach nur auf eine andere, von englischen Damen geführte Schule geschickt. Meine Eltern schien der Vorfall nicht weiter zu beunruhigen, ja, sie zeigten sich sogar belustigt; doch erst viel später erfuhr ich, was geschehen war.

Sie hatte ihren Plan feinsäuberlich ausgeheckt. Zuerst besorgte sie sich die Privatadressen ihrer Opfer, dann ging sie in zwei, drei der größten Pariser Kaufhäuser und bat um Kataloge, die man ihr selbstverständlich gab. Zu Hause studierte sie diese Broschüren sorgfältig und überlegte lange, bevor sie ihre Listen machte und die entsprechenden Briefe schrieb.

Einige Zeit verstrich, bis die von Retta auserwählten Damen eines Morgens von Angestellten des *Bon Marché*, der *Galeries Lafayette* und, ich glaube, von *Dufayel* an ihre jeweiligen Hintereingänge gerufen wurden. Die Treppenhäuser waren voll mit Männern, die unter der Last von Schiffskoffern ächzten, von Badewannen, Küchentischen, Sofas, Kleiderschränken, Betten … Die Damen rissen die Augen auf und begriffen nichts. Als einzige Erklärung überreichte man ihnen Rechnungen, die sie empört zurückwiesen. Währenddessen herrschte emsiges Treiben auf den Straßen, die verstopft waren durch große Lieferwagen, aus denen die unterschiedlichsten Gegenstände hervorgeholt und langsam in die Häuser getragen wurden: Vogelkäfige und Hasenställe, Bücherschränke und Kinderwägen (das war eine ziemliche Bosheit, denn Retta wußte genau, daß ihre Opfer alte Jungfern waren); zum Schluß, und das war verstörender als der ganze Rest, kam noch ein hübscher Sarg, der das Maß vollmachte.

Die Lehrerinnen waren außer sich vor Überraschung und Wut; die Geschäfte anzurufen kam nicht in Frage, denn das Telephon war damals ein Luxus, der ihre Mittel überstieg. Die Lieferanten hingegen weigerten sich, an einen Irrtum zu glauben. Die Namen und Adressen, die man ihnen gegeben hatte, stimmten, aber darum ging es bei der Auseinandersetzung überhaupt nicht: Was von der einen Seite behauptet und von der anderen energisch bestritten wurde, war, daß der ganze Kram von den Personen bestellt worden sei, deren Namen auf den Rechnungen standen. Schließlich wurde alles wieder hinuntergetragen und unter den Augen einer belustigten Menge eingeladen.

Als die Opfer an jenem Morgen in ihre Klassen kamen (alles

war akkurat so berechnet worden, daß sie eine ordentliche Verspätung haben und den gefürchteten Zorn von *Madame la Directrice* auf sich ziehen würden), glichen sie eher wilden Tieren als menschlichen Wesen; nicht, daß sie eine Schülerin mehr verdächtigten als eine andere, doch sie ahnten, daß die Urheberin dieses schlechten Scherzes im geheimen über sie lachte. Und das war mehr, als sie ertragen konnten.

Freilich wurde die ganze Sache innerhalb kurzer Zeit aufgeklärt, dank der Bemühungen eines Detektivs, der die nötigen Untersuchungen in den verschiedenen Geschäften durchführte, wo man ihm auch die von Retta geschriebenen und mit unleserlichen Signaturen versehenen Briefe aushändigte; mit Hilfe eines Schriftsachverständigen fiel es ihm dann nicht allzu schwer, die dreiste Verfasserin dieser Schriftstücke zu ermitteln. Meine Mutter wurde ins Büro der Direktorin einbestellt und wies die gegen ihre Tochter erhobenen Anschuldigungen empört zurück, woraufhin diese herbeizitiert wurde und sich stolz in allen Punkten für schuldig erklärte. Sie wirkte so ruhig und so gleichgültig gegen alles, was nun geschehen mochte, daß es sinnlos schien, sie in irgendeiner Weise zu rügen, doch sie verließ das Lycée Molière noch am selben Nachmittag, obwohl ihre Opfer, die sie trotz allem schlicht und einfach mochten, nachdrücklich versicherten, sie persönlich hätten ihr voll und ganz verziehen; höheren Ortes befand man jedoch, es müsse ein Exempel statuiert werden.

Jahre vergingen, bevor man mir erzählte, warum Retta von der Schule verwiesen worden war, und natürlich wagte ich nicht, sie selbst zu fragen. Ich liebte sie, aber sie flößte mir ein wenig Furcht ein, wie all ihren Geschwistern. Der Gedanke, mich ihr in irgendeiner Weise zu widersetzen, war mir völlig fremd und unangenehm. In meinen Augen hatte sie immer recht, was sie auch tun mochte, und ich fühlte dunkel, daß sie zu einer höheren Gattung Mensch gehörte, die keine Angst kannte: Nichts hätte sie jemals zurückweichen oder zittern lassen, aus ihren Augen leuchtete Kühnheit, und aus ihrem

Lächeln sprach unbezwingbare Hartnäckigkeit. Und dazu kam noch das liebevollste Herz.

Der 14. Juli, Jahrestag des Sturms auf die Bastille und Nationalfeiertag, beendete das dritte Unterrichtstrimester. Zwei Tage vorher wurden an die besten Schüler Preise verteilt, eine Zeremonie, die in anderen *lycées* im Schulhaus stattfand. Im Janson waren wir aber so viele, daß man es für angemessener hielt, uns in einem der größten öffentlichen Gebäude des Viertels zu versammeln, im Palais du Trocadéro, das 1937 abgerissen wurde. Bekanntlich war das alte Palais unter architektonischem Gesichtspunkt ein Schandfleck. Es war in maurischem Stil erbaut und mit zwei hohen Minaretten versehen; als Material hatte man einen häßlichen braunen Stein verwendet, mit blauen Majolikaornamenten hier und da, was die Sache nicht besser machte. Die große Halle im Inneren entsprach genau dem, was das Äußere vermuten ließ: riesig und greulich, in entschlossen orientalischem Stil mit Seidendraperien und Rundbogenfenstern. An diesem scheußlichen Ort wurden volkstümliche Konzerte gegeben, und die Akustik war so eigenartig, daß man nicht wußte, wohin man sich setzen sollte, um nicht alles doppelt zu hören, denn das Echo wiederholte getreulich das ganze Programm von Anfang bis Ende. Hinten auf der Bühne befand sich eine gigantische Orgel, die noch beeindruckender war, wenn sie schwieg, sie mußte nämlich sehr häufig repariert werden.

Der Ort wurde jedoch für gut genug befunden, daß wir Schüler hier Platz nahmen und unsere Preise empfingen; auf jeden Fall paßten wir alle hinein. Am 12. Juli strömten wir vom feierlichen Gekrächze der Orgel begrüßt in die große Halle und marschierten in untadeliger Ordnung zu unseren Plätzen, unter den Augen des gesamten, auf der Bühne versammelten Lehrkörpers, die Lehrer in schwarz-violetten Roben, der Direktor von Kopf bis Fuß in grellgelbe Seide gekleidet und die Administratoren in karmesinroten Roben mit Hermelinbesatz. Das alles war so kurios und, man muß schon sagen, so häßlich wie jedes moderne Gepränge von Institutionen, ausgenommen die Armee. Auf der rechten Seite verdeckte eine Art Oase, bestehend aus den größten Palmen, die man hatte auftreiben können, ein Militärorchester, das auf seinen Einsatz wartete. Die Soldaten trugen rot-blaue Uniformen – *pioupious* nannten wir sie damals –, und der Gedanke an sie stimmt mich traurig, denn ein paar Jahre später waren ebendiese Uniformen auf den Schlachtfeldern Frankreichs nur allzu leicht zu erkennen.

Eltern und Schüler saßen beieinander, letztere trugen aus gegebenem Anlaß weiße Baumwollhandschuhe. Schon bald begann das Orchester hinter der Oase zu spielen, und alles erhob sich, um jener seltsamen und schönen Musik zu lauschen, der *Marseillaise.* Danach setzten wir uns alle wieder, und ein Herr in schwarzem Gehrock, der zunächst niemandem aufgefallen war, zog einige Blätter aus der Tasche, trat in die Bühnenmitte, blickte nach links und nach rechts, als hätte er nicht wirklich erwartet, irgend jemanden hier in der Halle zu sehen, und begann.

Ich hatte nie eine Schwäche für Reden oder Predigten oder Vorträge. Gesprochene Worte haben dieselbe einschläfernde Wirkung auf mich wie auf viele andere Menschen. Wenn ich sehr reich wäre und an Schlaflosigkeit litte, ich glaube, ich würde mir einen professionellen Redner für nach dem Abendessen anheuern, der mich mit einem eintönigen Wortschwall sanft in den Schlaf lullt. Um auf den Herrn in Schwarz zurückzukommen, so ist das einzige, was ich noch mit einiger Genauigkeit weiß, daß er in Erinnerungen zu schwelgen pflegte. Er nannte uns mit einer gewissen Herablassung seine »jungen Freunde«, und für gewöhnlich gestand er ganz am Anfang seiner Rede, ein Zeichen großer Bescheidenheit, auch er sei einmal ein kleiner Junge gewesen, auch er habe die Schule besucht und sich mit den Schwierigkeiten eines ersten Lesebuchs herumgeschlagen, ja, er habe sogar in der Ecke stehen müssen, das Gesicht zur Wand gekehrt und eine Eselskappe auf dem Kopf – Gelächter und höflicher, durch die weißen Baumwollhandschuhe leicht gedämpfter

Applaus belohnten diese Worte; der Herr lächelte und fuhr fort …

Manchmal war der Redner ein Mitglied des Lehrkörpers, manchmal ein bekannter Schriftsteller oder ein Vertreter des Anwaltsstandes. In einem Jahr richtete ein ziemlich schäbig aussehender Mann das Wort an uns. Sein langes Haar war ohne große Sorgfalt nach hinter gekämmt, seine Aussprache weit entfernt vom Klang der gepflegten, öligen Stimmen, die wir gewöhnt waren; offen gestanden hörte er sich eher an wie ein Klempner oder ein Droschkenkutscher, doch es dauerte nicht lange, und wir hingen alle an seinen Lippen, obwohl er anscheinend wenig zu sagen hatte: Es war Aristide Briand.

Doch meistens war der Redner alles andere als fesselnd und sprach unermüdlich über seine eigenen Erfahrungen, also von sich selbst. Immerhin war es mir eine Genugtuung zu denken, daß, selbst wenn ich stillsitzen mußte, nichts auf der Welt mich zwingen konnte zuzuhören, und ich hörte nicht zu; und das tat auch sonst niemand. Schließlich verkündete ein Beifallssturm, daß die öde Rede zu Ende war, und das Orchester legte energisch mit irgendeinem Musikstück los. Nun kam der erwartete Augenblick, da zwei oder drei Lehrer der unteren Klassen hinter einem langen, mit Büchern bedeckten Tisch Platz nahmen. Und diese Bücher erregten unsere Gemüter. Ich weiß nicht warum, denn sie entpuppten sich stets als furchtbar langweilig, und das wußten wir im voraus, aber sie waren unsere Preise, und wir begehrten sie. Aus purer Eitelkeit, vermute ich.

Ein Lehrer der oberen Klassen erhob sich jetzt und begann die Namen der besten Schüler aus Oberprima und Unterprima zu verlesen: Mehrere schlaksige und bebrillte Jungs von sechzehn oder siebzehn Jahren erklommen schüchtern die mit einem roten Teppich belegten Stufen zum Podium. Einer oder zwei von ihnen trugen auf dem Rückweg immer so viele Bücher mit Goldschnitt im Arm, daß man vernünftigerweise hoffen konnte, sie würden Hals über Kopf die Stufen herunterstürzen; das wäre um so komischer gewesen, als jeder auch einen Lorbeerkranz erhalten hatte, der seine gelehrte Stirn umrankte. Aber niemals geschah etwas Derartiges, und so kehrten sie unter Beifallgeklatsche auf ihre Plätze zurück.

Dann kamen die Schüler aus Sekunda, Tertia und Quarta an die Reihe, deren Namen etwas schneller vorgelesen wurden, was zu einem leichten Durcheinander führte, schließlich landeten Bücher und Kränze jedoch immer bei den richtigen Empfängern; dazwischen gab es immer wieder kleine Pausen, die wieder Ordnung in die Sache brachten, das Orchester spielte ein paar Operntakte, und die mit der Preisverteilung betrauten Lehrer wischten sich die Stirn vor dem letzten Teil der Zeremonie, fast hätte ich gesagt: des Spektakels. Dieser letzte Teil wurde ziemlich hastig abgewickelt. Wir kleinen Jungs waren nicht so interessant, und da es langsam Zeit fürs Mittagessen wurde, machte sich allgemeine Nervosität bemerkbar. Dennoch ist nie irgend etwas schiefgegangen, und ich muß leider sagen, daß der einzige unliebsame Zwischenfall, der sich ereignete, meine Schuld war. Ich habe versucht, die ganze Sache zu vergessen, aber derlei Erinnerungen lassen sich nicht auslöschen, sie holen einen immer wieder ein: »Weißt du noch, bei der Ouvertüre von *Carmen?*« Ich kann diese schwungvolle Musik nicht hören, ohne daß ich zusammenzucke.

Es geschah folgendes. In Frankreich gibt es drei Kategorien von Preisen: die ersten Preise, die zweiten Preise und etwas seltsames Drittes, das *accessit* heißt und in Wirklichkeit ein Schwindel ist und eine Falle (zumindest war es das für mich), denn es wird zwar der Name lobend erwähnt, aber man bekommt keine greifbare Belohnung, und jeder weiß, daß es Unfug ist, eine zu verlangen. Unglücklicherweise war ich mit zwölf Jahren in solchen Fragen furchtbar schlecht unterrichtet, außerdem war ich dumm und leichtgläubig, wie man gleich sehen wird. Da ich kein sehr fleißiger Schüler war, bekam ich sozusagen nie einen Preis, und auch in diesem Jahr erwartete ich keinen. Als meine Klasse an die Reihe kam, spitzte ich dennoch die Ohren und lauschte hoffnungs-froh. Zu meiner großen Überraschung wurde mein Name verlesen, freilich nach allen anderen und ganz am Ende einer Auflistung der verschiedenen Fächer: Französisch, Englisch, Deutsch, Mathematik, Geschichte usw. Mein Name fiel im Zusammenhang mit Zeichnen. Ich war nicht der Beste in diesem Fach, aber meine Bemühungen wurden mit einem *accessit* belohnt.

Ein *accessit!* Wie aufregend! Ein Schelm neben mir, der sah, wie nervös ich wurde, fragte mich, ob ich mein *accessit* nicht abholen ginge. Ich sagte ein paar Worte zu meiner Mutter, die keine Ahnung hatte, was ein *accessit* sein mochte, streifte schnell die Handschuhe über, die ich wegen der Hitze aus-gezogen hatte, und bahnte mir einen Weg zum Podium. Da wir in der Mitte der Reihe saßen, mußten ziemlich viele Leute aufstehen, um mich durchzulassen; ich durfte vor der gefürchteten Pause keine Zeit verlieren. Und so hastete ich die mit rotem Teppich belegten Stufen in großen Sprüngen hinauf und wechselte ein Lächeln mit meinem dicken Freund Simonin, der einen Stapel schwerer roter Bände fortschleppte. Mit seinen runden rosa Backen und dem Lorbeerkranz auf dem Kopf sah er aus wie das Opferschwein auf einem römi-schen Basrelief, das in unserem Geschichtsbuch abgebildet war, aber ich hatte es zu eilig, um ihm das zu sagen. Außerdem schien mir, daß nur noch wenige wertvolle Bücher auf dem Tisch lagen, und ich war außer Atem, als ich meinen Namen nannte.

»Wie schreibt sich Ihr Name?« fragte der nervöse kleine Mann, ohne mich anzusehen.

Ich buchstabierte.

»Lauter, bitte!«

Ich buchstabierte lauter. Er wühlte eine Weile zwischen den Büchern und fand nichts. Währenddessen gingen mei-ne Klassenkameraden zurück auf ihre Plätze, und ich blieb mit den Lehrern und dem Orchester allein zurück auf dem Podium.

»Lieber junger Freund, da muß ein Irrtum vorliegen. Gehören Sie wirklich in diese Klasse? Warten Sie einen Augenblick, ich suche bei den anderen.«

Er suchte gewissenhaft, fand aber nichts. Zu diesem Zeitpunkt begann der Dirigent unruhig zu werden, denn die Musiker sollten nicht zu spielen beginnen, bevor alle saßen. Ich war umgeben von mißbilligenden Blicken; der nervöse kleine Mann, der ein Buch für mich finden sollte, geriet allmählich außer sich vor Ärger.

»Es ist unvorstellbar, daß ein Preis vergessen wurde. Ich werde mich beim Buchhändler beschweren«, murmelte er. »Sagen Sie, was für einen Preis haben Sie? Lauter, bitte!«

Ich sagte ihm, ich hätte ein *accessit* in Zeichnen. Er stieß einen hysterischen Schrei aus.

»*Comment!* Ich soll Ihnen also ein *accessit* geben, damit Sie es unter dem Arm davontragen können? Mit Illustrationen vermutlich und einer Schleife rundherum. Junger Mann, machen Sie sich etwa über *uns* lustig?«

In dieser letzten Frage lag etwas so Feierliches und Drohendes, daß ich spürte, wie meine Knie weich wurden, und entsetzt zog ich von dannen. Kaum war ich auf der untersten Stufe angelangt, schallte mir Bizets triumphale Musik entgegen, und mit glühendem Gesicht lief ich durch den Seitengang davon.

Meine Mutter war überrascht, aber verständnisvoll. Sie erklärte, während wir aus dem Trocadéro gingen, daß solche Irrtümer häufig vorkämen, im vorliegenden Fall zähle jedoch nur, daß mein Name erwähnt worden sei. Alles übrige sei keinen Pfifferling wert. Ich war anderer Meinung und mußte zu Doidy, dem bekannten Patissier an der Place du Trocadéro, geführt werden, wo ich moralischen Trost fand in einem *baba au rhum* und einem Pistazieneis.

VII.

Meine Mutter ließ uns zwar täglich die englische Bibel lesen, und wir lernten auch die dreiundneunzig Glaubensartikel auswendig, gingen aber nicht so regelmäßig in die Kirche, wie man hätte erwarten können. Der Grund war, daß mein Vater der presbyterianischen und meine Mutter der Episkopalkirche angehörte und ihre Kirchen in Paris nicht vertreten waren. Natürlich gab es die Kirche ohne bestimmtes Bekenntnis in der Avenue de l'Alma, doch indem sie versuchte, ein wenig alles zu sein, das heißt, dem Geschmack aller entgegenzukommen, war sie, wie meine Mutter behauptete, weder das eine noch das andere. Trotzdem mochte sie den Gottesdienst dort und ging ein- oder zweimal im Monat mit uns hin, aber sie besuchte mit uns auch die English Church, deren Geist sie sich näher fühlte.

An einem Sonntagmorgen erklärte mein Vater, wir gingen nicht oft genug in die Kirche und seine Kinder würden aufwachsen wie Heiden.

»Gut«, sagte meine Mutter, »warum gehst zur Abwechslung nicht einmal *du* mit ihnen, Edward?«

»Das werde ich tun, und zwar in *meine* Kirche.«

»In deine Kirche, Edward?«

»Ja, nämlich in die, die den Presbyterianern am nächsten ist, die französische protestantische Kirche in der Rue Cortambert.«

»Aha!«

Mehr sagte meine Mutter nicht. Sie lag an jenem Sonntag mit schlimmen Kopfschmerzen im Bett und war außerstande, uns zu begleiten, doch wahrscheinlich dachte sie, eine schlechte Kirche sei immer noch besser als gar keine, schloß wieder die Augen und versuchte zu schlafen. Währenddessen zog mein

Vater sich fertig an und besprühte sich mit Kölnisch Wasser. Er war ein großer, stattlicher Mann mit dunklem Teint und sanften, braunen Augen. Seine buschigen Augenbrauen und sein dichter Schnurrbart verliehen ihm ein leicht grimmiges Aussehen, und meine Mutter pflegte zu sagen, er würde einen erstklassigen Banditen abgeben, allerdings kleidete er sich mit größerer Sorgfalt als in diesem Berufsstand üblich: Auf seinen Anzügen war nie der kleinste Fleck zu sehen, und die Bügelfalten seiner Hosen waren stets makellos. Obwohl er immer guter Laune und gleich freundlich gegen alle war, gab es einige wenige Dinge auf der Welt, die ihn wütend machten, und ich habe ihn beim bloßen Gedanken an sie mit dem Fuß aufstampfen sehen: zum Beispiel die Dreyfus-Affäre.

Um auf jenen Sonntagmorgen zurückzukommen, ich glaube, sagen zu können, daß mein Vater damals kein ausgesprochener Frömmler war, er wollte einfach nur, daß seine Kinder nicht wie Heiden aufwuchsen; und deshalb ging er, nachdem wir unsere Mäntel und Hüte angezogen hatten, in den Flur, zog ebenfalls seinen Mantel an und griff nach seinem Zylinder.

Es war derselbe Hut, den ich einst als Brandopfer hatte darbringen wollen, ein sehr schöner, glänzender Seidenhut, der noch mehr glänzte, wenn man mit dem kleinen braunen Samtkissen, das ich schon erwähnt habe, leicht darüberstrich. Und genau das tat mein Vater auch, bevor er ihn aufsetzte: Er strich mit dem braunen Samtkissen darüber. Und dann, *en avant, marche!* Wir zogen alle zusammen los und ließen meine Mutter in ihrem abgedunkelten Schlafzimmer zurück.

Die protestantische Kirche in der Rue Cortambert war so karg, wie Calvin höchstpersönlich sie sich hätte wünschen können. Nackte Wände, Fenster aus gewöhnlichem Glas, kein Schmuck, und sich auf die Bänke zu setzen war tatsächlich eine Abtötung des Fleisches. Ich glaube allerdings nicht, daß man uns in die Kirche führte, damit wir es uns bequem machten, und es hätte uns Heiden auch nichts genutzt zu toben.

Wir setzten uns. Wir hatten auf einer Empore Platz gefunden, von wo wir einen hübschen Blick hatten auf die Hüte der Damen und den kahlen Kopf des Pastors, als dieser würdige Mann die Kanzel bestieg.

Zunächst wurde ein Hymnus gesungen, und zwar, was ganz normal war, auf französisch, wir aber fühlten uns dadurch seltsam gehemmt und unwohl, weil die Religion für uns immer mit der englischen Sprache verbunden gewesen war. Der Einfall, uns in einen französischen Gottesdienst mitzunehmen, obwohl wir bisher nur englischsprachige Kirchen besucht hatten, stammte einzig und allein von meinem Vater. Wie verheerend dieser Einfall war, wird man gleich sehen. Die Gemeinde stand also und sang einen Hymnus auf Kanaan, unser himmlisches Heim, und da wir den Text nicht beherrschten, blieben wir stumm. Mein Vater stand ganz am Ende unserer Reihe, denn er war als erster hineingegangen, und ich stand neben ihm, wie es sich für einen braven Jungen gehört. Was ich mit meinem Hut anfangen sollte, wurde schnell zu einem Problem, denn es war einer jener großen Strohhüte mit hochgebogener Krempe, wie Kinder sie damals trugen, und unter der Bank war dafür kein Platz; nachdem ich eine Weile nervös an ihm herumgefingert hatte, beschloß ich, dasselbe zu tun wie mein Vater: Ich legte ihn hinter mich auf die Bank. Der Hymnus auf Kanaan ging weiter, und Strophe um Strophe erschallte. Es war ein sehr langer Hymnus, und kein Wort wurde ausgelassen, wovon ich mich überzeugen konnte, als mein Vater mir ein Gesangbuch in die Hand drückte. Ich war zu eingeschüchtert, um mit der übrigen Gemeinde mitzusingen, und zugleich hatte ich Angst, mich nicht richtig zu benehmen; diese gemischten Gefühle machten mich unglücklich und ziemlich nervös.

Die letzte Strophe wurde eben angestimmt, als ein zu spät kommender Herr uns flüsternd fragte, ob wir ihm nicht in unserer Reihe noch Platz machen könnten. Meine Schwestern und ich wußten nicht recht, was tun, es kam uns nichts Besseres in den Sinn, als uns gegenseitig anzuschauen, während mein Vater die Lage sofort erfaßte und uns nachzurücken bedeutete. Er rückte auch selbst nach, sein Buch mit beiden Händen haltend, dann rückte ich nach, ebenfalls mein Buch haltend, dann jede meiner Schwestern, und schließlich konnte der Herr in unsere Reihe treten, was er auch tat, nachdem er unseren Vater mit einer höflichen Verneigung gegrüßt und dieser zurückgegrüßt hatte.

In diesem Augenblick hatte sich die Gemeinde durch den Hymnus hindurchgesungen und setzte sich für die Predigt. Auch wir setzten uns, beklommen.

Wenigstens eine Minute verging, bevor mir klar wurde, daß etwas Entsetzliches geschehen war. Zunächst wollte ich es nicht wahrhaben. Ich wehrte mich innerlich, der unglaublichen Wahrheit ins Auge zu sehen. Gern hätte ich die Zeit zurückgedreht, alles sollte sein wie einen Augenblick zuvor, ich weigerte mich zu glauben, daß ich auf dem Zylinder meines Vaters saß. Es war nicht, es konnte nicht wahr sein. Wenn es tatsächlich wahr gewesen wäre, würde mein Vater dann völlig gelassen neben mir sitzen, die Hände im Schoß, der Predigt lauschend? Ich wagte mich nicht zu rühren, blieb ebenfalls sitzen und verhielt mich so ruhig wie möglich. Mein Hut lag übrigens auf den Knien meiner Schwester Lucy, sie hatte ihn vor dem Hinsetzen wohlweislich in die Hand genommen, und mit Verzweiflung im Herzen beklagte ich, nicht so klug gewesen zu sein wie sie.

Es dauerte nicht lange, bis sie mich mit dem Ellbogen anstieß und fragte, wo Papas Hut sei. Ich tat, als hätte ich nichts gehört, worauf sie ihre Frage mit lauterem Flüstern wiederholte. Ich verfluchte insgeheim ihre Neugier und sagte, sie solle still sein, doch sie war so hartnäckig, weil sie die Wahrheit ahnte, die ich ihr schließlich auch gestand. Das Geflüster störte unseren Vater, und er blickte uns so strafend an, wie er nur konnte, was mich mit Grauen erfüllte, Lucy aber nicht im geringsten beeindruckte; ganz im Gegenteil, sie bekam einen Lachanfall, den sie zu unterdrücken suchte, indem sie sich ihr Taschentuch in den Mund stopfte; nun begannen auch Retta und Anne zu lachen, ohne zu wissen warum, ganz einfach weil Lachen bei jungen Leuten ansteckend ist. Ich allein versank in düstere Niedergeschlagenheit, wie ein Mensch, dem man gleich den Kopf abschlagen wird.

Doch alles hat ein Ende, selbst eine calvinistische Predigt, und es kam der Augenblick, da wir aufstehen und uns einen weiteren Hymnus anhören mußten, bevor wir den Ort verließen. Wir standen also auf, ich sehr widerwillig. Danach folgten Gebete und, ich glaube, noch mehr Hymnen, aber das einzige, woran ich mich deutlich erinnere, ist das dumpfe Aufstöhnen meines Vaters, als er zufällig hinter sich blickte. Das nächste Bild, das mein Gedächtnis bewahrt hat, ist das eines kleinen Jungen, der neben einem barhäuptigen, wütenden Herrn im Gehrock herläuft, die Rue Cortambert entlang, dann die Rue Guichard und schließlich die Rue de Passy hinunter. Drei kleine Mädchen folgen ihnen und versuchen, Schritt zu halten, was nicht leicht ist, denn der Herr scheint es sehr eilig zu haben.

Zu Hause angekommen, stürzte ich in das Zimmer meiner Mutter und verschwand, ohne jedes erklärende Wort, unter ihrem Bett; und sie hatte keine Zeit, nach irgendeinem *éclaircissement* zu fragen, bevor mein Vater hereingestürmt kam, mit einem Spazierstock in der Hand und unheilverkündendem Gesicht. Ich war nicht in der Lage, dieses letzte Detail zu überprüfen, hielt es jedoch für erwiesen, denn ich konnte die Spitze des Spazierstocks sehen. Nun entspann sich ein Dialog, der an das Gespräch zwischen dem Menschenfresser und seiner Frau in Perraults Märchen erinnerte:

»Wo ist der Junge?«

»Warum, Edward, was um Himmels willen ist los?«

»Er versteckt sich hier in diesem Zimmer, ich weiß es.«

»Was hat er denn getan?«

Dann enthüllte mein Vater, tobend und aufstampfend, meiner Mutter die Wahrheit, und diese lauschte in bestürzter Stille. Sobald sie sich gefaßt hatte, bat sie um Nachsicht für mich, doch alles war umsonst, und die Szene erreichte einen schmerzhaften Höhepunkt, über den ich, es sei mir gestattet, lieber den Mantel des Schweigens breite.

Mein Freund Jean Simonin, dem ich diese Geschichte am folgenden Donnerstag erzählte, zeigte keinerlei Mitgefühl; im Gegenteil, er lachte und sagte, das geschehe mir ganz recht, was müsse ich auch in eine Ketzerkirche gehen, worauf ich ihn an der Nase zog und er mich mit seinem lateinischen Wörterbuch (Quicherat, Daveluy et Chatelain) zu erschlagen versuchte. Diese Auseinandersetzung, die im Eßzimmer der Simonins stattfand, wurde durch das plötzliche Erscheinen von Jeans Mutter unterbrochen, die in einem hellblauen Morgenrock auftrat und mit einem dicken bloßen Arm über dem Kopf ihres Sohnes herumfuchtelte. Sie war eine füllige kleine Frau mit dichtem braunen Kraushaar und fröhlichen kleinen Augen in einem runden Gesicht mit Grübchen; ihr Lächeln und der schwere Duft von Heliotrop, der sie umgab, machten mir die Dame sympathisch, und ich bedauerte, daß ich sie immer nur ein paar Minuten zur Teestunde sah, wenn sie für Jean und mich Gläser mit einem dicken roten Saft füllte und uns *petits-beurre* genannte Kekse in einer häßlichen Glasschale anbot, die wie ein Körbchen aussah.

Jede zweite Woche war ich eingeladen, den Donnerstagnachmittag bei Jean zu verbringen und gegen vier die beschriebenen Erfrischungen mit ihm zu teilen. Ich brauchte nur wenige Minuten bis zu den Simonins, denn sie wohnten fast gegenüber von uns auf der anderen Straßenseite, genau über der berühmten Patisserie *Chez Petit.*

Jean und ich gingen in dieselbe Klasse, doch er war ein viel besserer Schüler und trug am 12. Juli jene famosen Bücher mit Goldschnitt nach Hause, die ihm eine ungeheure Überlegenheit verliehen. Seine goldblonden Locken, seine blauen Augen und seine runden rosa Backen trugen viel zu dem Ruf bei, er sei ein guter Junge, um nicht zu sagen ein Engel, und man stellte ihn mir gern als Vorbild hin. Aber in Wirklichkeit war er ein Rohling und mochte mich so, wie ein Rohling eben sein Opfer mag. Inzwischen bin ich klüger geworden in solchen

Dingen und weiß, daß ich für ihn etwas war, was die Franzosen einen *souffre-douleur* nennen, sein liebster *souffre-douleur*, den er in geistiger Hinsicht leicht tyrannisieren konnte, weil ich mich damals durch zur Schau gestelltes Wissen schnell beeindrucken ließ. Besonders gut konnte er Antworten auf schwierige Fragen erfinden, und er wußte genau, welcher Gesichtsausdruck und welcher Ton ihm meinen Beifall sichern würden. Da ich von Natur ein argloses Kind war, durchschaute ich solche Feinheiten nicht und hörte mir seine haarsträubenden Lügen mit großen runden Augen an. Eines Tages nahm er ein Stück Malachit von einem Wandbrett im Salon seiner Eltern und erzählte mir, was ich ihm auf der Stelle glaubte, diesen Stein habe sein Vater vom russischen Zaren, dem Herrscher aller Reußen, geschenkt bekommen, dem Monsieur Simonin in einer Winternacht das Leben gerettet habe, als die beiden miteinander durch einen Wald spazierten und ein Bär Nikolaus II. angriff. Warum die zwei Männer in einer Winternacht durch den Wald spazierten, war nicht ganz klar, doch ich konnte eine so gute Geschichte nicht kritisieren und fragte nach weiteren Einzelheiten, die mir auch prompt geliefert wurden. Später entdeckte ich, daß Monsieur Simonin eine Apotheke in der Nähe der Gare Montparnasse führte, was nicht sonderlich zu Jeans Beschreibung von ihm paßte, und Zweifel kamen mir, was die Aufrichtigkeit meines Schulkameraden betraf, doch es dauerte viele Monate, bis mein Vertrauen in seine Worte erschüttert wurde.

Wie alle Franzosen seiner Generation saß auch Jean Simonin, wenn er seine *devoirs* machte und für die Schule lernte, am Eßzimmertisch der Familie, der zu diesem Zweck mit einer grünen Moltonauflage versehen wurde. Selbst am Donnerstag erwartete man von ihm, daß er ungefähr eine Seite aus *De Viris* übersetzte oder eine jener teuflischen Zug-Aufgaben löste, in denen zwei Lokomotiven, die vom gleichen Bahnhof abfahren, die gleiche Kilometerzahl zurücklegen und mit verschiedenen Geschwindigkeiten fahren, zur gleichen Zeit am Ziel ankommen, jeder Logik und jeder Vernunft zum

Trotz, jedoch in exakter Übereinstimmung mit den Ansichten unseres Lehrers. Es gab noch eine andere Aufgabe, in der es einem schlauen und entschlossenen griechischen Jungen gelang, älter zu werden als sein Vater, und zwar zu dessen Lebzeiten. Jean Simonin war imstande, diese grauenhaften Rätsel mit relativer Leichtigkeit zu lösen, während ich über ihnen stöhnte und von einem Zustand äußerster Gereiztheit in stille Verzweiflung verfiel und schließlich eine Arbeit abgab, die ich immer mit einer Null zurückbekam. Ich bekam wirklich so viele Arbeiten mit dieser Note zurück, daß meine Schwestern mich *Monsieur Zéro* nannten.

Jeden zweiten Donnerstag kam Jean Simonin zu mir nach Hause und blieb von zwei bis sechs. Das mochte er viel lieber, als wenn ich ihn besuchte, denn wenn er der Gast war, konnte er mich noch besser drangsalieren. Er riß Seiten aus meinen Heften und machte *cocottes*, also Papiervögel, aus ihnen, die er in den Garten unseres Vermieters, Monsieur Cassagnade, fliegen ließ, ohne sich auch nur im geringsten darum zu kümmern, daß meine Hefte gräßlich verstümmelt waren und Monsieur Cassagnade sich über die Anwesenheit von *cocottes* in seinem schmucken Garten beschwerte. Oder er rannte polternd durch die Wohnung, wenn er wußte, daß meine Mutter ausgegangen war; oder er lehnte sich aus dem Fenster unseres Salons und spuckte den Passanten mit so bewundernswerter Treffsicherheit auf die Hüte, daß er sein Ziel selten verfehlte.

»Siehst du die alte Dame mit dem schwarzen Strohhut? Schau genau hin …«

Ich schaute hin und wich entsetzt zurück, während Jean mit vergnügtem Gequietsche auf den schwarzen Strohhut zeigte, der sich entfernte, ohne zu ahnen, was ihm zugestoßen war. Manchmal versuchte ich meinen Kameraden vom Fenster wegzuziehen, doch er schlug einfach aus wie ein Maultier und rührte sich nicht von der Stelle. Er war viel stärker als ich: Seine Arme waren hart wie Stein, und seine kräftigen nackten Waden quollen aus den enggeschnürten Stiefeln. Doch er wußte genau, wann er sich lammfromm zeigen mußte, und sprach mit sanfter Stimme zu meiner Mutter, ja, es gelang ihm sogar zu erröten, wenn sie ihn lobte, und dann sah er hinreißend schüchtern aus. Kaum aber hatte meine Mutter das Zimmer verlassen, sprang er mir auf den Rücken und brüllte:

»Und nun, Äneas, trag deinen Vater Anchises aus dem brennenden Troja!«

Ich warf ihn sogleich auf den Teppich, wo wir dann einige Minuten verbissen kämpften, doch er gewann immer die Oberhand und setzte mir am Ende, Vergil zitierend, seinen Fuß auf die Brust. Er hatte etwas Pedantisches an sich, und ich zweifelte nicht daran, daß eine glänzende Zukunft vor ihm lag ...

Vor ein paar Jahren besuchte er mich:

»Ich habe mich an deine Adresse erinnert«, sagte er. »Ich dachte, ich könnte vorbeischauen. Ja, es ist wohl zwanzig Jahre her, oder? Ich glaube, ich habe mich ein bißchen verändert. Ja, gewiß habe ich das: Ich wiege neunzig Kilo und habe fast alle Haare verloren, aber was soll's? Ich besitze eine kleine Apotheke in der Nähe der Gare Montparnasse und verdiene gut. Warum kommst du nicht irgendwann vorbei, dann reden wir über alte Zeiten. Latein? Nein, habe ich alles vergessen. Taugt doch zu nichts, höchstens dazu, ein paar medizinische Begriffe zu verstehen. Mich interessieren nur noch Medikamente und Pillen ...«

Auf diese Weise tötete der Mann Jean Simonin das Kind Jean Simonin mit wenigen Sätzen.

VIII.

Um den 10. Juli wurde der Schiffskoffer der Familie aus dem Keller heraufgeschleppt und im Schlafzimmer meiner Mutter aufgestellt. Dieses große sperrige Ding aus Weidengeflecht knarrte erschreckend, wenn meine Mutter es öffnete, aber das Geräusch bedeutete: Die langen Sommerferien stehen vor der Tür. Wie schafften wir es nur, alles, was wir während zweieinhalb Monaten brauchten, in einen einzigen Koffer zu packen? Es gelang uns jedenfalls; derlei Wunder des Familienlebens werden nirgendwo erzählt. Wir waren noch fünf Kinder in Paris. Wenn der Koffer bis an den Rand voll war, wurden zwei oder drei von uns hereingerufen, damit sie sich auf den Deckel setzten und ihn mit ihrem ganzen Gewicht und aller verfügbaren Kraft niederdrückten; wir erfüllten diese Aufgabe mit großem Eifer, während mein Vater die Schlösser malträtierte, sich auf die Zunge biß und einen roten Kopf bekam von der Plackerei mit den Schlüsseln. Und dann bemerkte man immer, daß man etwas vergessen hatte, und zusätzliche Pakete mußten geschnürt werden. Doch niemand klagte, dazu waren wir alle viel zu glücklich. Nach diesen Anstrengungen sah unser Koffer ziemlich klein aus, wenn er erst einmal auf den Kutschbock gehievt war. Meine Mutter stieg mit den drei jüngsten Kindern in eine Mietdroschke, während sich Eleanor und Mary ein wenig herablassend mit meinem Vater in eine andere Mietdroschke setzten; und dann ging es los Richtung Gare Saint-Lazare! Wenn wir dieses rußschwarze Gebäude erreichten, waren wir bereits in einem solchen Zustand der Erregung, daß wir uns wie Verrückte aufführten, hin und her sprangen und meiner Mutter fast die Arme ausrissen, so sehr zogen wir an ihr. Von Natur aus nervös, durchzuckten sie plötzlich quälende Gedanken, die sie mit verzweifeltem Gejammer zum Ausdruck brachte: »Habe ich in der Küche nicht das Gas angelassen? Bin ich nicht fort, ohne der Concierge die Wohnungsschlüssel zu geben? Habe ich im Badezimmer nach dem Händewaschen wirklich den Wasserhahn zugedreht? Weiß einer von euch, ob ich die Unterwäsche der Kinder eingepackt habe? Ihre Sandalen! Ja, ich habe die verflixten Sandalen vergessen!« Und so ging es weiter, bis wir alle in Panik verfielen; doch sobald wir im Zug saßen, löste sich alles in Wohlgefallen auf, niemanden kümmerte mehr, ob irgend etwas zurückgeblieben war, es zählte nur, daß wir alle zusammen waren.

Unser Sommerhaus war eine altmodische Villa am Ufer der Seine, eine knappe Stunde von Paris entfernt. Bis zu meinem letzten Tag werde ich mich an ihr rotes Dach erinnern, an die schweren grünen Fensterläden, die Eingangstür aus buntem Glas und den muffigen Geruch der Zimmer, die den ganzen Winter verschlossen geblieben waren. Von einem langen Terrassengarten blickte man hinunter auf den Fluß und eine Reihe herrlicher Ulmen am gegenüberliegenden Ufer, eine ganz schlichte Landschaft, die meinem Herzen jedoch sehr nahe ist. Ich weiß sehr wohl, daß es unmöglich ist, das Glück der Kindheit zu schildern, doch während ich über unsere Ferien schreibe, wird etwas von den alten Gefühlen wieder lebendig, diese reine Freude ohne irgendeine Spur von Traurigkeit, Furcht oder Bedauern, die so oft die Freuden des reifen Alters trüben. Tag um Tag verging und brachte nichts als Vergnügen; Kopfschmerzen und Langeweile, ein Geschenk späterer Jahre, waren unbekannt, und die Sonne ging immer früher unter, als wir es uns wünschten. Offen gestanden sah ich die Nacht nicht ohne eine gewisse Unruhe näherrücken, denn das Zubettgehen war eine schwere Prüfung für mich. In den oberen Stockwerken war kein Gas installiert, ich bekam eine Kerze, die mir den Weg leuchten sollte durch das Dunkel. Kurz nach acht mußte ich in mein Zimmer gehen, ich blieb jedoch so lange wie möglich im Salon und wünschte jedem mehrfach eine gute Nacht, um den gefürchteten Augenblick hinauszuzögern, da ich durch den Flur und dann die finstere Treppe hinauf mußte.

Der Vorraum wurde von einer Sturmlampe schwach erhellt, die auf einem Tisch am Fuß der Treppe stand, zusätzliches Licht kam durch die Salontür, die ich beim Hinausgehen vorsorglich einen Spalt offenließ. Das fiel selten auf, und mit ein bißchen Glück blieb sie den ganzen Abend so. Dann setzte ich mich auf halbem Weg zum ersten Stock auf eine Stufe, nachdem ich meine Kerze gelöscht hatte, und wartete, bis alle schlafen gingen und ich den Mut fand, mich dem Grauen eines pechschwarzen Zimmers zu stellen, in das ich schnell hineinhuschte, sobald ich die Stimme meines Vaters hörte: »Na gut, ich glaube, ich gehe jetzt auch zu Bett.«

Wenn meine Mutter auf Zehenspitzen ins Zimmer schlich, um sich für die Nacht auszuziehen, schlief ich natürlich fest, oder wenigstens sah es so aus. Nun kümmerte mich wenig, ob es hell oder dunkel um mich war: Das Bett meiner Mutter stand nur drei Meter von meinem entfernt, und ich wußte, daß mir nichts Böses mehr zustoßen konnte. Das war jedoch ganz anders, wenn ich auf der Treppe saß und die Schatten beobachtete, die die Sturmlampe an die Decke warf. Nur ein Kind kann wirklich verstehen, was es bedeutet, wenn jemand zu sehen und zu hören glaubt, wie sich im Dunkeln etwas bewegt und atmet. Diese Erfahrung machte ich jeden Abend, und ihr allein schreibe ich die seltsame Vorliebe für Treppenhäuser in den meisten meiner Romane zu, verbunden mit jenem tiefen Gefühl der Verzweiflung, das meine Figuren quält.

Daß die Salontür einen Spalt offen blieb, war ein ungeheurer Trost für mich, doch manchmal kam es vor, daß nach meinem Weggehen jemand diese Tür schloß; dann konnte ich nur meine Kerze so schnell wie möglich wieder anzünden, falls ich sie schon ausgeblasen hatte, und versuchen, mir Mut zu machen, indem ich in dem schmalen Band mit La Fontaines *Fabeln* las, den ich unterm Arm hinausgeschmuggelt hatte, und nicht darauf achtete, was in meinem Rücken vor sich gehen mochte. Aber was hätte schon schlimmer sein können als diese Geschichten, *Der Wolf und das Lamm*, das war ich. In jeder Fabel war ich, die Schatten um mich herum waren bevölkert mit den Gestalten, die hervortraten aus den Seiten in meinen Händen, und hat es für ein Kind jemals eine erschreckendere Wirklichkeit gegeben als die Illustrationen zu den *Fabeln* oder zu Perraults *Märchen?* Sie lebten vom Dunkel um mich herum, atmeten die Stille, und wenn eine Stufe knarrte, schloß ich die Augen.

Irgendwie kam meine Schwester Mary mir auf die Schliche. Doch anstatt mich zu verpetzen, wie es ein weniger gutherziger Mensch getan hätte, sorgte sie dafür, daß die Tür noch etwas weiter offenstand, und spielte leise Klavier. Sie war gerade erst von einer langen Italienreise heimgekommen und hatte eine Menge bekannter Lieder mitgebracht, die sie nachspielte, so gut es ging, indem sie den Text bloß vor sich hin summte und sich auf dem ziemlich blechern klingenden Steinway begleitete. Von meinem Versteck lauschte ich dieser Musik mit einem Gefühl tiefer Dankbarkeit. Eines der Lieder hieß *Tripoli* und wurde von den armen italienischen Soldaten gesungen, die man damals in den Kampf nach Libyen schickte. Andere Lieder waren friedlicher und beschrieben Sonnenuntergänge über den Wassern des Mittelmeers. Ich liebte sie alle, unterschiedslos.

Meine nächtlichen Ängste waren am nächsten Morgen alle vergessen, und abgesehen von einer kurzen halben Stunde hatte ich nichts anderes zu tun, als bis Sonnenuntergang zu spielen. Meine Mutter war viel zu menschlich, als daß sie mir die Ferien mit Lernen verdorben hätte, wozu die meisten französischen Kinder gezwungen wurden, allerdings legte sie Wert darauf, mir jeden Tag ein bißchen Englisch beizubringen. Also las ich ihr aus einem ersten Lesebuch laut vor, und sie hörte sich geduldig öde Geschichten an über Bernhardiner, die Verschüttete aus dem Schnee gruben, oder über Gefangene, denen dank in Brotlaiben versteckten Feilen die

Flucht gelang. Sicher tat ihr meine Aussprache in den Ohren weh, doch sie war voller Nachsicht mit ihrem Letztgeborenen und korrigierte mich freundlich, meinen Schwestern hingegen, die unter ihrer Ägide ein fortgeschritteneres Englisch lernten, wurde ziemlich oft *given back the book*, was in ihrem Sprachgebrauch bedeutete, daß sie ihnen die Bücher an den Kopf warf. Sie hatte nichts von einer Schulmeisterin. Sie wollte nur, daß wir die englische Sprache so sehr liebten, wie sie es tat, und duldete kein schludriges Sprechen, denn sie selbst besaß ein untrügliches Gespür für sprachliche Genauigkeit und gutgebaute Sätze. Ich verdanke ihr meine Liebe zur Sprache und den Wunsch zu schreiben, so wie ich meinem Vater die Freude am Reisen verdanke, wozu für mich auch die Musik gehört.

Natürlich wollte sie, daß wir bestimmte Bücher lasen, die sie in ihren frühen Jugendtagen bezaubert hatten, doch hier trat der Konflikt zwischen den Generationen klar zutage: Wir bockten bei Bulwer-Lytton und sogar bei Walter Scott, wir setzten beim Lesen dieser alten Schinken solche Leidensmienen auf, daß sie uns die Bücher aus den Händen riß und uns als *yahoos* beschimpfte, als wilde Tiere. Immerhin schaffte ich *Ivanhoe*, aber nur weil sie mich bestach: Sie versprach mir zehn Sou, sollte ich den Roman verständlich nacherzählen können. Weil ich knapp mit dem Taschengeld war, ließ ich mich darauf ein, bedenkt man aber, daß zehn Sou gerade mal ein halber Franc waren, wird man zugeben, ich war nicht überbezahlt. Bei dieser Lektüre kam übrigens nichts Gutes heraus, denn sie brachte mich auf den Gedanken, Coucou Blanc zu entführen, so wie Front-de-Bœuf Rebecca entführt hat, mit den bekannten tragischen Folgen in beiden Fällen.

Gewiß drückte meine Mutter sich auf englisch am besten aus, doch wie Teddy Roosevelt sprach sie französisch *with daring fluency*, also mit kühner Gewandtheit. Man kann nicht behaupten, die Grammatik habe sie in irgendeiner Weise behindert, und das Genus mißachtete sie mit stolzer Gleich-

76

gültigkeit, dennoch redete sie ganz genau so schnell wie jede beliebige Französin ihrer Zeit und machte sich immer klar verständlich. Ihr Akzent und die hemmungslosen Freiheiten, die sie sich mit der Syntax erlaubte, sorgten bei ihren Freundinnen für große Heiterkeit. Angeblich soll sich ein ganzes Gericht vor Lachen gebogen haben, als sie eines Tages als Zeugin in einem Zivilprozeß aussagte. Sie mußte selbst unbändig lachen, denn sie hatte viel Sinn für Humor, dann sprach sie unbeirrt und unverzagt weiter.

Obwohl es mit ihrer Gesundheit nicht zum besten stand, ließ sie niemals zu, daß ihre Leiden sie an der Erfüllung ihrer Pflichten hinderten oder einen Schatten auf unser Glück warfen. Wir waren zu jung, um zu erkennen, daß sie krank war, und sie war zu fröhlich, um die Sache wichtig zu nehmen. Ihre Begeisterung für Witze wurde durchkreuzt von ihrer Unfähigkeit, sich die Pointe einer Geschichte zu merken, und darüber konnte sie selbst am meisten lachen. Ihr heiteres, optimistisches Naturell gab uns allen ein Gefühl der Behaglichkeit, und ihre Gegenwart schien mir so unentbehrlich wie das Licht. Nichts auf der Welt konnte mich glücklicher machen, als Hand in Hand mit ihr spazierenzugehen oder neben ihr zu sitzen, wenn wir im Wagen von François übers Land fuhren. François war ein guter Junge von zwanzig Jahren, der uns ein-, zweimal pro Woche in einer altmodischen Viktoria mitnahm und uns so viel vom *département de Seine-et-Oise* zeigte, wie man für fünf Franc sehen konnte. Andrésy, so hieß unser Dorf, war eine der ältesten Siedlungen der Île-de-France und ging auf die Zeit zurück, da Rollo, Anführer der Wikinger, die Ufer der Seine heimsuchte. Wie so viele Dörfer Frankreichs verkörperte es die Geschichte des Landes vom Mittelalter bis zur Herrschaft Louis-Philippes, denn aus irgendeinem Grund schien das Leben in Andrésy um 1840 stehengeblieben zu sein. Heute ist das, was wir so gern den Fortschritt nennen, bis in die entlegensten Winkel der Provinz vorgedrungen, doch 1910 oder 1912 hatte man in Andrésy noch kein Automobil gesehen, Telephonapparate waren eine

Seltenheit und Kerzen hochgeachtet. Wenn sich daraus eine gewisse Unbequemlichkeit ergab, so machte uns das nichts aus; sie wurde nämlich bei weitem ausgeglichen durch etwas, was unsere sogenannte Zivilisation längst verloren hat: Ruhe und eine Art innerer Zufriedenheit. Friede herrschte in den mittelalterlichen Straßen Andrésys und nicht das Gebrüll von Radios, die die Vorzüge einer Brillantine oder eines Backpulvers anpreisen. Aber ich will ehrlich sein: Es gab ein Lichtspieltheater.

Es war kein richtiges Lichtspieltheater. Filme wurden noch als kindisches Vergnügen betrachtet, als eine Art besserer Laterna magica, und gewiß hätte man es für Unfug gehalten, eigens ein Theater zu bauen für dieses neumodische Spielzeug, doch man konnte einen Saal mieten und dort zur Unterhaltung der Jugend Filme vorführen. Monsieur Nicole hatte einen solchen Saal. Er war der Besitzer eines Restaurants, wo Festessen und Hochzeitsmahle stattfanden; über dem Restaurant, im zweiten Stock eines langen cremefarbenen Hauses, lag das, was hochtrabend *salle des fêtes* genannt wurde: ein großer, kahler Raum mit geraden, unbequemen Stühlen an den Wänden; hier wurden manchmal Bälle gegeben und ein-, zweimal im Jahr, während der ersten Augustwoche, Filme vorgeführt.

Mehrere Tage zuvor wurden in der Hauptstraße von Andrésy Plakate angeschlagen, auf denen Großbuchstaben und Ausrufezeichen eine wichtige Rolle spielten. Das Programm war so reichhaltig wie ein Menü, oder wirkte auf den ersten Blick zumindest so, denn an einem einzigen Abend wurden acht oder neun Filme gezeigt. Ich weiß noch, mit welcher Gier wir die Titel lasen, auf die stets ein beschreibendes Adjektiv folgte, das unseren Appetit anregen sollte. Eines der Programme sah ungefähr so aus:

1. *Cyranos Madrigal*
   (künstlerisch)

2. *Die Qualen einer Mutter*
(sentimental)

3. *Die Femme fatale*
(dramatisch!)

4. *Tanz der Blumen*
(anmutig und künstlerisch)

5. *Die Hochzeit des Feuerwehrmanns*
(komisch!!)

6. *Mord in der Mühle*
(sehr dramatisch!!
Wer ein schwaches Herz hat, möge nach Hause gehen.)

Und schließlich kam *La Course aux potirons*, das Kürbisrennen, das als *désopilant* oder »zum Totlachen« bezeichnet wurde, mit einer ganzen Reihe von Ausrufezeichen.

Meine jüngeren Schwestern und ich gerieten in einen wahren Freudentaumel bei der Aussicht auf all diese Vergnügungen und konnten den großen Abend vor lauter Ungeduld kaum erwarten. Die Tage krochen dahin, doch endlich kam der Augenblick, da wir uns fertigmachen und ins Kino gehen durften. Von unserem Haus zu Monsieur Nicoles Restaurant waren es drei Minuten zu Fuß, am Fluß entlang, unter einer doppelten Reihe betörend duftender Lindenbäume. Da wir keine Plätze reserviert hatten, bangte ich, wir würden vielleicht nicht alle sieben einen bekommen, doch es ging immer gut, und wir saßen in der vierten oder fünften Reihe. Das waren die teuren Plätze: zehn Sou pro Person. Der Bürgermeister, der Lebensmittelhändler und ihre Familien saßen neben uns, ebenso der Notar, ein alter Junggeselle. Hinter uns kicherten die Dorfschönlinge mit ihren Freundinnen. Die Fenster waren mit Zeitungspapier verklebt. Die Leinwand war ein ganz gewöhnliches, an einem Seil hängendes

Bettlaken. Am Klavier, das an der Seite stand, wartete eine Dame mit schüchternem Lächeln. Monsieur Nicole löschte den Gasleuchter, und wir waren in völliges Dunkel gehüllt. Sogleich ertönten von hinten aus dem Saal Pfiffe und Schweinegrunzen, begleitet vom Lachen gekitzelter Mädchen. Dann kam ein Geräusch, das sich anhörte wie auf eine Glasscheibe prasselnde Sandkörner, und auf der Leinwand erschien ein zittriges Licht; in diesem Augenblick begann die Pianistin mit einer langsam dahintrabenden Melodie, und ich riß die Augen auf, so weit ich konnte, doch mehr als eine Art Pladderregen war auf der Leinwand nicht zu sehen. Es ging uns allen gleich. Wenn man aber lange genug hinschaute und sich bemühte, die kleinen schwarzen Punkte zu vergessen, erkannte man schließlich die gestikulierende Silhouette eines Mannes mit langer Nase und langem Rapier. Es war wundervoll! Er bewegte sich wirklich, öffnete den Mund und legte die Hand aufs Herz, während er hochblickte zu einer Dame auf einem Balkon. Plötzlich erklang eine Stimme, nämlich die von Monsieur Nicoles Schwiegersohn, der so gütig war, dem Publikum zuliebe Gounods Serenade hinauszublöken, während die Pianistin, so gut sie konnte, durch die Begleitung tappte. Mit viel Phantasie konnte man sich beinahe einbilden, die Stimme gehöre dem Mann auf der Leinwand, nur daß er den Mund nicht im richtigen Moment aufmachte; doch alles in allem war es eine schöne und, wie das Programm versprochen hatte, künstlerische Darbietung.

Auf den begeisterten Applaus folgte eine kleine Pause. Nun kam die Geschichte einer Dame, der von ihrem geschiedenen Ehemann ihr kleiner Sohn weggenommen wurde; sie rang die Hände und raufte sich verzweifelt die Haare. Immer wenn der böse Ehemann auftauchte, grollte das Klavier, und eine entsprechende Berceuse wurde gespielt, wenn das schlafende Kind in seinem Bett zu sehen war, das lange Haar hochgesteckt wie bei einem Mädchen. Sonst schwieg das Instrument, damit der Kommentator erklären konnte, was vor sich ging, und den einen oder anderen Dialogfetzen einflocht:

»Mein Kind …« – »Er ist nicht mehr Ihr Kind, Madame, die Hand des Gesetzes hat ihn mir anvertraut.« – »Monsieur, Sie bringen mich um!« – »*Mes hommages*, Madame. Komm, Victor!« Auf diese Weise kamen Auge, Ohr und Verstand gleichermaßen auf ihre Rechnung.

Als *Mord in der Mühle* an der Reihe war, begann die Sache etwas aus dem Ruder zu laufen. Zunächst klagte die Pianistin, sie habe nicht genug Licht, und eine Kerze wurde gebracht, was die Wirkung des Films leicht beeinträchtigte und zu Buhrufen im Saal führte; daraufhin blies die Pianistin, eine empfindliche Person, die Kerze aus und zog beleidigt davon. Wenig später gab der Projektionsapparat seinen Geist auf, er mußte in aller Eile repariert werden, während die Dorfbewohner zischten und stampften; je weiter der Abend voranschritt, desto kritischer wurden sie, und sie fingen an, in dramatischen Augenblicken zu lachen, was sicher bewies, daß sich der moderne Geist regte. Ich verbarg mein Gesicht an der Schulter meiner Mutter, als der Schurke dem Müller mit einem Küchenmesser den Hals aufschlitzte und der Kommentator ein realistisches gurgelndes Geräusch von sich gab. Und ganz allmählich, nach *Cyranos Madrigal*, *Die Qualen einer Mutter* und *Tanz der Blumen*, fielen mir die Augen zu, und ich wollte nach Hause.

Der letzte Film jedoch schien alle Zuschauer zu begeistern. Er ist in die Annalen des französischen Kinos eingegangen; und ich kann bestätigen, daß auf ein Publikum von 1912 *La Course aux potirons* unwiderstehlich komisch wirkte. Wahrscheinlich war man damals viel naiver. Riesige Kürbisse, die eine steile Straße in Montmartre hinunterrollen und auf ihrem Weg Karren und Leute mitreißen, sprachen einen derben Sinn für Humor an, der uns abhanden gekommen ist. 1919 wurden einige dieser alten Filme in New York gezeigt: Die komischen Filme entlockten den blasierten Zuschauern kaum ein leises Kichern, während die Dramen, deretwegen ich einst heiße Tränen vergossen hatte, den Saal vor Gelächter fast zum Einsturz brachten.

Ich weiß nicht mehr, was meine Eltern von dieser Darbietung hielten, aber ich erinnere mich an meinen Traum in jener Nacht: Die verstümmelten Überreste des Müllers wurden aus dem Fluß, in die der Mörder sie geworfen hatte, von einem rächenden Mühlrad herausgeholt.

IX.

Ich habe bereits von der Viktoria erzählt, in der wir ein-, zweimal pro Woche Ausfahrten unternahmen. Auf den Anhöhen
über Andrésy machte ich mir zum ersten Mal eine genaue
Vorstellung von der Schönheit Frankreichs.

Nachdem wir an der alten Dorfkirche vorüber waren, fuhren wir eine schmale Straße hinauf und waren fast augenblicklich zwischen Äckern. Hier begann der holprige Teil der
Reise, auf einer steinigen Straße, die sich durch unermeßliche
Weizen- und Gerstenfelder schlängelte, so weit das Auge
reichte. An Tagen, da der Himmel bedeckt war und der Wind
durch das Seine-Tal wehte, boten diese wie das Meer wogen-
den und brandenden Felder einen unglaubhaft schönen Anblick. Ein paar Kilometer weiter unten schimmerte der Fluß,
umgeben von alten Wäldern, in denen die fränkischen Heere
gelagert hatten. So vieles in dieser Landschaft erinnerte an
die Geschichte, daß man Stimmen zu vernehmen meinte im
Wind, einen jener wilden Gesänge, welche die römischen
Eindringlinge wahrscheinlich gehört hatten. Jung wie ich
war, mußte diese unsichtbare und schier überwältigende Gegenwart mich einfach berühren. Zum ersten Mal wurde mir
klar, daß Frankreich nicht der Name eines unpersönlichen
Gebildes war, die bequeme Art, eine Gruppe von Menschen
innerhalb gewisser Grenzlinien zu bezeichnen, sondern der
Name, den sich eine lebendige Person gegeben hatte, ein
großes, starkes und gütiges Wesen, dessen Großzügigkeit und
Mut über seine Unvollkommenheiten siegten; bisweilen ein
Geschöpf mit Schrullen und plötzlichen Launen, die es vom
rechten Weg abbrachten, in seinen besseren Stunden jedoch
fähig zu Weisheit und Weitblick; eine Seele von großem geistigen Reichtum, die ankämpft gegen die Versuchung durch

zeitliche Macht und materiellen Wohlstand; eine stolze und tapfere Seele. Das alles fühlte ich dunkel, wie ein Kind, das nur eine bescheidene Vorstellung hat von der Geschichte. Alles, was die Vergangenheit der französischen Nation betraf, zog mich unwiderstehlich an. Ich erinnere mich zum Beispiel, daß unweit des Bahnhofs von Andrésy zwei Merowingergräber entdeckt worden waren und diese Nachricht mich besonders aufgewühlt hat: Die langen Steinsärge waren in einem nahegelegenen Park aufgestellt, wo ich einen Blick auf sie werfen konnte. Was von den Skeletten übrig war, hatte man entfernt, ebenso zwei lange, schmale grünspanüberzogene Schwerter, aber die grob behauenen Sarkophage erzählten von Zeiten, die ich gern gekannt hätte, als Wolf und Auerochse aus den Wassern der Seine tranken und bronzebehelmte Krieger mit Streitäxten auf ihre Schilde schlugen und ihr Kriegslied hinausschrien.

Hier, in den Hügeln rund um Paris, schlug das Herz Frankreichs, hier war es geboren, in der Île-de-France, hier hatten seine ersten Könige über es gewacht und es seinem großen Schicksal zugeführt. Ich liebte es. In einem Buch, das meine Patentante mir geschenkt hatte, war Frankreich in der Frühzeit als Kind dargestellt, dann als Mädchen, schließlich als erwachsene Frau mit stolzem, lächelndem Gesicht, ein Königsszepter in der Hand. Der Gedanke, daß sie älter werden und womöglich sterben könnte, machte mich unglücklich, doch ich hoffte, diesen Tag niemals zu erleben. Es stimmte mich froh zu wissen, daß ich ihre Sprache sprach, daß die Wörter, die ich gebrauchte, einst in den Straßen des mittelalterlichen Paris erklungen waren, daß es dieses Band gab zwischen Frankreich und mir, obwohl ich nicht Frankreichs Sohn war.

Meine Mutter teilte diese Bewunderung für das Land, in dem wir lebten, doch sie versäumte nie, mich daran zu erinnern, daß ich Amerikaner war, und während wir die Landschaft um uns betrachteten, versuchte sie mir zu erklären, worin diese sich von der Landschaft unterschied, die ich zum

Beispiel in Virginia hätte sehen können, der Heimat meines Vaters. Zunächst war hier jeder Fußbreit Erde bestellt. Das ist, glaube ich, das auffälligste Merkmal fast jeder französischen Landschaft; es gibt keine Zäune, um die Felder einzugrenzen, ein schmaler Weg oder eine Furche wird im allgemeinen als ausreichend erachtet. Aus der Ferne sind diese Trennungslinien natürlich nicht zu sehen: Weizen, Hafer, Gerste und Raps wachsen auf eher kleinen Feldern, die sich zu berühren scheinen, und ihre Farben stechen manchmal so stark voneinander ab, daß man meinen könnte, ein bunter Mantel sei über Frankreichs Schultern geworfen, während eine amerikanische Landschaft mit ihren ausgedehnten Feldern und ihren Weiten unbestellten Bodens einheitlicher gefärbt ist. Die Wälder in Frankreich sind spärlich und verschwinden schnell; kein französischer Bauer kann einen Baum anschauen, ohne daß er davon träumt, ihn umzuschlagen und den Boden, auf dem er wächst, zurückzugewinnen. Ich glaube, es wäre schwer, in Frankreich das Gegenstück eines amerikanischen Waldes zu finden mit seinem Unterholz aus undurchdringlichem Gestrüpp und seiner ewigen Stille, obwohl es eine Zeit gab, da Gallien von Ost bis West nur aus Eichen und Ulmen bestand, mit Hüttendörfern auf den Lichtungen dieses riesigen Waldes, von dem noch Spuren übrig sind in Fontainebleau, in Compiègne und im Périgord.

Meine Mutter erzählte mir das alles mit den einfachsten Worten, die sie finden konnte, doch ich fürchte, sie hat mir keine sehr klare Vorstellung von dem fernen Land gegeben, das sie liebevoll beschrieb. Ich konnte den Gedanken nicht loswerden, die Vereinigten Staaten seien so etwas wie ein Dschungel mit gewaltigen Strömen, in deren bräunlichen Wassern sich das Antlitz des Himmels niemals spiegelte; es beunruhigte mich, daß überall so viele Schlangen waren und in der Stadt Savannah ein Alligator beinahe von einer Trambahn überfahren worden war. Darüber hinaus erschütterte es mich doch ein wenig, daß im Herkunftsland meiner Mutter kein einziges Gebäude von einem gewissen Alter stehen sollte. Mein Herz gehörte den schönen weißen Kirchen, um die sich seit mehr als zehn Jahrhunderten Frankreichs Dörfer drängten, und ich fragte mich, wie ein Land ohne sie wohl aussehen mochte.

Sonntags durfte ich, obwohl ich nicht katholisch war, mit unseren Nachbarn, den Salvadors, zur Messe gehen. Monsieur Salvador, der ein Anhänger Voltaires war, kam nicht mit uns, aber Madame Salvador und ihre Tochter Jacqueline akzeptierten mich als Begleitung. Sie waren Franzosen mit einem Schuß südamerikanischen Bluts, das bei dem jungen Mädchen besonders stark durchschlug, der Oliventeint und die feuchten schwarzen Augen verliehen ihm eine exotische Schönheit; das glänzende Haar, der schlanke Hals und die zarten Hände trugen viel zu Jacquelines Anmut bei, und ich spielte fast jeden Nachmittag mit ihr, unter dem wachsamen Blick ihrer Mutter. Diese war bei weitem nicht so attraktiv, glich das jedoch aus durch die Würde ihres Auftretens und das gezierte Benehmen einer hübschen Frau, die aus irgendwelchen Gründen nicht wünscht, daß man sie umwirbt. Nach allem, was ich weiß, könnte sie in der Anfangszeit der Dritten Republik eine unwiderstehliche Schönheit gewesen sein, doch wir befanden uns im Jahre 1912 … Sie war so füllig geworden, daß Teile ihres Körpers sich aus dem Korbstuhl herauswölbten, wo sie strickte, während Jacqueline und ich Domino spielten. Eine lange Habichtsnase verlieh ihrem Gesicht einen ziemlich grimmigen Ausdruck, den ihr geflochtenes Haar nur ein bißchen milderte; unregelmäßige braune Flecken bedeckten ihre Wangen und die faltigen Hände; sie trug eine Hornbrille und sprach mit besonders einschmeichelnder Stimme, lachte aber nie. Ein beleidigter Blick war ihre Antwort auf jede Art von männlicher Aufmerksamkeit, die ihr verdächtig war; fast jedes Kompliment von einem Mann war in ihren Augen mit irgendeiner schlechten Absicht behaftet, denn sie betrachtete sich selbst als wandelnde Versuchung des starken Geschlechts. Dieses kleine *malentendu* war eine Quelle großer Heiterkeit für meine älteren Schwestern, die das Thema in meiner Gegenwart dreist diskutierten, denn sie waren zweifellos überzeugt, ich verstünde sie nicht.

Wie dem auch sei, jeden Sonntagmorgen kurz vor neun stieg ich in den Wagen der Salvadors, und wir fuhren los. Jacqueline und ich saßen auf der schmalen *banquette* gegenüber von Madame Salvador, die etwas trug, was man damals eine Boa nannte, einen Halsschmuck aus Federn, dessen Enden fröhlich im Winde flatterten; ihre fahlen Wangen schützte ein Sonnenschirm, den sie schräg hielt und der in zugeklapptem Zustand als Verständigungsmittel mit dem Kutscher diente, indem sie diesem die Spitze in den Rücken bohrte. Es war etwas Hoheitsvolles an Madame Salvador. Zunächst einmal machte ihr bloßes Gewicht Eindruck. Wenn sie aus dem Wagen stieg, neigte sich das Fahrzeug auf die Seite wie ein Schiff bei stürmischer See, und wenn sie durch die Kirche schritt, wichen die Leute instinktiv aus, um ihr Platz zu machen. Da sie zu korpulent war, um vor dem Altar niederzuknien, machte sie mit ehrerbietigem Nicken eine Art Knicks mitten im Seitenschiff, und wenn sie ihren Platz erreicht hatte, begann sie mit dem *prie-Dieu* zu kämpfen, einem Betstuhl mit hoher Rückenlehne, der nach vorne kippte, wenn sie das Gewicht ihres Körpers auf das ächzende Möbelstück fallen ließ, in dem Bemühen, eine würdige Haltung einzunehmen, ohne dabei die Beine mehr als unbedingt nötig anzuwinkeln. Jacqueline kniete rechts von ihrer Mutter nieder und ich links, Madame Salvador in allem so gut ich konnte nachäffend, nicht weil ich sie verspotten wollte, sondern bestrebt, die richtigen Gesten im richtigen Augenblick zu machen.

Die Kirche aus dem 14. Jahrhundert war, wie viele Dorfkirchen, auf älteren Fundamenten erbaut. Modergeruch hing in der Luft, der jedoch schnell von Kerzen, Weihrauch, Blumen überdeckt wurde. Die Sonne warf das Muster der Fensterrose auf die hohen Steinwände, an denen Votivtafeln hingen, so weit man mit der Hand reichen konnte. Wenn sich die Predigt hinzog, las ich diese Votivtafeln, und ich konnte viele Inschriften auswendig. Eine eigentümliche Faszination ging von ihnen aus. Man erfuhr, daß sich Sophie Lanchantin, 50 Jahre alt, im Frühling 1895 ein Bein gebrochen und auf wunderbare Weise wieder gehen gelernt hatte, nachdem sie an einem bestimmten Altar der Kirche ein Gebet dargebracht hatte. Daß Lucienne Bompard 1881 eine Prüfung bestanden hatte und aus Dankbarkeit dafür diese Tafel angebracht worden war. Ein Stück weiter oben fand Georges Payard Erwähnung, der gesund und wohlbehalten aus dem Krieg von 1870 heimgekehrt war, und Adèle Groult, deren Leben bei einem Eisenbahnunglück am 18. Juli 1885 verschont wurde, und so weiter. Es gab Dutzende dieser kleinen Marmortafeln, und jede brachte einen Tag im Leben dieser Menschen ans Tageslicht. Es betrübte mich, daß all die anderen Tage davor und danach für immer im Dunkeln verborgen lagen.

Mit großer Aufmerksamkeit folgte Madame Salvador der Messe in einem dicken roten Büchlein, aus dem hin und wieder winzige Bilder mit Rändern aus Papierspitzen fielen. Gleich der übrigen Gemeinde sang sie das *Credo* aus voller Kehle, und die lateinischen Wörter hallten unter den hohen gotischen Gewölben, wie sie es Jahrhundert um Jahrhundert getan hatten, hier an dem Ort, wo ich stand. Dieser Gedanke beflügelte meine Phantasie. In die Vergangenheit zu reisen und dort meinen Platz zu finden gab mir ein Gefühl der Sicherheit, das ich schwer erklären kann, doch mit Vergnügen sah ich mich in der Menschenmenge eines längst verflossenen Jahrhunderts. Dieses ständige Zurückhorchen in die Vergangenheit, eine Vergangenheit, die ich nicht gekannt hatte, wurde allmählich Teil meines Unterbewußtseins und spielte eine wichtige Rolle in meinem weiteren Leben. Doch ich muß gestehen, während ich neben Madame Salvador stand und ihrem Geleier über die Auferstehung der Toten und andere Glaubensartikel lauschte, beschäftigte mich neben meinen historischen Gedankenflügen noch ein anderer Aspekt der Zeremonie, der ich beiwohnte. Damals war es Brauch, den Gläubigen kleine Stücke *brioche* oder Kuchen zu geben als Zeichen der Gemeinschaft. Dieses geweihte Brot wurde nur während des Hochamts verteilt und von zwei Ministranten in roten Gewändern und spitzenbesetzten Chorhemden in Körbchen herumgetragen. Die reicheren Mitglieder der Kirchengemeinde betrachteten es als eine Ehre, übers Jahr hinweg nacheinander diese sonntäglichen *brioches* zu bezahlen. Von der Kanzel wurde verkündet, am nächsten Sonntag werde das *pain bénit* von Monsieur Nicole gespendet, dessen Gesicht sich bei der Erwähnung seines Namens vor Stolz leicht rötete, oder von Madame Lanchantin, die ein Aufplustern nicht ganz unterdrücken konnte. Wer jemals französische *brioche* gekostet hat, besonders die vor dem Ersten Weltkrieg, wird nicht überrascht sein zu hören, daß ich stets versuchte, das größte Stück dieser himmlischen Nahrung zu erwischen; doch kaum hielt der ungeduldige Ministrant uns das Körbchen unter die Nasen, sah ich mich vor das heikle Problem der Wahl gestellt. Jedes Stück *brioche* hatte seinen ganz eigenen Reiz, manche waren goldbraun, andere honiggelb, und schließlich gab es erschreckende Unterschiede in Größe und Form, die eine Entscheidung noch schwieriger machten; ich suchte mir ein Stück aus, ließ es wieder fallen, suchte mir ein anderes aus, ließ es abermals fallen, und letztlich nahm ich aus reiner Willensschwäche eines, das mir im nachhinein als das kleinste von allen vorkam. Jacqueline, die kühner war als ich und besser wußte, was sie wollte, schnappte sich ein Extrastück, wenn das Körbchen zurückgewandert kam, nachdem es bis ans Ende unserer Reihe gelangt war, doch ich spürte Madame Salvadors Blick auf meinen Händen ruhen und traute mich einfach nicht; freilich wußte ich genau, was die Kinder Israel empfanden, als sie das Manna auf der Erde liegen sahen, und ich verstehe ihren Wunsch, es zu horten: Ich bin sicher, es zerging einem auf der Zunge wie *brioche*.

X.

Wenn in den ersten nebligen Septembertagen die Schleppdampfer, die den Fluß hinunterfuhren, mit dem heiseren
Klang ihres Signalhorns ankündigten, daß sie die Schleuse
erreichten, wenn man im Eßzimmer den Kamin anzünden
mußte und die Rotweinflasche genau in der richtigen Entfernung vom Feuer auf den Boden gestellt wurde, damit der
Medoc sein Aroma entfalten konnte, wenn uns beim ersten
Niesen die eingelaufene Flanellunterwäsche vom Vorjahr mit
strenger Miene hingehalten wurde und wir wohl oder übel in
die kratzenden Dinger schlüpfen mußten, dann war es Zeit,
melancholisch zu werden und sich zu wundern, wohin der
Sommer verschwunden war. Wir blieben jedoch so lange in
Andrésy, bis es zu kalt wurde und keinen Spaß mehr machte.
Ende September reisten wir ab. Warum es am Tag unseres
Aufbruchs unveränderlich schön war, kann ich nicht sagen,
aber man hatte immer das Gefühl, die Sonne strahle besonders hell und die Bäume leuchteten besonders grün, wenn
wir zum Bahnhof fuhren. »Ihr wollt doch nicht fortgehen?«
schienen sie zu sagen. »Wo der Sommer gerade erst anfängt!«
In niedergedrückter Stille und mit Paketen auf dem Schoß
saßen wir da und hofften, der Wagen von François möge
umkippen oder seine keuchende alte Stute querfeldein mit
uns davonjagen, und wir würden den Zug versäumen. Und
dennoch war es aufregend, wieder nach Paris zu kommen.
Es ist immer aufregend, wieder nach Paris zu kommen, zu
beobachten, wie die Felder eins nach dem anderen verschwinden und die Häuser immer grauer werden, während sie sich
gleichzeitig vermehren, mit hoher Geschwindigkeit durch
die Vorortbahnhöfe zu brausen, *brûlant les arrêts*, wie die Franzosen sagen: die Haltestellen verfeuernd, Colombes verfeu-

ernd, Asnières verfeuernd; man fühlt sich so wichtig, all diese
Bahnhöfe zu verfeuern und plötzlich an einer Mauer in riesigen Lettern zu lesen: *Paris 20 km.* Nur noch zwanzig Kilometer, und dann, ein paar Minuten später, nur noch fünfhundert
Meter bis Paris. Man stelle sich vor: fünfhundert Meter bis
zur größten Stadt Europas, eine Entfernung, die jeder beliebige kleine Junge zu Fuß zurücklegen könnte, ja, die er rennen
könnte, wenn er so ungeduldig wäre, wie ich es war! Von hier
an machte es nichts mehr aus, daß der Himmel an diesem
Tag blau war über Andrésy und daß die Schleppdampfer,
die ihre langen Lastkähne hinter sich herzogen, an unserem
Haus vorbeifuhren und wir nicht da waren, um ihnen nachzuschauen oder der dicken Dame am Steuerruder zuzuwinken
und den bellenden Foxterrier mit Kieselsteinen zu bewerfen;
es machte nichts mehr aus, weil wir wieder in Paris waren,
in eine Mietdroschke kletterten und unser Weidenkoffer mit
einem Strick auf dem Kutschbock festgebunden wurde. Unser
Vater hielt es für angebracht, uns auf die verschiedenen Gebäude hinzuweisen, an denen wir auf unserem Weg in die Rue
de Passy vorbeikamen, obwohl wir sie alle bestens kannten.
Wie anders seine Stimme nun klang, während wir durch die
überfüllten Straßen rumpelten! Sie war nicht mehr so klar wie
auf dem Land, mit der Stille ringsherum; hier, im Getöse der
Stadt, hatte sie etwas Undeutliches, obwohl es immer noch
Papas Stimme war, die uns die Oper, die Place de la Concorde, die unseligen Grand und Petit Palais nannte, von denen
ich mir naiverweise dachte, man habe sie mir zu Ehren erbaut,
denn diese architektonischen Scheußlichkeiten hatten wie
ich im Jahre 1900 das Licht der Welt erblickt, doch in jedem
Jahrhundert gibt es solche Scheußlichkeiten, die irgendwann
von allein mit ihrer Umgebung verschmelzen.

Am 1. Oktober hatte sich die Aufregung über unsere Rückkehr nach Paris gelegt, und nun hieß es wieder zur Schule gehen. Da ich inzwischen zwölf geworden war, mußte ich nicht
mehr die schwarze Kittelschürze tragen, die in jenen weit
zurückliegenden Jahren für alle französischen Schüler üblich

war; ich trug nun einen gestärkten Umschlagkragen und eine breite Lavallière-Schleife, dazu auf dem Rücken eine an zwei Riemen hängende Ledertasche, die stark einem Soldatentornister glich. Ein knapp unter dem Kinn zusammengebundenes marineblaues Cape lag über dieser Ledertasche und machte mich, wie meine Schwestern fanden, zu Quasimodo, dem Buckligen von Notre-Dame, aber das war mir ganz egal, denn Tausende von Jungen in Paris waren gleich ausstaffiert und sahen gleich aus: Kurzum, wie die meisten Kinder war ich ein vollendeter Konformist.

Die Neuen kennenzulernen und die Freunde aus dem vergangenen Jahr wieder zu begrüßen war die Hauptbeschäftigung am 1. Oktober, einem alles in allem angenehmen Tag, trotz natürlicher Antipathien, die sich auf den ersten Blick äußerten. In jeder Klasse gab es immer einen Rohling und einen Petzer, die man aber sofort erkannte. Alle anderen waren ganz in Ordnung.

Die meisten waren natürlich Franzosen, doch es gab auch eine Menge Südamerikaner. Wir nannten sie *rastas*, Kurzform von *rastaquouères*. In Paris wimmelte es damals von *rastas*, die aus Argentinien oder aus Brasilien kamen, mit stark pomadisiertem Haar und jenem köstlichen, auf den Pariser Bühnen so erfolgreich imitierten Akzent. In der Schule rotteten sich die Echavarrias, die Da Conceçaos, die Salvadors und andere Exoten zusammen und schnatterten in ihrer Muttersprache; sie kamen im Automobil zur Schule, protzten mit auffälligen Krawatten und, obwohl sie noch sehr jung waren, mit kostbaren Ringen. Sie redeten ganz entschieden wie Erwachsene, und ihre Füllfedern aus massivem Gold vertrugen nur smaragdgrüne oder blutrote Tinte, keine andere Farbe war bei den Mitgliedern dieser Sippe in Gebrauch. Sie waren nicht bloß verwöhnt, sondern richtige Glückskinder. Es wurde viel über sie gespottet, aber man beneidete sie auch, und im allgemeinen waren sie bei uns gut angeschrieben: Ihr freundliches Wesen, ihre leicht prahlerische Großzügigkeit machten sie liebenswert; kaum hatten wir nach dem Unterricht das Schultor durchschritten, zogen sie eindrucksvolle, wahrscheinlich von ihren Vätern geklaute Goldetuis aus der Tasche und boten uns Zigaretten an, von denen uns schlecht wurde. Keiner von ihnen sprach gut französisch, aber man erwartete, daß sie in den unteren Klassen ein paar Brocken dieser Sprache lernen würden; deshalb waren sie auch zwei, drei Jahre älter als wir, was ihr Ansehen in unseren Augen noch steigerte.

Unsere Lehrer wußten nicht recht, wie sie mit diesen Jungen fertigwerden sollten. Normalerweise setzte man sie ganz hinten in die Klasse und stellte ihnen möglichst wenig Fragen, weil sie freche Kerle waren und uns mit ihren Antworten zum Lachen bringen wollten. Wenn einmal im Monat die Ergebnisse der Klassenarbeiten verlesen wurden, waren sie immer die letzten und quittierten das mit einem Grinsen, aber der *Star* hieß Jauregui, ein Peruaner mit schönem indianischen Gesicht, der ausnahmslos die Rangliste abschloß, als sei dies sein unbestreitbares und unbestrittenes Privileg.

Die jüdischen Jungs führten die Liste an. Sie konnten alle Mathematikaufgaben lösen, gaben die besten Aufsätze ab und heimsten am Ende des Jahres die meisten Preise ein. Mit ihnen konnte man nicht wetteifern, sie waren uns haushoch überlegen und boten sogar an, in den Freistunden mit uns zu üben. Mathematik, Sprachen, Literatur, alles schien ihnen zu liegen; am Sabbat waren sie anwesend wie wir alle, die meisten von ihnen verzichteten aber darauf mitzuschreiben, was sie im Wettlauf um die ersten Plätze in keiner Weise benachteiligte.

Zwischen den dunkelhäutigen *rastas* und den krausköpfigen Juden suchten die anderen ihren Weg. Goldene Mittelmäßigkeit schien mein Los zu sein. Meine Vorstellung von Geometrie bereitete unserem Mathematiklehrer, Monsieur Vacquant, großen Kummer, er schüttelte sorgenvoll den Kopf, wenn ich an der Tafel auf seine Fragen antwortete. Geschichte machte mir Spaß, aber ich ging die Sache verkehrt an, erinnerte mich an einzelne Anekdoten und vergaß die Daten. Besonders gern schattierte ich mit dem Farbstift das, was auf

Landkarten wie braune Raupen aussah, also jene Stellen, die Berge kennzeichnen sollten; darüber hinaus interessierte ich mich jedoch nicht für Geographie. Deutsch war auch nicht mein Lieblingsfach; ich haßte die Deklinationen und diese komische Art, die Verben in langen Sätzen immer weiter und weiter zu schubsen, bis sie schließlich ganz am Ende erschöpft hinfielen. Ich war also weniger ein Schüler als vielmehr ein widerwilliger Dilettant, und was die Noten betraf, näherte ich mich eher unseren südamerikanischen Freunden als den krausköpfigen Wunderkindern. Zu meiner Verteidigung muß ich sagen, daß wir sehr viel zu lernen hatten. Unsere Schultaschen waren vollgestopft mit Büchern und sie zuzuschnallen ein Problem, das nur mit brutaler Gewalt gelöst werden konnte. Dabei waren es ganz ausgezeichnete Bücher, und ich bedaure nur, so viel von ihrem Inhalt vergessen zu haben. Dennoch bin ich weiterhin überzeugt, daß der schlimmste Fehler des französischen Schulsystems jener Zeit darin bestand, die Köpfe der Kinder mit Fakten zu überladen, anstatt ihnen die Möglichkeit zu geben, sich auf eigenen Wegen zu entwickeln. Wir hatten vormittags von acht bis elf Unterricht (in den oberen Klassen von acht bis zwölf) und nachmittags von zwei bis vier. Dazu sollten wir noch zu Hause lernen, im allgemeinen von fünf bis sieben, und das war auch unvermeidlich, wenn man sich auf Klassenniveau halten wollte. Solcher Ehrgeiz plagte mich jedoch nie, und so klappte ich Bücher und Hefte immer schon zeitig zu. Die Eifrigsten arbeiteten sogar nach dem Abendessen, aber die Hausärzte meinten, das sei schlecht für die Gesundheit, und ich teilte die Ansicht dieser gelehrten Männer.

Man kann sich denken, daß in dieser strengen Lebensplanung nicht viel Zeit zum Spielen blieb. Jean Simonin zum Beispiel hatte unter der Woche keine Gelegenheit, sich zu entspannen, außer an den Donnerstagnachmittagen, wenn er sich auf meine Kosten austoben konnte, bevor er von einer wachsamen und ehrgeizigen Mutter wieder an seine Bücher getrieben wurde. Der junge Franzose jener Zeit war ständig über seinen Tisch gebeugt, auf dem sich Bücher stapelten. Mit welcher Sorgfalt schrieb er seine *devoirs*, seine lateinischen Übersetzungen und seine Griechischübungen! Mit vierzehn konnte er eine Seite Herodot lesen und sich einen Weg bahnen durch das Chaos des Hundertjährigen Krieges. Er war in der Lage, Newtons Farbenlehre zu erklären und wußte die Einwohnerzahlen ferner russischer Städte; er war den meisten europäischen Jungen seiner Zeit weit voraus, doch ich frage mich, ob er glücklich war.

Mit seinen rosa Backen und seinem stämmigen kleinen Körper war Jean Simonin eine Ausnahme. Der junge Durchschnittsfranzose von 1912 war häufig blaß und krumm vom vielen Arbeiten. Sicher, einmal in der Woche machte ein Turnlehrer mit ihm sogenannte *exercices physiques*, das heißt, er befahl ihm, im Takt Hanteln zu schwingen oder ein Seil hochzuklettern, das glatt war oder Knoten hatte, all das natürlich komplett angezogen. Der Gedanke, seine Kleider abzulegen, um diese Übungen auszuführen, wäre als bizarr und unanständig betrachtet worden. Mein kleiner Franzose berührt also mit den ausgestreckten Fingern seine Schuhspitzen oder beugt sich nach links und rechts, die Arme in die Hüften gestemmt. Seine Strümpfe sitzen straff, und der steife Kragen verletzt und würgt ihn, sooft er sich bückt; aber das Gehirn ist nicht alles, und der Körper muß trainiert werden, so will es die Ärzteschaft; einmal in der Woche zählt der junge Franzose also eine knappe Stunde lang eins, zwei, drei, vier, während er seine Arme und Beine bewegt. Gewiß, er ist ein glänzender Schüler, doch ich frage mich, ob er stark ist.

Ja, so war das Leben eines Schülers, eines Studenten. Das französische Unterrichtswesen war tatsächlich das beste auf der Welt, doch ihm fehlte die frische Luft, und oft brachte es gelehrte Äffchen hervor, die vom wahren Leben und all dem, was man durch Phantasie und Gefühle lernt, nichts wußten. Es gab Leute, die glaubten, man müsse das ganze Schulsystem ändern, die Zukunft des französischen Volkes sei in Gefahr, wenn nichts unternommen würde, um die Kinder in den

Städten gesünder zu machen, aber wie sollte man mehr Zeit für Turnstunden erübrigen, wenn so viel zu lernen war? Man erklärte, frühere Generationen hätten besser Latein gekonnt und mehr Zeit aufs Lernen verwandt. Es wurden Geschichten erzählt von Kindern, die im Morgengrauen aufgestanden seien, um sich auf ihre Bücher zu stürzen, wogegen die heutigen Kinder um sieben noch faul im Bett lägen. Während der Unterricht sich also offenbar verschlechterte, kamen die Anhänger der neumodischen Ideen, diese Frischluftfanatiker, daher und verkündeten, die Kinder lernten zuviel! Ein gewisser Demarquette, ein Verrückter oder vielleicht ein Perversling, behauptete, es sei gut, nackt in der Sonne herumzulaufen. Wenn dieses Individuum nicht verhaftet wird, wozu gibt es dann überhaupt Gefängnisse? Er ist einer der Männer, die die Pfadfinderbewegung anführen, und diese merkwürdigen Ideen kommen aus England, wo er gelebt und wahrscheinlich den Verstand verloren hat. Es ist schon in Ordnung, wenn die Jungs am Sonntag nach Meudon oder Saint-Cloud fahren und, einen Stock auf der Schulter, singend durch den Wald marschieren, aber die Eltern machen sich Sorgen wegen der Algebraaufgabe, die Montag früh abgegeben werden muß und noch ungelöst auf dem Tisch liegt. Was passiert, wenn der Kleine am Ende des Jahres sitzenbleibt und die Klasse wiederholen muß? Eine grauenhafte Vorstellung! Madame Simonin hat nichts gegen frische Luft, in vernünftiger Menge genossen, aber sie will nicht, daß der kleine Cohen ihren Sohn überrundet und den ersten Preis in französischem Aufsatz bekommt wie im vergangenen Jahr. Deshalb bleibt der kleine Simonin zu Hause und brummelt eine Tirade aus *Le Cid* vor sich hin, bis er sie auswendig kann, dann widmet er seine Aufmerksamkeit Didos Rede in der *Aeneis*; hernach wird er sich, den Kopf zum Bersten voll, die Deutsche Geschichte vornehmen und lernen, die verschiedenen Kurfürsten von Brandenburg auseinanderzuhalten. Für ihn gibt es keine Streifzüge durch den Wald und keine Nächte im Zelt, dafür aber Lorbeerkränze am 12. Juli.

Wir sind im Jahr 1912, ein vierzehnjähriger Franzose kann mit dem gleichen Vertrauen in die Zukunft blicken wie jeder andere Junge auf der Welt. Sein Gehirn entwickelt sich rasch und wird ihm zugute kommen, wenn er sich eines Tages seinen Platz an der Sonne erobern muß. Seine Eltern sind bereits dabei, einen Beruf für ihn zu wählen, denn sie wollen seine Vorlieben natürlich lenken. Ein Privatlehrer kommt und hilft ihm, wenn er ein wenig hinterher ist, er muß so viel lernen, die Lehrer stellen hohe Ansprüche. Und außerdem wollen die Eltern, daß ihr Sohn so viele Preise wie möglich einheimst: in Mathematik, französischem Aufsatz, Latein, Griechisch, Deutsch, Englisch, alle Preise, ganz gleich um welchen Preis, außer den in Turnen, der wird einem nämlich mit einem Lächeln überreicht und kommt ganz am Ende der Liste.

Und so geben die kleinen Jungs ihr Bestes, und die Familien hoffen, daß aus ihrem Sprößling eines Tages ein fähiger Ingenieur wird oder ein Rechtsanwalt oder ein Geschäftsmann. Unmöglich ist nicht französisch, sagen sie. Die kleinen Franzosen denken wie ihre Eltern. Aber ahnen sie etwas von dem seltsamen Schicksal, das ihnen bevorsteht? Sie denken selten, um nicht zu sagen nie, an die neue Generation, die jenseits des Rheins aufwächst, kräftige Burschen, deren Körper gut trainiert sind. Der Tag ist nicht mehr fern, an dem die jungen Franzosen ihre Bücher weglegen müssen, denn sie werden schnellstens an die belgische Grenze befördert, um diese Burschen zurückzuschlagen, wenn sie es können. Ich frage mich noch heute, ob sie sich gerüstet fühlten.

Zweiter Teil

I.

Sowohl zu Hause wie auch in der Schule hörten wir vom
Balkankrieg reden und manchmal auch darüber diskutieren,
aber ich muß wohl kaum sagen, daß meine Vorstellungen verschwommen und meine Informationen unzuverlässig waren.
Die meisten unserer Freunde freuten sich über die türkischen
Niederlagen von Skutari und Janina und nannten ihre Hunde
zu Ehren dieser Ereignisse Tari und Nina. Nur wenige Leute standen auf seiten der Türken, einer von ihnen war der
Schriftsteller Pierre Loti, der *La Turquie agonisante* (*Die sterben-
de Türkei*) veröffentlichte: Auf dem Umschlag war der grauenerregende und unvergeßliche Kopf eines türkischen Offiziers
abgebildet, dem serbische Soldaten Ohren, Nase und Lippen
abgeschnitten hatten. Ich gab mir Mühe, nicht auf dieses
Buch zu schauen, das bei einem Buchhändler in unserer Nähe
im Fenster lag, aber natürlich schaute ich trotzdem hin und
bereute es sogleich, denn es brachte mich um meine innere
Ruhe, wenn ich zu Bett ging und das Licht löschte.

Meine Mutter war voll und ganz für die Alliierten. »Das
Kreuz gegen den Halbmond«, sagte sie. So dachte auch der
Pfarrer der American Church, der eines Tages Aufsehen
erregte, als er von der Kanzel verkündete, er hoffe, der All-
mächtige werde die Türken auf ewig strafen; dieses Gefühl
drückte er in vier kurzen Worten aus, die der Gemeinde
einen Schock versetzten und ihr lange in Erinnerung blieben.
Mein Vater, der Konstantinopel kannte und mit den Türken
freundlichen Umgang pflegte, teilte diesen Haß nicht. Er war
immer bereit, Freundschaft zu schließen.

Niemand schien zu glauben, daß aus diesem Krieg eine
Gefahr erwachsen könnte, und doch begann mit ihm der
Untergang Europas. Daß der kranke Mann Europas, wie man

die Türkei damals nannte, vom Kontinent verdrängt würde, auf dem er sowieso nur mit einem Fuß stand, wurde als gute Sache betrachtet, und auch, daß die Völker auf dem Balkan ihre Unabhängigkeit erlangen sollten. Eine kleine Zahl von Intellektuellen beklagte das Los der Türkei und erinnerte daran, daß sie seit Franz I. der Verbündete Frankreichs gewesen war; außerdem wiesen sie darauf hin, daß die Sieger schon bald untereinander Streit anfangen und gefährliche Spannungen in Europa hervorrufen würden. Das alles war richtig, vollkommen richtig, doch niemand hörte auf diese Prophezeiungen. Lieber machte man Witze über das Thema, zum Beispiel im Varieté, in einer Show mit dem Titel *Madame est Serbie!*

Ungefähr in der Zeit des Balkankrieges kam der Tango in Mode, so als könnte er die düsteren Gedanken vertreiben, die das Morden im fernen Serbien verursachte. Leisem Geflüster und hochgezogenen Augenbrauen entnahm ich, daß der Tango für anständige Leute ein gewagter Tanz war. Der alte Papst Pius X. war ob des ungeheuren Erfolgs so besorgt, daß er einen anderen Tanz zu lancieren versuchte, die sittsame venezianische *Furlana*, die man drei oder vier Schritte von seinem Partner entfernt tanzte, ein *fazzoletto* in der Hand. Die Pariser grinsten, ihr Vertrauen in den Tango war unerschütterlich.

In jenen Tagen nahm meine Schwester Retta Klavierunterricht bei einer schwarzäugigen Madame de Las Palmas. Ich erinnere mich, daß sie einen Anflug von Bart hatte und leicht nach Zoo roch, doch ihre Interpretation von Sindings *Frühling* war in gewissem Maße ein Ausgleich dafür. Auf jeden Fall brachte sie meiner Schwester bei, Clementi richtig zu spielen, und bis heute lausche ich seinen einfachen Melodien mit Vergnügen, denn sie erinnern mich an entflohene Tage.

Zwischen Clementi und dem Tango lag ein Abgrund, doch Retta schreckte vor nichts zurück. Eines Nachmittags kam sie mit einem Album nach Hause, in das sie ihr gesamtes Taschengeld des Monats gesteckt hatte. Ein Gaucho mit vollen Lippen und halbgeschlossenen Augen tanzte auf dem Einband mit einer Dame, die genauso exotisch aussah wie er. Meine Schwester setzte sich ans Klavier, schlug mit fester Hand das Album auf und begann zu spielen. Ihre Stirn runzelte sich, und zwischen den Zähnen schaute die Zungenspitze hervor. Sie war damals bestimmt nicht viel älter als fünfzehn, denn sie trug die langen Haare immer noch offen und spielte wie ein junges Mädchen, das Clementi geübt hat: ihr Anschlag hatte nichts Wehmütiges, er war kühn und fest, so geradeheraus, wie sie selber war. Ich glaube, ich habe niemals jemanden mit solcher Unschuld an den geheimen Absichten des Tangos vorbeispielen gehört, aber sie war entschlossen, diese Musik zu erlernen, und erlernte sie tatsächlich.

Meine Mutter hatte kein Gehör und konnte gerade einmal ein Kirchenlied vom *Star Spangled Banner* unterscheiden, deshalb fiel ihr auch nicht auf, was ihre Tochter da spielte, doch selbst wenn sie gewußt hätte, daß *Dans tes bras* anstatt der *Sonatine pour délier les doigts* auf dem Klavier stand, wäre ihr das gleichgültig gewesen. Sie war viel zu liebenswürdig und viel zu großzügig, um etwas Böses zu vermuten, wo keines war; und so konnte Retta ungehindert und ungestört Fortschritte machen. Es kam der Tag, da sie endlich zwei oder drei Stücke aus den argentinischen Pampas beherrschte, und ich sehe sie noch vor mir, ganz ins Spielen vertieft: Ihre energischen kleinen Hände hämmern geduldig auf die Tasten und lassen die Kerzenhalter am Klavier erzittern und klingeln. Ich weiß nicht, was die schwarzäugige Madame de Las Palmas davon hielt, aber wahrscheinlich wußte sie von nichts.

1913 tanzten alle irgendwie Tango. Die Mütter sahen zu, wenn ihre Töchter in der Tanzschule Baraduc Unterricht nahmen, wo Monsieur Washington Lopp eine Version *comme il faut* des neumodischen Schritts lehrte. Ein anderer Tanz, *La Très-Moutarde* (Zuviel Mostrich), tauchte damals auf, hatte aber nicht denselben Erfolg, zum Teil, weil man glaubte, er komme aus Deutschland.

Deutschland war alles andere als populär. Der Besuch des Kaisers in Agadir und die Rede, die er aus diesem Anlaß hielt, machten die Sache nicht besser. Kleine, aber bedeutsame Zwischenfälle hätten den Franzosen eine Ahnung dessen geben können, was sich zusammenbraute, Strohhalme im Wind, denen nur ein paar Weise Beachtung schenkten. Zum Beispiel: Ein elsässischer Grundschullehrer wurde wegen anti-deutscher Einstellung strafrechtlich verfolgt; ein Reichsmilitärluftschiff überflog – klarerweise irrtümlich – die befestigte Region Ostfrankreich und landete in Lunéville … Und dennoch schien ein deutsch-französischer Krieg von allen möglichen Ereignissen das unwahrscheinlichste zu sein. In dem Geschichtsbuch, das wir in der Schule durchnahmen, stand ein Satz, an den ich mich erinnere, weil ich ihn mir später sehr oft ins Gedächtnis gerufen habe: »Kriege werden allmählich aus der modernen Welt verschwinden«, sagte er, und »die Nationen werden in Zukunft größeren Vorteil darin sehen, ihre Kontroversen friedlich in Den Haag zu schlichten, wo zu diesem Zweck ein Internationaler Gerichtshof geschaffen wurde – mit Zustimmung des Kaisers.«

Natürlich war ich zu jung, um Zeitung zu lesen, und wußte kaum, was in der Welt vor sich ging. Eines Abends im Jahre 1911 saß mein Vater mit einigen Freunden im Garten, sie tranken Juleps, da fiel der Name Agadir. Er klang so seltsam fremd, daß ich zuhörte; ein paar Worte wurden gewechselt, die ich vergessen habe, dann wandte sich mein Vater an Hébrard, einen jungen Franzosen, der sein Sekretär war, und fragte ihn, was er über die Lage denke. »Ich denke«, antwortete Hébrard, »wir täten gut daran, unsere Bajonette zu ölen.«

In diesem Satz lag etwas so Unheilverkündendes, daß ich ihn stundenlang in meinem Kopf hin und her wälzte. Ich hatte bei Militärparaden Bajonette in der Sonne blitzen sehen und haßte sie instinktiv. Andererseits bedeutete Krieg Aufregung und Abenteuer, und noch nie hat eine solche Aussicht einen jungen Burschen bedrückt. Mit gemischten Gefühlen fragte ich deshalb meine Mutter, ob Frankreich und Deutschland wieder Krieg gegeneinander führen würden. »Dein Vater glaubt es nicht«, sagte sie, »und er weiß in politischen Dingen immer bestens Bescheid.« Ich war erleichtert und zugleich ein wenig enttäuscht. Wir lebten in so öden Zeiten! Niemals passierte etwas, während andere Epochen der Geschichte anscheinend voll außergewöhnlicher Ereignisse waren. Auch wenn ich Bajonette nicht ausstehen konnte, so liebte ich doch die Geschichte, ohne recht zu begreifen, daß das Bajonett die Feder ist, mit der Geschichte geschrieben, und zwar blutig geschrieben wird. Die letzte Juliwoche 1914 ist mir noch lebhaft im Gedächtnis. Ein paar Wochen zuvor hatten meine Eltern beschlossen, unsere Wohnung in Paris aufzugeben und in die Nähe von Saint-Germain-en-Laye zu ziehen, mit dem Zug etwa vierzig Minuten von Paris. Mein Vater hatte ein großes und komfortables Haus mit einem bezaubernden Garten gemietet, und in diesem Garten saßen wir am 29. Juli und tranken Tee, als jemand mit einer Zeitung in der Hand daherkam. Wer das war, weiß ich nicht mehr, ich erinnere mich jedoch, daß die Schlagzeilen besonders groß waren und daß meine Mutter sagte: »Nein, das ist nicht möglich!« – »Natürlich nicht«, sagte mein Vater ruhig, »niemand will den Krieg. Und vor allem würden die deutschen Sozialisten das nicht zulassen.«

Er saß da in seinem hellgrauen Anzug mit weißer Weste, rauchte eine lange russische Zigarette und wirkte dabei so gelassen, daß wir vollkommen beruhigt waren. Die Ulmen über unseren Köpfen wiegten sich sachte im Wind, und Wespen umflogen den Honigtopf auf dem Tisch. Wie hätte irgend etwas nicht stimmen, irgend etwas sich verändern können, wo doch um uns herum alles wie gewöhnlich war? Ich verstand nicht, warum meine Mutter so bestürzt ausgesehen hatte.

Ein paar Tage vergingen, und der Krieg wurde erklärt. An jenem verhängnisvollen 2. August 1914 stürmte ich hinauf in mein Zimmer und zerfetzte in einem Anfall patriotischen Überschwangs meine deutsche Grammatik – und in der Hoffnung, für immer erlöst zu sein von diesem verwünschten Buch und seinen Deklinationen. Landkarten wurden gekauft, damit wir den militärischen Operationen folgen konnten, indem wir verschiedenfarbige Fähnchen über die in den Kommuniqués erwähnten Namen steckten. Am Anfang war das alles furchtbar aufregend, weil die französischen Truppen fast sofort die deutsche Grenze im unteren Teil des Elsaß überschritten, doch als der Feind in das kohlereiche Lothringen vordrang, fand ich es sehr schnell entmutigend, jeden Nachmittag die kleinen Trikoloren immer weiter südwärts zu verschieben, und ich gab die Sache auf.

Unser Garten lag an der Landstraße von Paris nach Saint-Germain, und aus unseren Fenstern konnten wir die Truppen vorbeimarschieren sehen, die an die Front zogen in ihren roten Hosen und blauen Röcken, einer Uniform aus dem 19. Jahrhundert, die sie zu lebenden Zielscheiben für die deutschen Kugeln machte. Die Soldaten sangen aus voller Kehle und schritten munter aus, trotz Hitze und schwerem Gepäck. Diese Männer schienen darauf erpicht zu kämpfen, und ihr Vertrauen in Frankreich war immens. Mit klopfendem Herzen blickte ich auf sie, während sie vorüberzogen, uns zuwinkten und *Sur la route de Louviers* sangen, ein derbes Lied, das Millionen junger Franzosen fröhlich gestimmt hat. Frauen aus dem Dorf und ihre Kinder gingen eine Weile neben den Soldaten her, mußten manchmal laufen, um mit ihnen Schritt zu halten, reichten ihnen Blumen, Zigaretten und Weinflaschen. Die meisten dieser Frauen bemühten sich zu lachen, doch eine von ihnen bedeckte das Gesicht mit ihrer blauen Schürze und schrie vor Schmerz. »Nicht weinen«, sagten die Männer mit ihrem Pariser Akzent, »wir kommen wieder.« Doch nur wenige kamen wieder.

Ich war noch keine vierzehn und konnte die Bedeutung dessen, was vorging, nicht richtig erfassen. Es schien unvorstellbar, daß die französischen Truppen zurückwichen: Jedermann sagte, der deutsche Kaiser sei ein Verbrecher, und wie alle Kinder glaubte ich instinktiv, Geschichte sei etwas Moralisches. Wie hätten die Deutschen da nicht besiegt werden sollen, wo sie doch im Unrecht waren und einen ungerechten Krieg führten? Eines Nachmittags kam meine Mutter in mein Zimmer gestürzt, riß den großen Schrank auf, in dem unsere Wäsche gestapelt lag. Die Hausmädchen schleppten den Weidenkoffer herbei, und meine Mutter begann, Bettlaken und Handtücher hineinzuwerfen. Zu sehen, wie der Koffer mitten im Sommer gefüllt wurde, war schon seltsam genug, ihre Hast machte die ganze Sache jedoch höchst beunruhigend, und ich fragte sie, was los sei.

»Die Deutschen kommen.« Sie schickte mich hinunter ins Erdgeschoß, wo ich meinen Schwestern helfen sollte, das Silberbesteck in Papier einzuwickeln.

In wenigen Stunden war unsere wertvollste oder notwendigste Habe eingepackt, und wir verließen das Haus, nachdem wir den Schlüssel sorgfältig zweimal herumgedreht hatten. Mein Vater klebte ein Blatt Papier an die Tür, das eventuelle ungebetene Gäste davon in Kenntnis setzte, daß dieses Haus amerikanisches Eigentum war; darüber hängte meine Mutter eine kleine amerikanische Fahne in der Hoffnung, diese möge den Eindringling – oder auch Einbrecher – abschrecken. Danach fuhren wir zum Bahnhof.

Mein Vater hatte die Absicht, uns nach Paris zurückzubringen und dort abzuwarten, wie sich die Dinge weiterentwickeln würden. Dieser Plan war in den Augen fast aller seiner Freunde reiner Wahnsinn, denn anscheinend konnte nichts mehr den Feind aufhalten, selbst die Regierung war nach Bordeaux geflüchtet, doch mein Vater war unverbesserlicher Optimist; er weigerte sich zu glauben, Paris könne eingenommen werden, und behauptete, der deutsche Vormarsch werde aufgehalten, bevor er die Hauptstadt erreiche. In Paris teilten offensichtlich nur wenige Leute diese vertrauensvolle Einschätzung der Lage, denn die Straßen waren leer und die Fensterläden an den meisten Häusern geschlossen. Natürlich verbrachten viele Pariser gerade die Ferien auf dem Land, als der Krieg ausbrach, und sie hielten es nicht für notwendig zurückzukehren. Hiergeblieben waren wie immer nur die

Armen, die es sich nicht leisten konnten wegzufahren, und ein paar sture Kaufleute, die sich von der allgemeinen Panik einfach nicht anstecken lassen wollten.

Es gab keine Taxis, alle Fahrzeuge waren requiriert worden, um die in Paris in Garnison liegenden Truppen an die Marne zu befördern, wo heftige Kämpfe tobten. Meinem Vater jedoch gelang es, sich einen Handkarren zu beschaffen, auf den er unser Gepäck stapelte. Das alles erschien mir um so aufregender, als ich den Handkarren nicht durch die Straßen schieben mußte; diese Aufgabe fiel meinem Vater zu, und er erfüllte sie mit gewohnter Kraft und Ausdauer, während wir den Weg in einer Pferdedroschke zurücklegten.

Nachdem unsere Droschke die Champs-Élysées überquert hatte und zum Trocadéro hinaufgerumpelt war, führte sie uns schnurstracks ins Herz unseres geliebten Passy, wo mein Vater am Vortag in einer altmodischen Familienpension, der Pension Mouton in der Rue de la Tour Nr. 43, Zimmer für uns bestellt hatte.

Ich brauche wohl nicht zu sagen, daß ich später viele deutsche Freunde hatte, es wäre mühsam, sie alle aufzuzählen, doch gerade hier in Amerika bin ich insbesondere Kurt Wolff und Klaus Mann wiederbegegnet und auch Photographen und Musikern, mit denen ich zu meinem Glück und zu meiner Freude zwischen den beiden Kriegen Umgang hatte.

II.

In einem Roman habe ich die Pension Mouton so genau wie möglich beschrieben, und heute existiert sie gewissermaßen nur noch in diesem Gedächtnis aus Papier. Sie wurde abgerissen, als man die Avenue Mozart unter dem Namen Avenue du Président-Doumer verlängert hat. Viele alte Häuser, die im Weg standen, mußten verschwinden und mit ihnen auch unsere Pension.

Es war ein graues Haus mit einer irreführend schmalen Fassade, denn im hinteren Teil befanden sich viel mehr Zimmer, als die Anzahl der Fenster auf der Straßenseite vermuten ließ. Der Grund dafür war, daß die Straße höher lag als der Garten hinter dem Haus. Hatte man das Gebäude einmal betreten, führte eine steile und enge Treppe mit einem zusammengeflickten Teppich zu den Zimmern hinauf, falls man sich ausruhen wollte, während eine andere genauso steile, enge und schäbige Treppe zum Speisezimmer im Untergeschoß führte, wo man essen konnte, vorausgesetzt, man hatte sich rechtzeitig angemeldet.

Ich bekam ein Zimmer, das mit einem roten Plüschsessel, einem Messingbett, einem Spiegel in Bambusrahmen und einem Stich von zwei Murilloschen *Gassenjungen* ausgestattet war. Wenn ich aus dem Fenster blickte, sah ich einen langen, ziemlich düsteren Hof, der eigentlich ein Stück von einer Platanenallee war, die eine Mauer in gewisser Entfernung vom Haus abschnitt. Gras und Blumen in diesem sogenannten Garten – *beau jardin ombragé*, verkündete ein Schild über der Eingangstür der Pension – waren reine Erfindung, denn nur ein paar Hühner kratzten in der Erde oder spazierten ziellos umher.

Die Mahlzeiten wurden in einem langen Speisezimmer

mit nackten Wänden serviert, das keine anderen Möbel besaß als einen Tisch und höchst einfache Stühle. Eine nicht
sehr weiße Decke lag auf dem Tisch, und an jedem Ende
standen zwei Karaffen, eine mit Rotwein, der nach Tinte
schmeckte, und eine mit Weißwein, den man für Essig halten
konnte, doch meine Mutter erklärte, wir dürften uns nicht
beklagen, es herrsche Krieg. Ich dachte gar nicht daran, mich
zu beklagen, ich war begeistert, Tage zu erleben, die später in Büchern als die entscheidenden Tage der Geschichte
unseres Jahrhunderts stehen würden. Und in einer Stadt zu
sein, in die Hunderttausende von deutschen Soldaten schon
nächste Woche einmarschieren wollten … Es erfüllte mich
mit Stolz, hier zu sein und nicht versteckt in irgendeiner entlegenen Provinz. Die einzigen, die in Passy ausharrten, waren
offenbar die Hausmeister. Man spottet in Paris gern über die
concierges, doch stets werden sie zurückgelassen und müssen
sich der deutschen Armee stellen mit Besen und Flederwisch
als einzige Waffen. Der Grund dafür ist, daß sie, was immer
auch kommen mag, in ihren *loges* Wache halten müssen und
ihren Posten nicht verlassen dürfen, wenn sie ihre begehrte
Stelle nicht verlieren wollen. Und so harren sie aus, wie die
römischen Soldaten in Pompeji. Im allgemeinen sind sie arro-
gant, schlecht gelaunt, neugierig, mit einigen Ausnahmen
natürlich, vor allem aber sind sie mutig.

Wir hatten die Pension Mouton für uns allein und warteten, daß die Nachrichten ein wenig besser würden, aber sie
verschlechterten sich zusehends. Meine Mutter hatte jedoch
so großes Vertrauen in das Urteilsvermögen meines Vaters,
daß nicht einmal erwogen wurde, die Stadt zu verlassen. Ge-
rüchten zufolge waren Ulanen im Wald von Saint-Germain
gesehen worden, andererseits strömten Flüchtlinge aus den
vom Feind besetzten Provinzen nach Paris. Und dann kam
der Krieg eines Tages näher, in Gestalt einer Bombe, die von
einem deutschen Flugzeug, einer *Taube*, am unteren Ende der
Avenue de l'Alma abgeworfen wurde und einen alten Mann
und ein kleines Mädchen tötete. An jenem Sonntagmorgen

saßen wir in der American Church, nur zwei-, dreihundert Meter entfernt; der Pfarrer war gerade auf die Kanzel gestiegen und wollte mit seiner Predigt beginnen, als das bedrohliche Geräusch zu hören war. Niemand verließ die Kirche, und niemand zeigte Unruhe. Damals waren die deutschen Bomben noch klein.

Da besonders schönes Wetter herrschte, gingen unsere Eltern an jenem Nachmittag mit uns in den Bois de Boulogne: In aller Eile waren ganze Baumreihen gefällt und quer über eine der wichtigsten Ausfallstraßen der Stadt aufgetürmt worden; *chevaux de frise*, spanische Reiter, waren vor diesen Hindernissen aufgestellt worden, die, wie man uns versicherte, den Feind behindern oder ganz aufhalten würden. Dieser ganze Kram schien jämmerlich unzureichend, sogar mir, und ich verstehe, was die Franzosen meinen, wenn sie sagen, das 19. Jahrhundert sei 1914 zu Ende gegangen. 1914 versuchte das 19. Jahrhundert in blauen Röcken und roten Hosen Widerstand zu leisten gegen unser wunderbares 20. Jahrhundert mit seinen schlammfarbenen Uniformen und seinen brandneuen Mordmethoden. Abschließend muß ich meiner Beschreibung noch hinzufügen, daß neben der Barrikade ein langer Graben ausgehoben worden war, er schien den Parisern jedoch nicht sehr vertrauenerweckend, und sie beäugten ihn skeptisch.

Mehrere Tage vergingen, jeder Morgen und jeder Abend brachte Nachrichten von einem Rückzug, der immer mehr nach heilloser Flucht aussah, obwohl der Generalstab sich alle Mühe gab, die furchtbare Wahrheit zu verschleiern. Und dann, eines Morgens Anfang September, brachten die Zeitungen eine Nachricht, die über alle Lippen denselben Schrei kommen ließ: ein Wunder. Der unaufhaltsame Vormarsch der deutschen Armee war gestoppt worden: Einer der Generäle des Kaisers hatte sich geirrt, und seine Armee war vom Gros der Truppen abgeschnitten. Eine ganze Woche lang tobten heftige Kämpfe an der Marne, und das deutsche Oberkommando, das typischerweise den Zeitpunkt des Einmarsches in die französische Hauptstadt genau festgelegt hatte, mußte das Fest abblasen und im vernichtenden Feuer unserer 7,5 cm-Kanonen den Rückzug antreten. Das alles, sagten sie, sei völlig *plangemäß* geschehen.

Die Pariser waren so überglücklich, daß sie für eine Weile den kritischen Geist, immerhin eine ihrer beherrschenden Eigenschaften, verloren zu haben schienen. Für sie war der Anfang vom Ende in Sicht. Freude folgte den Tränen auf dem Gesicht meiner Mutter. Erst jetzt wurde uns bewußt, welche Angst wir ausgestanden hatten; mein Vater schämte sich nicht einzugestehen, daß er mehrere Nächte schlaflos zugebracht hatte, von furchtbaren Sorgen gequält. Um den 15. September, die französischen Truppen lagen gut verschanzt in sicherer Entfernung vor Paris, kamen die Menschen allmählich zurück in die Stadt. Sie waren sonnengebräunt und ein bißchen verschämt, doch ihre Scham schwand so schnell wie ihre Bräune, und es dauerte nicht lange, da hörte man sie wie alle anderen in dem halbheroischen Ton schwadronieren, an den zwei Kriege uns inzwischen gewöhnt haben. In den Straßen sah man jedoch immer häufiger Trauerkleidung, und die anfängliche Begeisterung wich schnell nüchterner Entschlossenheit.

Mit dem Zustrom der Flüchtlinge, die innerhalb unserer Mauern Schutz suchten, und mit der Rückkehr der Pariser überstieg die Einwohnerzahl der Stadt rasch das normale Maß. Alle verfügbaren Wohnungen wurden vermietet, und schon bald war nirgendwo mehr ein Hotelzimmer zu bekommen. Trotz der Schwierigkeiten und Unannehmlichkeiten herrschte Optimismus während der ersten Wochen nach dem, was nun der Sieg an der Marne genannt wurde. Gemeinhin glaubte man, der Krieg werde zu Weihnachten vorbei sein, und Weihnachten war in drei Monaten. Man setzte große Hoffnungen in die russische Armee, die eine blühende Phantasie die Ebenen Ostpreußens leerfegen sah; die Zeitungen verglichen sie mit einer gewaltigen Dampfwalze, die alles plattmachte auf ihrem Weg. *Le rouleau compresseur russe* schien ein wunderbarer Verbündeter zu sein, und man blickte mit grenzenlosem Vertrauen in die Zukunft. Natürlich gab es immer noch Leute, die beim Zeitunglesen kummervoll den Kopf wiegten und von einem langen Krieg sprachen, von Kohlemangel und Lebensmittelrationierungen, aber die wurden schief angesehen, wenn man sie nicht sogar öffentlich beschimpfte.

Noch bevor der Monat zu Ende war, fanden wir unser Haus auf dem Land genau so wieder, wie wir es zurückgelassen hatten, friedlich, unberührt, und die Ulmen und Kastanien im Garten färbten sich langsam goldgelb. Wenn ich auf diese Tage zurückblicke, die durch die vielen Ereignisse dieser letzten drei Jahre seit 1939 in noch weitere Ferne gerückt scheinen, frage ich mich zuweilen, ob ich sie wirklich erlebt habe oder mich nur an etwas erinnere, was mir jemand anders erzählt hat. Ich bin noch nicht alt, und doch kann ich den Gedanken nicht loswerden, daß ich viel länger als einundvierzig Jahre gelebt habe und daß mit unserer Methode der Zeitrechnung irgend etwas nicht stimmt. Viele Menschen meiner Generation teilen wahrscheinlich dieses Gefühl. Es ist eher die Fülle der Ereignisse als die Länge der Tage, was diesen Eindruck von Dauer hervorruft, und wir sind heutzutage nicht wenige, die mit Baudelaire sagen können: »Ich habe mehr Erinnerungen, als wär ich tausend Jahre alt.«

Wie dem auch sei, ich war zu Beginn des Krieges von 1914 nicht unglücklich. Zunächst einmal, so egoistisch das auch klingen mag, hatten wir kein Familienmitglied an der Front, und das ersparte uns eine besonders qualvolle Form der Angst. Außerdem war ich im September gerade erst vierzehn geworden und konnte Ausmaß und Schrecken dessen, was geschah, nicht ganz begreifen. Es braucht viel Unglück, um die Lebensfreude im Herzen eines Kindes zu ersticken, und wir waren der Front nicht so nahe, daß wir den Geschützdonner gehört hätten oder unmittelbare Berichte von den Kämpfen, die nun von Schützengraben zu Schützengraben geführt wurden. Zu Hause war alles wie gewöhnlich. Ein ganzer Tag konnte vergehen, ohne daß vom Krieg gesprochen wurde. Sicher waren meine Eltern besorgt und unglücklich, doch ihre Traurigkeit schlug sich nicht ernsthaft auf meine Verfassung nieder. Ich konnte mir nicht vorstellen, daß uns etwas zustoßen würde, solange wir alle beieinander waren. Die Tatsache, daß zehn französische Departements unter deutscher Herrschaft standen, plagte mich nicht über die Maßen, denn eine Niederlage Frankreichs erschien mir immer noch so unmöglich wie das Verschwinden der Sonne vom Himmel.

Wir waren jedoch nicht alle zu Hause. Meine Schwester Eleanor, die einen entfernten Abkömmling Byrons geheiratet hatte und in Triest lebte, mußte bei Eröffnung der Feindseligkeiten aus dieser Stadt fliehen. Sie und ihr Ehemann Kenneth hatten keine Zeit, mehr mitzunehmen als ein Schmuckkästchen, und mußten ihre Wohnung voll mit Möbeln und Büchern den österreichischen Behörden überlassen. Sie erreichten gerade noch das allerletzte Schiff nach Venedig und fuhren von dort weiter nach Genua, wo sie blieben; hier lebten sie bis Juni 1940 und mußten dann wiederum überstürzt aufbrechen, so wie sechsundzwanzig Jahre zuvor aus Österreich.

Die anfängliche Aufregung über den Krieg legte sich im Oktober, und Europa gewöhnte sich an seinen ersten Winter unter Waffen. An der französischen Front tat sich nicht viel, und die Kommuniqués wurden kürzer. In fast jedem französischen Haus zeigte eine Landkarte mit Reihen winziger Fahnen die jeweiligen Stellungen der alliierten und der deutschen Truppen. Man redete über nichts anderes als den Krieg und fand großen Trost darin, die Staaten zusammenzuzählen, die sich inzwischen Deutschland und seinen verrückten Träumen von Weltherrschaft widersetzten. Es gab noch keine Lebensmittelrationierungen; die Listen der Toten und Verwundeten waren bisher nicht allzulang. Nur wenige Menschen begriffen, daß wir in eine Nacht des Schreckens eintauchten, die über vier Jahre den ganzen Kontinent verfinstern würde. Oft ist es besser, nicht zu wissen, was die Zukunft für uns bereithält. Als Kind fragte ich mich, warum wir zwar die Fähigkeit besitzen, in alle Richtungen der faßbaren Welt zu schauen, aber, wenn es um die Zeit geht, nur zurück- und niemals vorausblicken können. Diese von der Vorsehung bestimmte Blindheit erlaubt der Menschheit vorwärtszugehen, ohne in Verzweiflung zu versinken.

Der Krieg hatte meiner Mutter einen schweren Schlag versetzt. Zwei Tage nach Weihnachten jenes Jahres starb sie ganz plötzlich. Am Vorabend ihres Todes, den nichts auf der Welt vorhersehen ließ, saß meine Schwester Retta im Salon auf dem Sofa. Als sie aus dem Fenster blickte, sah sie mehrere Männer auf Leitern, die das Gartentor unserer Villa mit schwarzen Tüchern verhängten, wie es in Europa Brauch ist, wenn ein Begräbnis stattfinden soll. Das Schauspiel war in ihren Augen so grauenhaft wirklich, daß sie Anne rief, um es ihr zu zeigen, diese aber sah nichts anderes als den leeren Garten im trostlosen Nachmittag.

III.

Obwohl wir nun sechsunddreißig Kilometer von Paris entfernt lebten, besuchte ich weiterhin das Lycée Janson und mußte im ersten Morgengrauen aufstehen, um den Zug zu erwischen. Meine Mutter pflegte mich zu wecken, indem sie einfach ans Fußende meines Bettes trat und mich ganz leise rief; selbst wenn ich schlief, spürte etwas in mir ihre Gegenwart, und ich antwortete immer. Doch kein Kind liebte sein Bett an einem kalten Morgen mehr, als ich es tat, und aufzustehen war ein furchtbarer Kampf.

»Na, komm schon«, sagte meine Mutter, »steh auf.«

Diese Worte waren halb geflüstert; nichts Strenges lag in ihrer Stimme oder auf ihrem Gesicht, wenn sie neben mir stand, in der Hand eine Kerze, die ihre wunderschönen grauen Augen erhellte. Ein Vierteljahrhundert hat offenbar kein einziges Detail aus jener Zeit meines Lebens gelöscht. Die Stille in Haus und Garten, die dunklen Zimmer, in denen das Licht der Kerze wie ein Stern leuchtete, die Schritte meiner Mutter, so leicht, daß sie ein Teil der Stille zu sein schienen, an alles entsinne ich mich mit erstaunlicher Genauigkeit.

Als in jenem Jahr die Weihnachtsferien vorüber waren, trat meine Schwester Retta an die Stelle meiner Mutter, weckte mich in der Früh und bereitete mir meinen Tee, während ich mich mit schwerem Herzen ankleidete. Wenn ich frühstückte, blickte sie mich mit ihren großen, tragischen Augen an, die sich von Zeit zu Zeit mit Tränen füllten. Weder sie noch ich brachte ein Wort heraus.

Nachdem ich das Gartentor hinter mir geschlossen hatte, lief ich auf der stillen Straße zum Bahnhof, während am Himmel noch die Sterne schienen. Die Bücher klapperten in meiner Schultasche, wenn ich das Trottoir hinunterhastete.

Ich verpaßte den Zug um 6 Uhr 45 kein einziges Mal und fand immer einen Sitzplatz am Fenster. Der Wagen zweiter Klasse mit seinen fest verschlossenen Fenstern roch stark, aber man gewöhnte sich schnell daran, und die Wärme war angenehm. Die meisten Reisenden nickten über ihren Zeitungen ein oder redeten leise von den harten Zeiten und dem Krieg, während ich mich in ein Buch vertiefte und so der Welt um mich herum entfloh. Auf diesen täglichen Fahrten habe ich viel gelesen, zum Beispiel Chateaubriands *Atala*, ein Buch, das ich nicht wiederzulesen wage. In gewisser Weise hat es sich mir als etwas unübertrefflich Schönes eingeprägt, eine Art Traum, aus dem zu erwachen dumm wäre, wenn es nicht unbedingt sein muß. Es machte nicht viel aus, daß der Wagen nach kaltem Tabak roch und die Leute auf eklige Art ausspuckten; ich war mit René an den Ufern des Mississippi, schaute auf die schwimmenden Inseln, die der *Père des eaux* langsam zum Meer hintrieb mit ihrer exotischen Vegetation und ihren seltsam buntgefiederten Vögeln, ich lauschte dem Indianer Chactas, der im flackernden Schein eines Lagerfeuers erzählte, und naive Tränen rannen mir über die Wangen, ich begrub die bezaubernde Atala im Dunkel einer amerikanischen Höhle. Der schöne Stil Chateaubriands entzückte mich wie die Klänge einer erhabenen Musik. Ich fühlte wie die Leser von 1802 angesichts dieses phantastischen Gemäldes der Neuen Welt; ich war damals gewiß nicht sehr kritisch, aber meine Einbildungskraft war bereit, dem französischen Vicomte zu folgen, wohin er mich auch führen mochte.

Ich verbrachte den ganzen Tag in der Schule und fuhr mit dem Abendzug nach Hause. Was das für mich bedeutete, können nur Kinder verstehen, die so leidenschaftlich an ihrem Zuhause hängen, wie ich es tat. Für mich war das Lycée nicht mehr und nicht weniger als ein Gefängnis, und ich entwickelte eine wahre Abscheu vor seinen düsteren braunen Mauern. Wenn ich in dem dunklen Klassenzimmer saß, dachte ich mit krankhafter Sehnsucht an die wirbelnden Schneeflocken draußen auf dem Land und an meine Schwestern, die aus den

Fenstern des Salons in den weißen Garten schauten. Ich konnte die bizarre Vorstellung nicht loswerden, daß meine Mutter noch zu Hause war und mit einem Buch in der Hand an einem Fenster saß oder vor sich hin dösend in ihrem großen Lehnsessel, ihren langen grauen Shawl über den Schultern.

Als immer mehr Tote und Verwundete von der Front zurückgebracht wurden, füllten sich die Pariser Krankenhäuser, und man beschloß, daß verwundete Soldaten auch in großen Schulgebäuden, die man leicht dafür herrichten konnte, gepflegt werden sollten. Über hundert kamen ins Lycée Janson und wurden in den Räumen des zweiten Stocks untergebracht, direkt über den Klassenzimmern. Auf diese Weise war der Krieg uns jetzt ganz nahe; das Herz zieht sich mir noch immer zusammen, wenn ich an das entsetzliche Stöhnen denke, das wir während der Unterrichtsstunden oft hörten. Wenn die Verwundeten kräftig genug waren, gingen sie, von ihren Krankenschwestern geführt, im Schulhof auf und ab; die verstümmelten Männer machten auf mich einen furchtbaren Eindruck, wenn sie in ihren blaßblauen Uniformen umherhumpelten.

Ich verbrachte also den ganzen Tag in der Schule, denn ich war ein sogenannter *demi-pensionnaire*. Wenn die externen Schüler nach dem Unterricht heimgingen, mußten die Internen und die Halb-Internen vor dem Mittagessen noch eine Stunde arbeiten. Ich lernte, vor allem um von mir selbst wegzukommen und die Traurigkeit in meinem Herzen zu bezwingen, die jeden Vormittag zu einer Prüfung machte. Auf diese Weise fand ich mit der Zeit Geschmack am Lernen und machte Jahre der Faulheit wett. Ich entdeckte, wie faszinierend es war, sich den Inhalt eines Buches anzueignen, ein Kapitel französischer Geschichte oder sogar ein Theorem, einfach alles, was man begreifen und verarbeiten konnte. Ich spürte ein wachsendes Verlangen, alles zu wissen, was man auf Erden wissen kann, und glaubte ganz naiv, mit genug Ausdauer würde ich diesen ungeheuerlichen Wunsch eines Tages befriedigen können.

Niedergeschlagenheit war die vorherrschende Stimmung um uns herum. Unsere Lehrer trichterten uns ein, daß Tausende Männer in Flandern und in der Champagne starben, damit wir in Frieden leben und lernen konnten. Zudem war es unmöglich, die verwundeten Soldaten im Stockwerk über uns zu vergessen, und mehrere Schüler trauerten bereits um ihren Vater oder Bruder. Natürlich hielt man in jenen Tagen den Patriotismus für eine Kardinaltugend, doch es war ein düsterer Patriotismus, vermischt mit kaum verhohlener Angst. In meiner Klasse fragten sich die Jungen, ob sie jemals Gelegenheit haben würden, sich zum Kriegsdienst zu melden. Unter den Ungeduldigsten war ein Bursche namens Durieu. Ich sprach selten mit ihm, mochte ihn aber. Er war heiter und ausgelassen, in ihm steckte etwas, das mich an Steerforth erinnert hätte, hätte ich *David Copperfield* gelesen. Sein hübsches, fröhliches Gesicht kommt mir immer wieder in den Sinn, und ich glaube, sein helles, schallendes Lachen werde ich nie vergessen. Obwohl er ein paar Monate älter war als wir, war Durieu wohl kaum über sechzehn, als sich in der Klasse das Gerücht verbreitete, er habe beschlossen, von zu Hause wegzulaufen und zum Militär zu gehen. Eine Sammlung wurde organisiert, damit er sich eine Eisenbahnkarte kaufen konnte, und gegen jeden gesunden Menschenverstand gab auch ich wie alle anderen einen Franc. Es war Unfug von einem Sechzehnjährigen, ohne das Einverständnis seiner Eltern an die Front zu fahren, und wie zu erwarten, kam er nach etwa zehn Tagen zurück, von Gendarmen zu seiner besorgten Mutter nach Hause gebracht. Doch er hatte zu viele Geschichten über Barra und Viala gelesen, die jungen Tamboure der Revolution, und ein paar Monate später riß er wieder aus. Dieses Mal gelang es ihm, an die Front zu kommen und dort zu bleiben, doch nicht für lange, denn nach wenigen Wochen fiel er. Aus meinem Gedächtnis ist er nie mehr verschwunden.

In jenem Jahr meldeten sich Anne und Retta beim Roten Kreuz und wurden Krankenschwestern im Hotel Ritz, das in ein Lazarett umgewandelt worden war. Sie waren beide

noch sehr jung und sahen in ihren weißen Uniformen aus
wie Engel, aber schon damals dachte ich, daß so etwas für
junge Mädchen ihres Alters eine grauenhafte Erfahrung war.
Sie hingegen fanden das ganz selbstverständlich und gingen
jeden Morgen zu ihrer Arbeit, mit Tausenden von selbst-
losen Frauen, die ohne zu murren ihre Zeit, ihre Jugend und
manchmal ihr Leben opferten.

Diese düsteren Tage haben mich und viele andere stärker
geprägt, als man vielleicht denkt. Wäre ich jünger gewesen,
hätten sie keinen so tiefen Eindruck in mir hinterlassen; wäre
ich älter gewesen, hätte ich die Bedeutung dessen, was an der
Front geschah, besser erfaßt, doch fünfzehn war ein schlech-
tes Alter für die Zeiten, die wir erlebten, und für mich kam
der Tod meiner Mutter noch dazu. Der Schlag war hart. Die
Kommuniqués, die ich jetzt aufmerksam las, hoben vor allem
die Tatsache hervor, daß jeder Quadratkilometer Land, der
den Deutschen durch schreckliche Kämpfe in der Champagne und im Artois entrissen wurde, viele Menschenleben
kostete. Die dominierende Farbe in den Straßen von Paris war
Schwarz, und vor Ablauf des Jahres 1915 gab es kaum noch eine
Familie, die keinen Todesfall zu beklagen hatte. Dennoch begann einigen Leuten klar zu werden, daß Deutschland trotz
seiner anfänglichen Siege dabei war, den Krieg zu verlieren,
so wie es heute, im Jahre 1941, dabei ist, ihn zu verlieren.

Viele Jungs waren unbekümmerter als ich, oder wirkten
zumindest so, und vergnügten sich mehr, als sie es in normalen Zeiten getan hätten. Aber ich habe mir oft gedacht, daß
eines der Geheimnisse der französischen Charakterstärke
und des französischen Mutes in einem alten provenzalischen
Sprichwort enthalten ist: *Le rire dans la rue, les pleurs à la maison*,
was soviel heißt wie: Gelacht wird auf der Straße, geweint
wird zu Hause. Es gab keine Südamerikaner mehr unter uns,
sie waren zu Beginn des Krieges alle ausgeflogen wie er-
schrockene Vögel, und wer hätte es ihnen verübeln können?
Zum Ausgleich hatten wir eine Menge Flüchtlinge aus den
besetzten Gebieten, und wir verstanden uns mit ihnen eher

gut, obwohl sie in vielerlei Hinsicht anders waren als wir, und Anderssein ist in den Augen eines jungen Menschen oft eine furchtbare Sünde.

Einer dieser Flüchtlinge hieß Bosse, er kam aus Noyon in der Picardie, der Geburtsstadt Calvins. Kaum hatte ich Bosse erblickt, empfand ich heftige Abneigung gegen ihn und alles, was mit ihm zu tun hatte. Er war ein stämmiger Junge von sechzehn Jahren mit rotem Haar, niedriger Stirn, Stupsnase und Sommersprossen im ganzen Gesicht. Wenn ich es recht bedenke, konnte man ihm nichts vorwerfen, außer daß er ungewöhnlich häßlich war, mit einem scheußlichen provinziellen Akzent sprach und sich allzusehr auf seine körperliche Kraft verließ, um zu erreichen, was er wollte. Wir redeten wenig miteinander, er und ich, aber heimlich betete ich, Noyon möge von den Alliierten möglichst rasch zurückerobert werden, damit Bosse wieder nach Hause konnte. Ich richtete es immer so ein, daß ich nicht neben ihm sitzen mußte, und versuchte, nicht an ihn zu denken, doch es gelang mir nicht, ihn vollkommen aus meinem Kopf zu verdrängen, und sooft Noyon in den Kommuniqués erwähnt wurde, begann mein Herz mit einer Mischung aus Furcht und Hoffnung wild zu pochen. Endlich kam nach monatelangen erbitterten Kämpfen die Nachricht, es sei den Engländern gelungen, Noyon zu befreien. Sogleich bildete ich mir ein, Bosse würde auf der Stelle seine Sachen packen und uns von seiner Gegenwart erlösen. Nichts dergleichen geschah; er blieb bis zum Ende des Jahres, und im folgenden war er immer noch da, und ich mußte mich einfach mit dem Gedanken abfinden, daß er nie fortgehen würde. Und wirklich verließ ich das *lycée* vor ihm.

Materiell haben wir 1915 nicht sehr unter dem Krieg gelitten. Es gab noch ausreichend zu essen, und obwohl alle großen nordfranzösischen Kohlegruben in deutscher Hand waren, konnte man die Häuser dank der Importe aus England einigermaßen beheizen. Außerdem war Paris keine traurige Stadt. Theater und Cafés waren geöffnet und im allgemeinen gut besucht; alle nur erdenklichen Zerstreuungen wurden

den Männern geboten, die von der Front auf Heimaturlaub kamen. Welche Gefühle man in seinem Inneren auch hegen mochte, nach außen zeigte man Fröhlichkeit, um die Moral der Soldaten zu stärken, und nie zuvor waren die Straßen der Hauptstadt so voller Leben gewesen. Die Uniformen der sieben oder acht alliierten Staaten brachten Farbe auf die Boulevards, während man immer mehr Zivilisten in Schwarz sah. So entstand eine merkwürdige, schwer zu beschreibende Stimmung, eine Stimmung aus künstlicher Heiterkeit, die ankämpfte gegen einen starken Strom von Kummer und Angst. Optimismus war Pflicht, Nörgler wurden zum Schweigen gebracht, indem man sie als *embusqués* (Drückeberger) beschimpfte, was damals eine schlimme Beschuldigung war. Der *poilu* (einfache Soldat) wurde zu einer Art Idol, sein täppisches Aussehen inspirierte Zeichner und Dichter patriotischer Lieder. Einer dieser schwärmerischen Autoren erklärte, der Schlamm, den sie aus den Schützengräben mitbrachten, sei nicht weniger als heilig. Man fand einen Spitznamen für das Bajonett, diese furchtbare Waffe, und nannte es Rosalie, und Rosalie wurde in den Himmel gehoben. Das war die geistige Verfassung von Paris nach zwölf Monaten Krieg.

Gegen Ende 1915 lief unser Mietvertrag aus, und mein Vater beschloß, daß wir nach Paris zurückkehren sollten, weil keiner von uns wirklich auf dem Land leben wollte. Außerdem war es für ihn unpraktisch, so weit von seinem Büro entfernt zu wohnen. In der Stadt jedoch waren Mietwohnungen sehr knapp, und es erwies sich als schwierig, eine zu finden, die groß genug war für uns alle. Die ersten Wochen des Jahres 1916 vergingen, ohne daß mein Vater bei seiner Suche Erfolg hatte. Unsere Möbel standen bei Bedel, dem größten Möbellager von Paris, und wir wohnten alle wieder in der Pension Mouton. Unsere Zimmer waren klein und ziemlich schäbig ausgestattet, in reinstem Louis-Philippe-Stil oder, wie die Franzosen verächtlich sagen, in Louis-Philippard. Wir waren jedoch so glücklich, wieder in Paris zu sein, daß wir die kaputten Sessel und fadenscheinigen Teppiche kaum bemerkten. Die Liebe

zu Paris war so fest in unseren Herzen verankert, daß Worte
sie genausowenig ausdrücken können wie die Liebe eines
Menschen zu einem anderen. Der Gedanke, daß ich ein Teil
von Paris war und Paris ein Teil von mir, begeisterte mich;
daß ich als Amerikaner geboren war, von amerikanischen
Eltern, konnte nichts an der ebenso unbestreitbaren Tatsache
ändern, daß ich in Paris geboren war. Ich habe mich immer
als Pariser gefühlt, nie als Franzose. Kurzum als Amerikaner
aus Paris, was schon fast eine Nation für sich ist.

Wieder nahmen wir unsere Mahlzeiten in dem langen, kahlen Speisezimmer ein, mit den zwei Karaffen sauren Weins,
rot und weiß, die symmetrisch angeordnet auf der fleckigen
Tischdecke standen. Um den Tisch saßen aber viel mehr
Leute als im September 1914. Den Ehrenplatz nahm eine alte
Baronin ein, die bessere Tage gesehen hatte und ihr Leben
in Armut und Einsamkeit beendete, ohne Freunde und ohne
Menschen, mit denen sie sprechen konnte, außer den ständig
wechselnden Gästen der Pension Mouton. Sie glich einem in
schwarze Spitze gekleideten ältlichen Schaf und sprach mit
weinerlicher Stimme von ihrem armen Ehemann, General
von B., der etwa zehn Jahre vor meiner Geburt gestorben
war. Neben ihr saß eine Mexikanerin mittleren Alters, deren
grüner Pullover übertrieben und absichtlich eng war, ihr
Mundwerk zum Ausgleich jedoch locker; dichte braune Pony-
fransen hingen ihr über die Augen, sie rauchte Zigaretten und
redete über Männer in einer Art, die die Baronin die Stirn
runzeln ließ. Ein alter Herr, Monsieur Dubuas, hatte bei unseren Mahlzeiten den Vorsitz. Er war ein großer, steifer Mann
mit militärischem Aussehen, hohlen Wangen und kalten blau-
en Augen; seine gute Erziehung schien ständig im Kampf zu
liegen mit einer schier unkontrollierbaren schlechten Laune,
und es war offensichtlich: Selbst wenn er sich von vollendeter
Höflichkeit zeigte, wäre er furchtbar gern grob gewesen. Zusammen mit dem Kaffee wurde eine Cognacflasche vor ihn
hingestellt, doch so großzügig er sich auch bediente, es schien
keinerlei Wirkung auf ihn zu haben, höchstens, daß er mit

der Kriegsführung immer unzufriedener wurde. Mit zurückgeworfenem Kopf, übereinandergeschlagenen Beinen, eine Hand in die Weste gesteckt, riß er die alliierten Generäle in Stücke, verhöhnte ihre Pläne und sprach mit düsterer Miene über das endgültige Schicksal von Paris. Mit entsetztem Schweigen hörten wir ihm zu, in dem Bewußtsein freilich, daß mit dem Gehirn des alten Herrn etwas nicht stimmte. Da ich eine solche Sprache nicht gewöhnt war, gingen mir die Reden des Monsieur Dubuas unter die Haut, und mit Ekel im Herzen betrachtete ich meinen ersten Defätisten.

Da waren noch andere Leute, eine geheimnisvolle Frau, die schöne Ringe an schmutzigen Händen trug und mit der Mexikanerin über gewagte Romane sprach; ein Apotheker, der seit einigen Wochen mobilisiert war, sagte traurig voraus, er werde sich bald »die Radieschen von unten ansehen«; ein englischer Oberleutnant, der ebenfalls auf Heimaturlaub war, lächelte wortlos und betrachtete uns leicht amüsiert, als würde er seine Mahlzeiten im Affenkäfig des Zoologischen Gartens einnehmen; eine schwarzgekleidete, schüchterne kleine Frau erschien immer mit geröteten Augen, sprach im Flüsterton, wischte nach jedem Essen die Brotkrümel in ihre Hand und aß sie auf, wie Nonnen es angeblich tun. All diese durch die Umstände zusammengewürfelten Menschen trennten sich, nachdem sie ein paar Banalitäten ausgetauscht hatten, jeder ging seinem Schicksal entgegen, umhüllt von seinem kleinen Geheimnis. Ich beobachtete sie und stellte mir Fragen. Etwas störte mich bei dem Gedanken, daß sie in kurzer Zeit wahrscheinlich für immer aus meinem Leben verschwinden würden und ich niemals erfahren sollte, was aus ihnen geworden war; deshalb versuchte ich mir vorzustellen, womit sie ihre Zeit verbrachten, welches Unglück in ihr Leben einbrechen könnte oder wie sie Glück und Erfolg finden mochten. Es verdroß mich, daß wir so wenig voneinander wußten, daß wir im Dunkeln lebten und daß es in der Masse der Menschheit einerlei war, ob wir überhaupt lebten oder starben. Wenn ich sagen hörte, daß Hunderttausende von Männern in einer

Schlacht gefallen waren, zum Beispiel in Verdun, wo heftige Kämpfe tobten, hatte ich das Gefühl, wir seien von etwas Geheimnisvollem umgeben und die Menschen würden wahllos verschont oder zerrieben wie Insekten auf einer Windschutzscheibe. Trotz dieser Furcht wuchs meine Gewißheit, daß jedes einzelne Schicksal seinen Lauf nahm bis an sein Ende und daß es keinen Zufall gab. Wie diese Ansichten miteinander in Einklang zu bringen waren, wußte ich nicht, ich hätte auch nicht klar darlegen können, was ich fühlte, doch mir wurde allmählich bewußt, wie rätselhaft und unbequem die Lage des Menschen in seiner kleinen Welt ist.

Der Tod war etwas, was ich mich hinzunehmen weigerte und was ich nicht begreifen wollte. Als ich erfuhr, daß der Apotheker gefallen war, genau so wie er es befürchtet und vorausgesagt hatte, war ich so verstört, als wäre er ein Verwandter gewesen, bloß weil ich zwei Mahlzeiten mit ihm eingenommen und er mich gefragt hatte, was ich in der Schule lernte; ich konnte mir nicht vorstellen, daß er in seiner blaßblauen Uniform ausgestreckt auf dem Boden lag, sein Kneifer zersplittert. Sooft ich hörte, daß einer unserer Freunde gefallen war, und solche Nachrichten kamen immer häufiger, versetzte es mir den gleichen Schlag, und verzweifelt suchte ich mich mit dem Gedanken zu trösten, daß es vielleicht nicht stimmte, daß es womöglich ein Irrtum war. Durieus Tod mit siebzehn Jahren blieb in meinem Herzen gegenwärtig, und mehrmals ist in einem meiner Bücher eine Figur aufgetaucht, die ihm ähnlich war, doch bis heute habe ich ihn weggeschoben, als gehöre er in ein geheimes Zimmer, dessen Tür ich noch nicht aufstoßen will. Ich kämpfte mit aller Kraft gegen die Wirklichkeit, die das alltägliche Leben fast jedes Menschen so sehr verdunkelte, daß das Glück aus unserer Welt für immer verschwunden schien.

Es kursierten grausige Geschichten über belgische Frauen und Kinder, die vom Feind gefoltert worden seien, über Geiseln, die man in Nordfrankreich erschossen habe, nachdem sie ihr eigenes Grab ausheben mußten, und der Anblick verwundeter Soldaten in den Straßen begann sich auf die Nerven empfindsamer Menschen auszuwirken. Der Name Verdun löste Entsetzen aus. Uns war, als würden wir in einem Chaos aus Finsternis, Schlamm und Blut versinken, und in dieser geistigen Verfassung erreichten wir die düstersten Tage dieses schwarzen Jahres 1916.

IV.

An einem Donnerstagmorgen im März 1916 nahm mein Vater mich mit in die Rue Cortambert, wo er eine Wohnung gefunden und gemietet hatte, die für uns alle groß genug war. Kaum hatte ich in einem der leeren Zimmer ein paar Schritte gemacht, fühlte ich mich auf seltsame und unerklärbare Weise glücklich, so als hätte ich plötzlich die Vorahnung, daß nun bessere Zeiten für uns anbrechen würden. Doch mein Vater ließ mir keine Zeit, mich dieser prophetischen Laune hinzugeben, er reichte mir ein Metermaß aus Holz und ein Blatt Papier, ich sollte jedes Zimmer abmessen und einen möglichst exakten Plan der Wohnung anfertigen, damit wir genau wüßten, wo jedes Möbelstück hinkomme, bevor wir alles von Bedel bringen ließen.

Da ich geschickte Finger hatte, machte ich meine Sache gut, und zwei Wochen später hatten wir die Pension Mouton für immer verlassen. Wie schwierig sich ein Umzug in den damaligen Zeiten gestaltete, als die meisten Männer an der Front und in Paris nur ein paar alte, weißhaarige *déménageurs* aufzutreiben waren, kann man sich heute kaum vorstellen, aber wir waren so versessen aufs Einziehen, daß wir praktisch alles allein machten, außer das Klavier die Treppe hochzuhieven. Zum Glück lag die Wohnung im zweiten Stock oder, um genauer zu sein, im ersten, wegen jener verwirrenden, *entresol* genannten Etage. Von den Fenstern auf der Straßenseite sah man die protestantische Kirche, in der ich mich vor Jahren auf den Hut meines Vaters gesetzt hatte; wenn man sich ein klein wenig hinauslehnte, konnte man auch einen Blick auf die Leute werfen, die unter den Kastanien der Avenue Henri-Martin entlangspazierten. Die nach hinten gelegenen Räume gingen auf einen Hof mit einer einsamen Palme in der

Mitte; sie waren ein bißchen dunkel, aber wir freuten uns so sehr über alles, daß wir am ersten Abend nicht zu Bett gehen wollten, bevor nicht jedes Möbelstück an dem Platz stand, den meine Zeichnung ihm zuwies.

Trotz unseres Eifers brauchten wir nicht weniger als eine Woche, bis die Wohnung nach einem Zuhause aussah. Wir waren überglücklich mit dem Ergebnis und, wie viele junge Leute, ungeheuer stolz auf das kleinste Möbelstück, das wir besaßen. Die beiden Salons und die Bibliothek auf der Straßenseite gingen ineinander über und bildeten eine Flucht, die mich, und das wagte ich zu sagen, an Versailles erinnerte. Freilich, unsere doppelten Vorhänge waren weit davon entfernt, neu zu sein, und die Farben ausgeblichen; unsere aus Savannah stammenden Lehnsessel und Sofas hätten dringend neu bezogen werden müssen, aber wir waren nicht sehr anspruchsvoll. Wir entdeckten, daß die Wohnung einen Fehler hatte: Sie war nicht geheizt. Natürlich wußte mein Vater das, als er den Mietvertrag unterzeichnete, doch er glaubte, mit Holzfeuer und besonders mit unserer *salamandre* könnte man leicht Abhilfe schaffen. Eine *salamandre* war ein Kohleofen mit kleinen Glimmerscheiben, durch die man sehen konnte, wie die Kohlen brannten. Es gab in Frankreich damals kaum ein Haus ohne *salamandre*; ihr Platz war gewöhnlich im Eßzimmer unter dem Kamin, in dessen Öffnung sie stand. Richtig geheizt, verströmte sie angemessene Wärme, häufig jedoch verbreitete sie einen mefitischen Kohlendioxidgeruch, war aber trotzdem jahrzehntelang äußerst beliebt.

Wir zählten also darauf, dank unserer *salamandre* die kalten Tage des Frühlingsbeginns zu überstehen, aber Kohle war so knapp und die *salamandre* verbrauchte so viel davon, daß wir uns mit einem kümmerlichen Kaminfeuer begnügen mußten, um das wir uns, in Mäntel gehüllt, zusammendrängten. Im März und April kann es eiskalt sein in Paris, und selbst Holz aufzutreiben wurde bald so schwer, daß wir auf den alten Trick zurückgriffen, Papierknödel auf dem Feuerrost zu verbrennen, doch ein Papierfeuer hält nicht lange an, und auch Papier war nicht im Überfluß vorhanden. Also froren wir. Eines Tages aber kam eine meiner Schwestern mit einem Korb voller Kohlen nach Hause, die sie einer Frau auf der Straße zu einem vernünftigen Preis abgekauft hatte. Wir legten Papier und Anmachholz auf den Feuerrost und ordneten die Kohlestücke so sorgfältig darüber an wie Pfirsiche in einer Obstschale. Ein Streichholz wurde drangehalten, und voller Vorfreude schauten wir alle zu, aber das Feuer ging sofort wieder aus, weil die Kohle nämlich nichts anderes war als mit Kohlenstaub geschwärzte Steine.

Die Lebensmittel waren rationiert, und so standen wir immer hungrig vom Tisch auf, aber die Hoffnung, diese Einschränkungen würden zum Sieg beitragen, machten sie ein wenig erträglicher. Man fand auch Trost darin, über das Kriegsbrot der Deutschen zu spotten, KK-Brot genannt. Unparteiische Reisende, die über Dänemark oder Holland aus Deutschland kamen, erzählten gräßliche Geschichten über das, was sie bei unseren Feinden gesehen hatten, aber das Elend des deutschen Volkes weckte nur wenig Mitleid auf unserer Seite des Rheins: Man war der Meinung, die Deutschen könnten dem Krieg ein Ende machen, wenn sie sich gegen ihre verrückten Führer erhoben, die sie zu Tausenden in einen völlig sinnlosen Tod schickten.

Gegen Mitte des Jahres 1916 hatten wir uns an die alltäglichen Verhältnisse so vollkommen gewöhnt, daß sie uns ganz normal schienen, während uns die Verhältnisse vergangener Zeiten wie ein absurder Traum vorkamen. Der Krieg wurde von einer großen Mehrheit akzeptiert, Nörgler und Defätisten wurden öffentlich zurechtgewiesen, wenn man sie nicht einfach ins Gefängnis steckte. Die Mauern von Paris waren mit Plakaten bedeckt, die die Bevölkerung aufforderten, Staatsanleihen zu zeichnen. Manche dieser Plakate, Werke damals berühmter Künstler wie Abel Faivre, Cappiello, Simon oder Albert Guillaume, brachten fast alle Stimmungslagen der Franzosen zum Ausdruck, von der Ironie bis hin zur heroischen Wut. Der deutsche Soldat war zu sehen, wie er dem gallischen Hahn, der aus seiner Zwanzig-Franc-Goldmünze heraussprang, die Zähne zeigte. Französische Infanteristen, mühsam durch den Schlamm Flanderns stapfend, unter einem roten Himmel, der sich in jeder Pfütze spiegelte, so daß die Soldaten durch Blut zu waten schienen, waren Thema eines anderen Plakats, das die Pariser zu jeder Tageszeit vor Augen hatten. Später, als Deutschland Anzeichen von Erschöpfung erkennen ließ, tauchte ein neues Plakat auf, das die Franzosen drängte, ihr Geld für die letzte Viertelstunde, *pour le dernier quart d'heure*, herzugeben, aber die letzte Viertelstunde dauerte sehr lange, und die Zeichner, deren Namen ich genannt habe, mußten ihre Phantasie mehr denn je anstrengen, um jene, die bereits gegeben hatten, davon zu überzeugen, noch mehr zu geben.

Der Krieg war für alle zu einer Art *idée fixe* geworden, und es schien unmöglich, dieser Obsession zu entkommen. Über kein anderes Thema konnte gesprochen werden, kein Buch geschrieben werden, das nicht den einzigen Gegenstand behandelte, der die Leser interessierte: Wann und wie würde Deutschland besiegt werden. Zwei Kommuniqués wurden täglich veröffentlicht, eines um fünf Uhr morgens, das andere um drei Uhr nachmittags; jedes wurde analysiert und diskutiert, unter Zuhilfenahme von Landkarten und Fähnchen oder, wenn diese fehlten, mit Streichhölzern und auf Tischdecken gezeichneten Linien, so daß man glauben konnte, die eine Hälfte Frankreichs führe Krieg und die andere Hälfte erkläre ihn. Cafés und Wohnzimmer waren voll von Amateurstrategen, die ihre Ansichten mit solcher Leidenschaft austauschten, daß die *union sacrée* mehr als einmal vergessen war. Gerüchte, die berühmten Zeitungsenten aller Art, fanden stets ein williges Publikum. Zuletzt kam es zu einem Umschwung. Die Damen, die sich zum Stricken trafen und nicht zusammenkommen konnten, ohne einander zu fragen, ob sie das Kommuniqué gelesen hätten, beschlossen eines schönen Tages, daß der Krieg während ihrer Arbeit nicht mehr erwähnt werden dürfe und Zuwiderhandelnde Strafe zahlen müßten. Man begann sich lustig zu machen über die Wohnzimmergeneräle, die verkündeten, was sie tun würden, stünden sie an der Spitze der alliierten Armeen.

Währenddessen wurde ein Großteil der französischen Jugend auf den Schlachtfeldern der Champagne und in den Argonnen hingemetzelt, und mit Hilfe der feindlichen Propaganda sickerte Mutlosigkeit ein wie Gift in die Adern eines erschöpften Mannes. Heimlich gedruckte Pamphlete gelangten irgendwie in die Hände von Herrn Jedermann. Es wurde geflüstert, den Alliierten werde es nie gelingen, die deutschen Truppen zurückzuwerfen, das Land werde langsam ausgeblutet. Der Höchststand an Defätismus wurde jedoch erst 1917 erreicht, als der alte Clemenceau eine Gruppe von Verrätern vors Kriegsgericht stellte, erschießen ließ und auf diese Weise den Sieg Frankreichs so gut wie sicherte. Davor aber war die Stimmung in der Zivilbevölkerung extrem schlecht. *Le Journal* brachte eines Tages eine Karikatur, die in wenigen Strichen und vier Wörtern die Lage resümierte: Zwei Soldaten in einem Schützengraben, die mit düsterer Miene den Kopf schütteln, während sie eine Pariser Zeitung lesen, einer sagt: *Pourvu qu'ils tiennent!* Hoffentlich halten sie durch!

Eintönigkeit war der Grundton dieser unvergeßlichen Jahre, Eintönigkeit in Tod und Schrecken. An die Front geschickt zu werden und lebend zurückzukommen schien fast die Ausnahme. Die so lange und sehnsüchtig erwarteten Heimaturlaube wurden in Angst und Sorge verbracht. »Sehe ich ihn zum letzten Mal? Kommt er wieder?« waren die allzu deutlichen Fragen in den Augen der Frauen, die Arm in Arm mit einem *permissionaire* spazierengingen. Jede dieser Frauen war sozusagen für sich genommen Frankreich, ein gequältes und mutiges Frankreich, die Tragödie im Blick und ein Lächeln auf den Lippen. Man vergißt heute allzu leicht, wie groß die Selbstlosigkeit dieser Frauen während vier langer und grauenvoller Jahre war, nur weil ihr Land ein weiteres Mal überfallen worden ist und man die Besiegten oft verachtet, aber ich kann nicht glauben, daß so viele Opfer vergeblich waren.

Im allgemeinen denkt man an Paris als an eine Stadt des Vergnügens, und das ist es, oder war es, doch wie die meisten sehr großen Städte ist Paris eine Welt für sich und als solche ein großes religiöses Zentrum. Fremde übersehen diese Tatsache leicht. Ihre Vorstellung vom Pariser als einem oberflächlichen und sinnesfreudigen Menschen ist nur teilweise richtig. Der Krieg, oder irgendeine andere die ganze Nation bedrohende Gefahr, bringt eine natürliche Frömmigkeit zum Vorschein, die vielen Jahrhunderten christlichen Glaubens entspringt. Zwischen 1914 und 1918 blieben in Paris nur wenige Kirchen leer. An Wochentagen genauso wie an Sonntagen versammelten sich viele Menschen in tiefer Stille vor den Altären. Ich erwähne das, damit das rasche Bild, das ich hier entwerfe, vollständig ist und nicht nur von den Boulevards und dem leichtfertigen Treiben dort handelt. Sicher, die meisten Leute suchten in verschiedenen Formen des Vergnügens Erleichterung von ihren Ängsten, aber auch Gott hatte eine starke Anziehungskraft für Tausende von Männern und Frauen, die verunsichert waren durch den furchtbaren Kampf, der den alten Kontinent entzweiriß.

In der Schule war das Lernen für mich die Möglichkeit, einer verstörenden Welt zu entfliehen. Auch hier war der Krieg gegenwärtig wie überall. Jede wichtige Nachricht wurde von den patriotischsten Jungen in großen Buchstaben an die Tafel geschrieben und stand uns während der Unterrichtsstunden vor Augen. Entgegen meinen Hoffnungen von 1914 wurde Deutsch weiterhin unterrichtet, und ich kann mich nicht erinnern, daß sich mehr Schüler für Englisch entschieden als für die Sprache unserer Feinde. Die britischen Soldaten waren in Paris jedoch sehr beliebt, die Entente cordiale war eine Tatsache, die selbst die Deutschen anerkennen mußten.

Zu Hause waren wir nicht mehr viele. Meine Schwester Eleanor befand sich mit ihrem Mann in Genua. Mary, deren Gesundheit labil war, lebte in Rom, und Lucy, die ebenfalls von zarter Gesundheit war und die Lebensbedingungen in

Kriegszeiten nicht ertrug, wurde nach Virginia geschickt, wo sie mehr als ein Jahr bei Verwandten von uns verbrachte.

Einmal in der Woche aßen Anne und Retta mit uns zu Abend, und es war meine Aufgabe, sie um zehn zurück ins Ritz zu begleiten. Ich erinnere mich noch lebhaft an diese Gänge durch die in völliges Dunkel gehüllten Straßen von Paris, an den gespenstischen Anblick der Rue de Rivoli mit ihren leeren Arkaden und, hin und wieder, der schwarzen Silhouette eines Polizisten im schwachen bläulichen Licht der Ausgangssperre, und an das Geräusch unserer Schritte, die in der Nacht widerhallten, wenn wir die einsam daliegenden Plätze überquerten.

Zuweilen besuchte ich meine Schwestern tagsüber, doch jedesmal verließ ich sie mit einem Gefühl unfaßbarer Traurigkeit. Obwohl das Ritz jetzt ein Lazarett war, hatte es sich eine Art von abschreckendem Glamour bewahrt, man sah ihm immer noch an, was es einst gewesen war: eines der schicksten Hotels auf der Welt. Man konnte sich kaum vorstellen, daß hinter den weißen Türen auf den langen Fluren Verwundete um ihr Leben kämpften und daß so viel Leid und Elend in einem Gebäude beherbergt wurde, dessen Name allein für ein sorgenfreies Leben stand. Die Krankenschwestern trugen eine betonte Fröhlichkeit zur Schau, das war ihre Rolle, und sie spielten sie mit all dem Mut, den sie aufbringen konnten. Im Angesicht des Todes muß man lächeln, sonst wäre die Niederlage vollkommen. Wir alle begriffen das, aber niemand wandte diesen Grundsatz konsequenter an als die Frauen, die in den Krankenhäusern arbeiteten, deshalb wurde der Krieg auch dank ihres unbeirrbaren Pflichtgefühls gewonnen.

Die Monate krochen mühsam dahin, kein Ende war in Sicht, als unser dritter Kriegswinter begann. Fast alle litten Kälte und Hunger im Dezember, Januar, Februar und März. Damals brach plötzlich eine moderne Form der alten Pest aus und brachte die Zeit des Schwarzen Todes zurück. Tausende von Zivilisten starben an der Spanischen Grippe. Innerhalb weniger Tage, manchmal weniger Stunden, gingen sie von

dieser Welt in die andere, mit schwarz gewordenen, unkennt-
lichen Gesichtern.

Wahrscheinlich war die fehlende Wärme schwerer zu ertragen als die fehlende Nahrung, doch beides zusammen bewirkte, daß die Krankheit sich ausbreitete und die Zukunft
des menschlichen Geschlechts in größte Gefahr brachte. In
Schulen und anderen öffentlichen Gebäuden wurde geheizt,
aber man konnte nicht viel tun, um auch die Privatwoh-
nungen zu beheizen; jeder behalf sich, wie er konnte, und so
saß ich an manchen windigen und eiskalten Dezembertagen
in meinem bis zum Hals zugeknöpften Mantel zu Hause,
hauchte mir auf die Finger und versuchte, den Temperaturen
zum Trotz, meine Aufgaben zu machen. Es war eine seltsame
Erfahrung, diese Jahre zu durchleben mit dem zwiespältigen
Gefühl, daß der Krieg nicht verloren werden, das Glück sich
aber dennoch in jedem Augenblick gegen uns wenden konnte. Viele glaubten, bisher hätte nur eine Reihe von Wundern
die feindlichen Truppen abgewehrt. Weniger mystisch Ge-
sinnte behaupteten, es sei den 7,5 cm-Kanonen zu verdanken,
daß die Deutschen in Schach gehalten wurden, doch etwas
viel Menschlicheres als die 7,5 cm-Kanonen war im Spiel:
die verzweifelte Entschlossenheit, nicht zu sterben. Die Geschichte eines französischen Soldaten wurde erzählt, der aus
einem Schützengraben kletterte, um gegen den Feind zu stürmen; als er merkte, daß er praktisch der einzige war, blickte
er sich um und sah, daß fast alle seine Kameraden außer Ge-
fecht waren und tot oder sterbend im Schützengraben lagen.
Da stieß er jenen seltsamen und großartigen Schrei aus, den
bald alle kannten und der im ganzen Land die Begeisterung
wiederaufleben ließ: *Debout les morts!*

Während ich diese Worte heute niederschreibe, wird mir
klar, daß kein deutscher Sieg solche Erinnerungen jemals auslöschen kann. Der Heldenmut hatte ein fast übernatürliches
Maß erreicht, etwas, was die Macht des Feindes niemals
bezwingen konnte, weil dieser Krieg mehr eine moralische
Probe als eine Kraftprobe war; es war eine Zeit, in der ganze

Regimenter Jeanne d'Arc zu sehen glaubten, die sie in den Kampf führte, und in der Tote wieder aufstanden und zu ihren Gewehren griffen. Kollektive Halluzinationen sind immer möglich, aber die Tatsache, daß solche Halluzinationen entstehen, ist viel interessanter als die Frage nach der Wirklichkeit oder Unwirklichkeit dessen, was die Soldaten zu sehen glaubten.

Amerika trat gerade noch rechtzeitig in den Krieg ein, um die Welt vor einer ungeheuren Katastrophe zu retten. Es ermöglichte den Franzosen durchzuhalten, *tenir*, wie sie es nannten, und noch viele Monate erbitterter Kämpfe zu überstehen. Ich hoffe, die französische Nation wird das niemals vergessen.

V.

Eines Morgens, Ende Juni 1917, ging ich den Boulevard Saint-Michel bis zur Sorbonne hoch und betrat mit pochendem Herzen das Gebäude, in dem ich mein *baccalauréat* ablegen sollte. Eine Füllfeder war das einzige, was man mitbringen durfte, Papier bekam man ausgehändigt, und beaufsichtigt wurden wir von Männern mit durchbohrendem Blick, die mit knarrenden Schuhen im Prüfungsraum auf und ab gingen.

Ich plagte mich mit einer scheinbar leichten Seite von Livius, die sich bei genauerem Hinsehen als eine lange Abfolge raffinierter Fallen entpuppte. Nachdem ich mich bemüht hatte, dieses Musterbeispiel lateinischer Prosa in gutes Französisch zu bringen, mußte ich eine Seite Französisch in so etwas wie Latein übertragen. Damit verging der ganze Vormittag.

Nach dem hastig hinuntergeschlungenen Mittagessen in einem nahgelegenen Bistro saß ich wieder im Prüfungsraum und schlug mich mit einem Aphorismus von Diderot herum, den ich analysieren, zerpflücken und so lange auf jede erdenkliche Art malträtieren sollte, bis ich in ungefähr fünfzehnhundert Worten einen Gedanken erklärt hatte, den er in vier oder fünf Zeilen ausdrückte. Ich erledigte die Sache mit, sagen wir, einigem Geschick und gab eine Arbeit ab, die ich als ausgezeichnetes Stück Prosa betrachtete, die mir jedoch Schamröte ins Gesicht treiben würde, müßte ich sie heute lesen.

Dann kamen die Physik- und Chemieprüfungen; die üblichen indiskreten Fragen wurden gestellt: Wie verhalten sich gewisse Säuren, wenn man sie in einem Reagenzglas mischt, warum fallen Äpfel vom Baum, anstatt zum Firmament hinaufzuschießen, und so weiter und so fort; meine Antworten waren verwegen, wenn auch voller Scharfsinn.

Der nächste Tag war einer, den ich seit zwölf Monaten fürchtete. Übernervöse Lehrer, die mit ihrem Bleistift oder ihrer Füllfeder herumspielten und bei jeder Antwort wie vor Schmerz zusammenzuckten, loteten die Tiefen unserer Unwissenheit aus und schickten uns, einen nach dem anderen, verzweifelt auf unsere Plätze zurück. Der Physiklehrer spielte mit mir wie eine Katze mit einer halbtoten Maus.

»Was würden Sie vorschlagen«, sagte er und hielt mir sein Tintenfaß hin, »wenn ich Sie nach der Temperatur dieses Gegenstands fragte?«

Ich war entsetzt, und bin es immer noch, über die Unredlichkeit einer solchen Frage, die nicht einmal entfernt im Unterricht vorgekommen war. Jedenfalls erfuhr ich, daß ein Thermometer in das Tintenfaß zu tauchen nicht die richtige Lösung war, denn mein Folterknecht sah mich an und sagte: »Allein für diese Antwort verdienten Sie es, mit Fußtritten in den Allerwertesten bis auf die Place de la Sorbonne hinausbefördert zu werden. Aber«, fügte er hinzu, »ich nehme an, Sie werden dank Ihrer glänzenden Französischarbeit durchkommen. Und jetzt verschwinden Sie!«

Trotz allem kam ich also durch und ging, vor Freude innerlich singend, nach Hause. Ein paar Wochen zuvor hatte mein Vater mich zu seinem Lieblingsschneider mitgenommen, den die Snobs der britischen Kolonie in Paris witzelnd *Slaughter and Carver* (Gemetzel und Tranchiermesser) nannten, und hier wurde ich mit einer khakifarbenen Uniform aus feinstem Tuch ausgestattet, mit großen aufgesetzten Taschen und Schulterklappen. Dazu kam noch ein Käppi mit dem amerikanischen Adler, und ich muß ganz offen gestehen, ich gefiel mir ungeheuer gut in diesem martialischen Aufzug. Vielleicht hätte ich zuvor noch erklären müssen, daß ich mich beim American Field Service zum Sanitätsdienst gemeldet hatte. Ich war sechzehneinhalb, und mein Vater hielt es für richtig, daß ich etwas tun sollte, wo doch alle Welt etwas für oder gegen die Alliierten zu tun schien. Ich hatte bereits gelernt, einen Wagen zu lenken, und meinen Führerschein gemacht. Der nächste Schritt bestand darin, in meiner schönen Uniform Mr. Stephen Gallati vorgestellt zu werden, der damals den American Field Service in Frankreich leitete. Zufällig kannte mein Vater von früher Mr. Gallatis Vater, was es leichter machte, ein paar kleine Schwierigkeiten aus der Welt zu schaffen, zum Beispiel mein Alter. Ich wurde aufgenommen und sollte Paris Ende des Monats verlassen, in Richtung Ausbildungslager bei Meaux. Mr. Gallati war kein sehr gesprächiger Mann, doch er redete freundlich mit mir, und ich brauche weder zu sagen, wie sehr das alles meiner Eitelkeit schmeichelte, noch wie überlegen ich mich meinen Schulkameraden aus dem Janson fühlte, die ihr Studium fortsetzen würden, während ich an der Front einen Sanitätswagen steuerte.

Unser Pariser Hauptquartier war in einem sehr hübschen alten Haus in der Rue Raynouard untergebracht, dessen Park sich bis zum Quai de Billy erstreckte, der heute Quai de Tokyo heißt. Hier kam ich zum ersten Mal mit einer Gruppe junger Amerikaner in Berührung, die alle eine Spur älter waren als ich. Zu erklären, wie sehr sie sich von dem Menschenschlag unterschieden, an den ich gewöhnt war, ist nahezu unmöglich. Sicher, ich war in einer amerikanischen Familie aufgewachsen und hatte Umgang mit einigen Freunden meiner Eltern, doch nie zuvor hatte ich einen amerikanischen Studenten aus der Nähe gesehen, ganz zu schweigen von so vielen. Da ich in jenem Alter unvorstellbar schüchtern war und mich in diese Schüchternheit vielleicht unbewußt noch hineinsteigerte, schwieg ich, wenn meine neuen Kameraden mir Fragen stellten. Mein französischer Akzent war mir furchtbar peinlich, und da ich fürchtete, meine Unsicherheit durch Rotwerden zu verraten, wurde ich auf der Stelle knallrot, mit dem Ergebnis, daß man mich freundlich in Ruhe ließ. Das ärgerte mich, weil ich gern mit den anderen zusammen, gern wie sie gewesen wäre. Ich mochte diese sympathischen Jungen, auch wenn ihre Umgangsformen auf den ersten Blick etwas befremdlich waren. Sie hatten etwas vollkommen Freimütiges und Argloses, das mich anzog. Sie waren überhaupt nicht wie junge Franzosen: Ihr Lachen war kindlich, ihr Kopf völlig frei von den Sorgen, die den Parisern so ernste Gesichter verliehen. Man hatte den Eindruck, sie wären nach Frankreich gekommen, um hier ungewöhnliche Ferien zu verbringen. Seit drei Jahren hatte ich Männer nicht auf diese Art lachen und scherzen gehört, und ich war froh darüber und zugleich ein wenig verblüfft.

Am 29. Juli wurden wir im Park versammelt, wo unsere brandneuen Sanitätswagen warteten. Nervös besah ich mir den meinen. Es war ein Ford, und ich wußte nicht, wie man einen Ford steuert, dachte mir aber, daß ich schon irgendwie damit zurechtkommen würde. In strammer Haltung lauschten wir der kurzen Ansprache Mr. Gallatis, dann sprangen wir in unsere Wagen und fuhren los: das heißt, die anderen fuhren los, einer hinter dem anderen, durch das majestätische alte Gittertor. Zu meinem Unglück war da auch ein majestätischer Eckstein, den ich, ohne jeden anderen Grund als meine unkontrollierbare Aufregung, rammte. Ich fuhr nicht sehr gut, und ein Ford war für mich ein heimtückisches Tier, ungezähmt und unzähmbar, mit einem eigenen Willen und mit Absichten, die ich nicht erraten konnte. Dank der Hilfe eines brummigen Mechanikers war mein Ford jedoch zwanzig Minuten nach dem Unfall bereits wieder fahrtüchtig, und ich steuerte ihn vorsichtig durchs Tor. Wie beschämt ich war, kann man sich leicht vorstellen. Einer der französischen Mechaniker, der unserer Sanitätsabteilung zugewiesen war, setzte sich neben mich und beobachtete jede meiner Bewegungen mit gehörigem Mißtrauen. Ich erinnere mich nicht mehr, wie wir aus Paris hinauskamen und die anderen Wagen einholten, aber es war ein Wunder.

Unser Ausbildungslager war auf dem Land, an einem Ort namens Moulins-de-Meaux. Wir schliefen auf Feldbetten in einer großen Scheune und aßen an einem ungeheuer langen Tisch, auf den wir mit unseren Blechtellern hämmerten wie kleine Kinder, wenn wir zu lange auf das Essen warten mußten. Die übrige Zeit fuhren wir mit unseren Fords durch die Gegend, um zu üben, und lernten, schnell umzudrehen, aus einem Graben wieder herauszukommen und, das Schlimmste von allem, auf einer Steigung anzufahren. Das alles machte ich sehr schlecht. Was mit meinem Ford geschah, wenn ich hinter dem Lenkrad saß, ist unvorstellbar. Mauern schienen plötzlich aus dem Boden zu schießen, nur damit ich dagegen krachte. Glaubte ich, meine Sache gut zu machen, sah ich auf einmal Bauern am Wegrand die Arme hochwerfen, wenn ich an ihnen vorüberfuhr. Eines Tages sauste ich an einem Armeelastwagen vorbei, da zog mein Ausbilder, der neben mir saß, sein Taschentuch hervor und wischte sich die Stirn. »Den haben wir um Haaresbreite verfehlt«, sagte er. Ich glaube nicht, daß ihm meine Gesellschaft wirklich angenehm war. Er hatte große Geduld, aber es gelang mir fast immer, ihn wütend zu machen, bevor die Unterrichtsstunde zu Ende war, und je mehr er schrie, desto weniger verstand ich, was er meinte. Einmal wollte er mir beibringen, im Rückwärtsgang zwischen zwei Reihen aus Stöcken hindurchzufahren, ich verfehlte keinen einzigen. Ein paar Bauernmädchen beobachteten diese demütigende Vorführung und stießen einander mit den Ellbogen an, was meinen Ausbilder in Rage brachte. Er war fünfundzwanzig und sehr empfindlich. Wahrscheinlich schämte er sich für mich. »Der da«, sagte er in gebrochenem Französisch und zeigte auf mich, »der lernt es *nie*.« Er glaubte, ich verstünde ihn nicht; das alles war sehr traurig.

Meine Kameraden waren nette Kerle, und nettere habe ich niemals kennengelernt. Sie waren alle Studenten, aus Harvard hauptsächlich, und aus keinem anderen Grund herübergekommen als aus idealistischer Liebe zu Frankreich und zur Demokratie. Obwohl ich anfangs Hemmungen hatte, mit ihnen zu sprechen, mochte ich sie bald sehr gern. Ihre Fröhlichkeit und Unbeschwertheit ließen mich mein Heimweh vergessen; vor allem beeindruckte mich ihre Offenheit. Sie sprachen immer ohne Hintergedanken; natürlich waren sie keine Engel, aber sie logen nicht und sagten nie etwas,

was die Gefühle eines anderen verletzten konnte, auch wenn sie anscheinend erbarmungslos übereinander spotteten. Es gab keinen, mit dem ich mich nicht verstanden hätte, und ich glaube, auch sie mochten mich alle. Nachdem ich ihnen erklärt hatte, daß ich Amerikaner war, obwohl ich noch nie einen Fuß in mein Land gesetzt hatte, meinten sie, meine Erziehung vervollkommnen zu müssen, indem sie mir bewiesen, daß es kein besseres Land auf der Erde gab als Amerika. Ich erinnere mich besonders an einen Jurastudenten aus New York. In seinen Worten lag eine Art von gefühlvoller Logik, wenn er über Amerika sprach, und grenzenloser Stolz leuchtete aus seinen großen, intelligenten braunen Augen, wenn er glaubte, mich völlig überzeugt zu haben.

Als wir alle zehn Tage später zur Zufriedenheit unseres Ausbilders geschult waren, verließen wir Moulins-de-Meaux und fuhren in eine kleine Stadt namens Triaucourt am Rande des Argonner Waldes. Triaucourt lag so gut wie verlassen da, nur der Pfarrer, der Bürgermeister und ein paar alte Bauern waren zurückgeblieben, an den meisten Häusern waren die Fensterläden geschlossen, in Erwartung besserer Zeiten. Wir schliefen in unseren Fahrzeugen, die neben dem Trottoir aufgereiht in der Grand' Rue standen. Wie lange wir in Triaucourt bleiben sollten, sagte uns niemand, aber die Zeit wurde uns lang, und wir hofften, bald an einen aufregenderen Ort geschickt zu werden. Obwohl es eine hübsche alte Kirche zu besichtigen und eine anziehende Landschaft zu erkunden gab, klagten meine Kameraden, sie seien nicht aus Amerika hierhergekommen, um in verlassenen Obstgärten Kirschen zu pflücken oder über einer Zeitung zu gähnen in einem Ford, der sich von einem Tag auf den anderen keinen Zentimeter vorwärtsbewegte. Ihnen war nicht bewußt, daß eine der härtesten Prüfungen im Krieg die Langeweile ist, daß relativ selten etwas geschieht und die Langeweile überwiegt. Was sie wollten, warum die meisten von ihnen sich gemeldet hatten, das war Nervenkitzel, und statt dessen befahl man ihnen, herumzusitzen und sich in Geduld zu üben. Am Ende der ersten Woche wurde Triaucourt mit unfeinen Namen bedacht.

Schließlich erhielt unser Chef, Mr. Ware, Anweisungen aus Paris, und man sagte uns, wir sollten uns bereithalten für einen Aufbruch mit unbekanntem Ziel, doch wir ahnten, daß es nach Osten ging, und nach Osten zu gehen bedeutete Nervenkitzel. Also kurbelten wir unsere Fahrzeuge an, und eine Viertelstunde später war kein einziger Amerikaner mehr in Triaucourt.

Das ferne Dröhnen der Geschütze übertönte bald das Geratter unserer Wagen, und der Anblick zerstörter Dörfer zeigte uns deutlich, daß wir in Kampfgebiet kamen. Eine kleine Stadt, durch die wir fuhren, war vollständig verwüstet, und nichts mehr verriet, daß hier einmal Menschen gelebt hatten, es sei denn die Steinhaufen und ein Schild, auf dem der Ortsname stand. Das ist es wohl, was die Deutschen *Vernichtung* nennen.

Am späten Nachmittag gelangten wir nach Clermont-en-Argonne, wo wir für unbestimmte Zeit unser Quartier aufschlagen sollten. Die Stadt war zu Beginn des Krieges evakuiert worden, und die Militärbehörden teilten uns das größte und schönste Haus am Platze zu. Es gehörte einem Notar, das erkannte ich an den Büchern, die der arme Mann nicht hatte mitnehmen können. Wir schliefen in den Zimmern des zweiten Stocks, aßen gierig das ausgezeichnete Essen, das man uns servierte, und unsere Ungeduld wuchs, während die Tage vergingen und keiner von uns an die Front geschickt wurde.

Zwei französische Soldaten und ein französischer Oberleutnant waren unserer Abteilung zugewiesen. Natürlich verstanden die Männer kein Englisch, sondern nur der Oberleutnant. Eines Tages, als wir besonders laut waren, weil es seit dem frühen Morgen regnete und wir uns im Haus aufhalten mußten – allmählich haßten wir Clermont ebensosehr, wie wir Triaucourt gehaßt hatten –, fragte einer der Soldaten den Offizier, was denn mit uns los sei. »Ach, die ärgern sich, weil sie bisher nicht an die Front geschickt wurden«, antwortete der Oberleutnant. Die zwei Männer sagten nichts, wechselten jedoch einen Blick, den ich nie vergessen werde. Beide hatten in Verdun gekämpft.

Nervenkitzel in abgemilderter Form durften wir am nächsten Tag verspüren; wir erfuhren, daß feindliche Flugzeuge Clermont überflogen und unser Haus bombardieren könnten, da unsere Wagen weithin gut sichtbar waren. Das einfachste wäre gewesen, unser Haus für eine Weile zu verlassen, aber das taten wir nicht. Alle saßen im Eßzimmer, außer mir. Ich ging ins Zimmer hinauf und setzte mich auf mein Feldbett, weil ich lieber allein war. Einer unserer Jungs wurde so von der Angst gepackt, daß er einen Anfall bekam und in den Keller gebracht werden mußte. Am nächsten Tag wurde er zurück nach Paris geschickt, in Unehre. Ich war es, der ihn zum nächstgelegenen Bahnhof brachte, und ich drückte ihm so herzlich ich konnte die Hand, weil ich meinte, er sei zu Unrecht für etwas bestraft worden, für das er nichts konnte.

Kriegserfahrungen sind im allgemeinen so trübselig, daß ich mich über die meinen nicht allzulang verbreiten werde, obwohl sie mich in vielerlei Hinsicht bereichert haben; aber ich will mich so kurz wie möglich fassen.

Der Sommer ging zu Ende, und wir hatten noch keine Schlacht gesehen. In der Abenddämmerung, wenn alles ruhig war, ging ich immer in den hintersten Teil des Gartens, wo man von einer Terrasse das ganze Tal überblicken konnte. Hier, in der Stille der Nacht, drang ein leises Grollen an meine Ohren, der ferne Geschützdonner von Verdun. Er schien niemals aufzuhören oder leiser zu werden; jede Nacht war er zu vernehmen; man konnte unmöglich glauben, er würde ewig andauern, und doch wußte ich nicht, warum er plötzlich hätte verstummen sollen. Mit pochendem Herzen lauschte ich und starrte auf den unheimlichen Lichtschein über dem Horizont. Das redete eine viel deutlichere Sprache als alles, was ich je über den Krieg gelesen oder gehört hatte, und ich fühlte, die kommenden Jahre würden diese Augenblicke niemals aus meiner Erinnerung löschen.

Ende August begann man, uns an bestimmte Punkte im Argonner Wald zu schicken, wo unsere Hilfe möglicherweise gebraucht wurde, obwohl es in dem Gebiet vorläufig noch ziemlich ruhig war. Jeden Abend fuhren im Wechsel zwei Sanitätswagen mit jeweils zwei Mann los. Ich wollte unbedingt drankommen, und endlich war ich an der Reihe, aber Mr. Ware, der meinem Fahrstil noch immer nicht traute, erlaubte mir nur als Beifahrer mit von der Partie zu sein. Der Fahrer war ein Theologiestudent, David Johnson, ein Unitarier, der sehr wenig redete, außer es ging um Religion; dann strahlte sein knochiges Gesicht, und seine Metallrandbrille funkelte, als würde sie auf irgendeine unerklärliche Weise seine metaphysische Begeisterung teilen. Er und ich sprachen selten miteinander, hatten aber einen freundlichen Umgang.

Wir verließen Clermont, und nachdem wir zwei, drei Kilometer gefahren waren, erreichten wir die Straße, die in den Argonner Wald führte. Es war eine pechschwarze Nacht, und natürlich durften wir, außer einer Taschenlampe, kein anderes Licht anmachen. Jetzt gingen die Schwierigkeiten los. Die Straße war übel beschossen worden und mit Granatlöchern übersät, manche so groß, daß ein Mann darin Platz hatte. Bald fanden wir heraus, daß der Feind sich noch immer für diese Straße interessierte, denn ab und zu heulte eine Granate über unsere Köpfe hinweg und explodierte rechts von uns in den Feldern. Trotzdem konnten wir nicht sehr schnell fahren, obwohl der Überlebensinstinkt uns beiden riet, ordentlich Gas zu geben und einen sicheren Ort zu suchen.

»Du solltest lieber aussteigen und mir den Weg zeigen«, sagte Johnson. »Wenn ein Loch kommt, pfeifst du, und ich bleibe stehen.«

Ich gehorchte. Immer wenn ein Granatloch kam, pfiff ich, so laut ich konnte, und fühlte mich ungeheuer wichtig. Kein einziges Mal kam mir in den Sinn, wir könnten von einer Granate getroffen werden. So ging es etwa eine halbe Stunde, wir umfuhren die Löcher, bis wir den Wald erreichten, wo wir uns aus unerfindlichem Grund sicher fühlten, als würden die Bäume uns beschützen.

Diese Nacht schliefen wir in einem Unterstand. Unsere Betten befanden sich knapp über dem Boden, sehr primitive Betten aus schnell zusammengenagelten Brettern und einer Strohmatratze. In einer Ecke standen Tisch und Stuhl; eine Armeedecke hing vor dem Eingang, um vor Durchzug zu schützen; auf der Erde, zwischen den Betten, eine Laterne, die wir, wie man uns geraten hatte, nicht ausblasen sollten; ich verstand bald, warum.

Es war noch früh, und wir unterhielten uns ein wenig, bevor wir schlafen gingen. Von Zeit zu Zeit hörten wir das hohle Pfeifen der Granaten über den Bäumen, sonst war es vollkommen still. Es kam mir mehr als seltsam vor, mit Johnson in einem Unterstand zu liegen, und ich bin sicher, ihm ging es genauso. Ich glaube nicht, daß ihm der Ort angenehm war, und auf einmal begann er von seinem Zuhause zu sprechen. Er nahm seine Brille ab und putzte sie. Es war merkwürdig, ihn so reden zu hören. Dann sagte er etwas über die Religion, und ich spitzte die Ohren. Er sprach über die ungeheure Kraft, welche im Evangelium verborgen lag und die Welt in künftigen Zeiten verändern würde. Was er dann sagte, verschlug mir den Atem: Er glaube nicht, daß es Christus jemals gegeben habe, aber diese Frage sei auch ganz unwichtig, denn wir hätten ja die Evangelien. An meine Antwort erinnere ich mich nicht mehr, aber ich weiß, daß ich völlig verwirrt zu Bett ging.

Wir legten uns angezogen nieder, um sofort aufbrechen zu können, wenn wir gerufen würden. Kaum hatten wir uns ausgestreckt und zu sprechen aufgehört, wurde uns klar, warum wir die Laterne brennen lassen sollten. Zwei oder drei fette Ratten begannen durch die finsteren Winkel des Unterstands zu laufen. Obwohl sie dem Licht anfangs fernblieben, gewöhnten sie sich rasch daran und warfen es bei ihrem Hin- und-her-Gerenne fast um. Ich beobachtete sie eine Minute und schlief ein.

Eine Stunde war vielleicht vergangen, als ein französischer Soldat uns weckte und sagte, ein Feldlazarett habe uns angefordert, wir sollten einen Verwundeten zu einer größeren Sanitätsstelle bringen. Wir sprangen aus den Betten und verließen, uns die Augen reibend, den Unterstand. Granaten pfiffen über unsere Köpfe hinweg, und jedesmal warfen wir uns flach auf den Bauch, wie man es uns beigebracht hatte. Endlich kamen wir zu der Lichtung, wo wir unseren Wagen abgestellt hatten, aber der Wagen war nicht mehr da. Wir glaubten, wir hätten uns in der Stelle geirrt, begannen durch den Wald zu laufen und schalteten immer wieder unsere kleinen Taschenlampen an, die wir benutzen durften; es dauerte nicht lange, da entdeckte ich einen seltsamen Gegenstand zu meinen Füßen: ein großes Stück Holz, graugestrichen und mit einer Nummer, die ich auf der Stelle als die Nummer meines Sanitätswagens erkannte. Jetzt suchten wir genauer und fanden bald überall verstreut Trümmer unseres Ford, den offenbar eine Granate mit voller Wucht getroffen und durch den ganzen Wald gewirbelt hatte. Später wurden noch zahlreiche weitere Überreste in den Bäumen gefunden. Uns blieb nichts übrig, als den anderen Wagen zu nehmen – jeden Tag wurden zwei losgeschickt, wie ich bereits erklärt habe – und ins Lazarett zu fahren. Und das taten wir auch.

Nachdem wir alle erste Kriegserfahrungen gesammelt hatten, wurden wir näher an die Front geschickt. Der schlimmste Ort war ein kleines Dorf namens Neuvilly. Um genauer zu sein, von diesem Dorf war nichts übrig außer seinem Namen auf einem Wegweiser, der ungefähr da stand, wo sich einst die Mairie befunden hatte. Mehrmals am Tag, sozusagen routinemäßig, wurde dieser trostlose Ort mit Granaten beschossen, weil die Deutschen wußten, daß Verwundete hier in einem Unterstand erste Hilfe bekamen. Am ersten Oktober war ich an der Reihe, nach Neuvilly zu fahren. Ich bekam jede Menge Anweisungen von Mr. Ware, und zwischen zwei Angriffen steuerte ich meinen Sanitätswagen in einem Zustand schauriger Erregung zu dem Unterstand.

Ein französischer Offizier empfing mich, er hieß Jabin Du Dognon. Oberleutnant Jabin war einer der seltsamsten Menschen, die mir jemals begegnet sind. Er war ungefähr dreißig und schien überglücklich, als er hörte, daß ich genausogut französisch sprach wie er, denn meine amerikanischen Kameraden, sagte er, seien nicht zu verstehen und er langweile sich zu Tode, weil er sich mit niemandem unterhalten könne.

»Es tut mir aufrichtig leid, Sie nicht bequem unterbringen zu können«, sagte er, während wir in einen Keller hinuntergingen. »Sie werden auf einer Ihrer eigenen Tragbahren schlafen müssen, da drüben«, er deutete auf einen dunklen Winkel, »aber«, fügte er mit liebenswürdigem Lächeln hinzu, »ich kann Ihnen eine Garnitur Bettlaken zur Verfügung stellen. In Bettlaken schläft es sich einfach besser.«

Ich pflichtete ihm bei.

Nachdem er mir mein Schlafzimmer gezeigt hatte, führte er mich in sein, wie es nannte, Eßzimmer, das ebenfalls ein Keller war, aber ein gut beleuchteter Keller mit einem runden Tisch, mehreren Stühlen und einigen Büchern, die ordentlich aufgereiht auf einem Schrankkoffer standen.

»Hinter dem Haus liegt eine kleine Scheune«, sagte er, nachdem wir uns ein paar Minuten unterhalten hatten. »Dort können Sie Ihren Wagen abstellen, aber fahren Sie vorsichtig.«

Ich gehorchte. Die Scheune war in Wirklichkeit ein Schuppen, und ich verstand augenblicklich, warum ich vorsichtig hineinfahren sollte, als ich einen toten Soldaten auf einer Tragbahre liegen sah. Man hatte eine Decke über ihn geworfen.

Ich stellte mein Fahrzeug ab und ging zurück in den Unterstand, wo mein Gastgeber mir eine Tasse Tee anbot. Natürlich erwähnte ich mit keinem Wort, was ich in dem Schuppen gesehen hatte, obwohl meine Gedanken ab und zu mit einem Gefühl von Grauen und Traurigkeit dorthin zurückkehrten. Ich erinnere mich, daß wir über Bücher sprachen. Oberleutnant Jabin liebte die Literatur und vor allem die Poesie. Er wußte viele Gedichte auswendig und ergötzte mich mit einigen ebenso gefühlvollen wie mittelmäßigen Versen von Albert Samain. Er trug sie in schnellem, distanziertem Ton vor, mit plötzlichen schwärmerischen Ausbrüchen dazwischen, die mich erröten ließen. Er hatte ein hartes, bleiches Gesicht mit tiefschwarzem Haar und trug an seiner schäbigen Uniform das Band der *médaille militaire*, der höchsten militärischen Auszeichnung in Frankreich.

»Es ist besser, Sie bleiben im Unterstand«, sagte er, als ich hinausgehen wollte. »Wir sind nur einen Kilometer von der Front entfernt. Hier ist es sicherer.«

Wir kamen vom Hundertsten ins Tausendste, sprachen von Anatole France, Pierre Louÿs, Claude Farrère, bis es Zeit war fürs Abendessen und der Bursche des Oberleutnants hereinkam, um den Tisch zu decken, über den er zu meinem bassen Erstaunen ein Tuch aus feinstem Linnen breitete. Ich hatte schon lange kein Tischtuch mehr zu Gesicht bekommen und konnte meine Bewunderung für dieses hier nicht verbergen; mein Gastgeber schien geschmeichelt: »Wie Sie sehen, werde ich von der Heeresverwaltung gut behandelt«, sagte er lächelnd. »Sie schicken mir mehr Leichentücher, als wir brauchen, und ich behalte einige für meine persönliche Verwendung. Außerdem«, murmelte er vor sich hin, »ist es den armen Kerlen doch völlig egal, ob man sie in ein Tuch wickelt, wenn sie tot sind!«

Das klang ganz vernünftig, wenn auch auf eine schaurige Weise, und ich langte beim Abendessen so herzhaft zu, wie ich konnte. Wir plauderten noch eine Weile, dann zog ich mich in meinen Keller zurück und legte mich schlafen. Der Bursche hatte, das muß gesagt werden, mit großer Sorgfalt mein Bett gemacht, doch obwohl ich mich noch zwei, drei Stunden zuvor auf diesen Moment gefreut hatte, sah ich die Dinge nun mit anderen Augen und wußte zuviel über meine Bettlaken, als daß ich sie wirklich hätte genießen können. Sie waren weich und geschmeidig und schienen auf unangenehme Weise an meinem Körper zu kleben. Tatsächlich hatte ich diese Nacht viel mehr Angst in meinem Bett, als ich auf der Straße gehabt hatte, wo mir die deutschen Granaten über den Kopf pfiffen. Immerhin war ich nicht allein im Keller, und das war ein Trost: Ein paar Meter entfernt schlief der Bursche des Oberleutnants, eine bei den amerikanischen Sanitätswagenfahrern wohlbekannte Figur, alle nannten ihn nur *Doucement* aus Gründen, die ich gleich erklären werde.

Doucement hatte vor dem Krieg einen kleinen Weinladen in irgendeiner südfranzösischen Stadt geführt und war, als Folge davon, ein unverbesserlicher Schluckspecht geworden, was ihn nicht daran gehindert hatte, an der Marne und später in Verdun wie ein Löwe zu kämpfen. Er hatte mehr als zwei Jahre lang so vorbildlich gedient, daß er zur Belohnung nicht nur die Croix de Guerre verliehen bekam, sondern auch aus der Hölle von Douaumont abgezogen und in das relativ ruhige Neuvilly versetzt worden war. Seine Aufgabe bestand darin, die Sanitätswagenfahrer zu begleiten und ihnen den Weg von der Front zu den verschiedenen Lazaretten zu zeigen. Wir liebten ihn alle. Er war ein kleiner Mann mit rotem Gesicht, schlechtrasiertem Kinn und einem breiten, gewinnenden Lächeln. Sein täglicher Schwips war für alle Anlaß zu unerschöpflicher Heiterkeit, schien ihn selbst jedoch nie an der Erfüllung seiner Pflicht zu hindern.

Man hätte annehmen können, er würde gern mit uns durch die Gegend fahren, doch unsere Ausflüge waren, ganz im Gegenteil, ein Albtraum für den tapferen Mann. Das lag zum Teil an unserem sprichwörtlich waghalsigen Fahrstil, auf den wir sehr stolz waren, und zum Teil an der Tatsache, daß *Doucements* Gehirn durch die Unmengen von Wein, die er tagtäglich trank, vernebelt war und er bei unseren Ausfahrten immer und überall imaginäre Gefahren lauern sah. Ihn plagte die Vorstellung, der Wagen könnte umkippen oder in einen Graben stürzen. Natürlich nutzten wir die Situation aus und rumpelten mit unverschämter Geschwindigkeit über die von Granaten durchlöcherten Straßen. Der arme Mann konnte nur klagen und jammern: »*Doucement!* Langsam!«, wenn er glaubte, sein letztes Stündchen habe geschlagen.

Die Angst, in einem Ford umzukommen, der von einem dieser verteufelten Amerikaner gesteuert wurde, entwickelte sich bei ihm zur Obsession und quälte ihn sogar im Schlaf. Selbst wenn man mir nicht davon erzählt hätte, in dieser Nacht hätte ich es begriffen. Nach wenigen Minuten begann mein Zimmergefährte, der wie üblich in glücklicher Trunkenheit zu Bett gegangen war, zu brummeln und sich auf seiner Tragbahre hin und her zu wälzen. Das dauerte eine Weile, dann zerriß der allseits bekannte Schrei die Luft: »*Doucement!*«

Es war unmöglich, ein Auge zuzutun, wenn *Doucement* seinen gewohnten Albtraum hatte. Man konnte nichts anderes tun, als den Höhepunkt abzuwarten, danach war der Unglückliche still. Wecken half nichts. Er mußte alle Stationen durchmachen, bis er in einem Graben landete. Ihn an der Schulter zu rütteln hätte die Qualen nur verlängert. So lag ich also wach, bis nach vielen Seufzern und Schluchzern und einer langen Reihe herzzerreißender »*doucement!*« der ehemalige Wein- und Spirituosenhändler zum hundertsten Mal in einem Ford den Tod gefunden hatte. War dies geschehen, lag er ruhig da, und ich schloß dankbar die Augen.

Nicht für lange. *Doucements* Albtraum war nicht schlecht, doch ein anderer, raffinierterer ließ nicht lange auf sich warten. Während unserer Unterhaltung vor dem Abendessen hatte Oberleutnant Jabin ganz beiläufig die ungewöhnliche Größe der Ratten in dieser Gegend Frankreichs erwähnt. Ich glaube«, hatte er mit einem gewissen Stolz gesagt, »wir haben hier die größten Ratten Europas.«

Ich fand bald heraus, daß er nicht aufgeschnitten hatte. Der Mond schien so hell in unseren Keller, daß ich Größe und Form der riesigen Nagetiere erkennen konnte, deren Umrisse sich gegen die Wände abzeichneten, als sie aus ihren Löchern hervorkamen. *Doucements* Gejammer hatte sie zunächst abgeschreckt, jetzt, da er ruhig schlief, wurden sie dreister und liefen zwischen unseren Betten herum, auf der Suche nach

Essensresten. Manche kamen mir so groß vor wie kleine Hunde, und mir fiel nichts Besseres ein, als mir die Decke – und das Leichentuch – über den Kopf zu ziehen. Das war keine sehr gute Idee, denn als die Ratten sahen, daß sie bei ihrer Futtersuche durch nichts mehr gestört wurden, kamen sie näher an mein Bett und liefen sogar über mich hinweg. Endlich schlief ich ein, weil ich müde war, und wenn man mit siebzehn müde ist, können einen nicht einmal Ratten in einem Keller der Argonnen wachhalten.

In einem Alter, da Wälder und Fluren normalerweise Ferien bedeuten, habe ich die, abgesehen von den Soldaten, nahezu menschenleeren Provinzen im Osten Frankreichs kennengelernt, ausgestorbene Dörfer, mehr oder weniger verlassene Städtchen, Clermont-en-Argonne, Sainte-Menehould, den verwüsteten Ardenner Wald. Überall, wo wir Quartier nahmen, manchmal nur für eine Nacht, in Beauchamp, in der Commanderie von Braux-Sainte-Cohière, in Triaucourt, hatte ich ein Buch in der Tasche. Ich las im Schein einer Kerze. Und was las ich? Erzählungen von Maupassant über den Einmarsch der Deutschen 1870, *Mademoiselle Fifi* zum Beispiel, oder *La Guerre en dentelles* von Esparbès, ein ironischer Titel, wenn man an die Gefechte denkt, die wir erlebten. Ich verblüffte meine Kameraden, und wahrscheinlich half ihnen meine ansteckende Naivität, diese düsteren Stunden durchzustehen. Sie waren alle vier oder höchstens fünf Jahre älter als ich, was immerhin junge Männer aus ihnen machte.

Im November wurde der Field Service von der in den Krieg eingetretenen American Army übernommen, und ich wurde entlassen, weil ich um ein Jahr zu jung war. Ich meldete mich beim American Red Cross, einer anderen privaten Organisation, die es wenig kümmerte, daß ich noch keine achtzehn war, und sie schickte mich mit vierzig weiteren Amerikanern, zumeist Studenten, an die italienische Front.

Unser Hauptquartier befand sich in Roncade, einem mittelalterlichen Dorf nicht weit von Treviso und fast gleich nah an Venedig. Wir waren bequem in verschiedenen Villen untergebracht, von denen eine Wilhelm II. gehört hatte, und hatten nichts anderes zu tun, als zu warten und zu hoffen, daß man uns brauchen würde. Die Isonzo-Schlacht war vorüber, der italienische Rückzug von französischen Soldaten gestoppt worden, und es war wenig wahrscheinlich, daß das Österreichische Oberkommando einen neuen Angriff in diesem Teil Europas befehlen würde; alles deutete auf einen ereignisarmen Winter, und ich kaufte in der nächstgelegenen Stadt so viele Bücher wie möglich, um meine Zeit auf angenehme Weise zu verbringen.

Ein einziges Mal erlaubte man uns, nach Venedig zu fahren. Mit siebzehn Jahren zum ersten Mal Venedig sehen … Welche Träume ich auch haben mochte, und ich lebte viel in Träumen, Venedig übertraf sie alle. Hier war nichts als Schönheit von so seltener und so erlesener Art, daß ich bei jedem Schritt nur mit offenem Mund staunen und bewundern konnte. Ich weiß nicht, welche Wirkung Venedig auf meine Kameraden hatte, aber für mich war es, als erwachte ich zu einem neuen Leben. Auch wenn überall in Europa der Krieg tobte, hier war er nicht, trotz der Sandsäcke, die an einen möglichen Luftangriff gemahnten. Eine Gondel trug mich gemächlich die schmalen Kanäle hinauf und hinunter, und selbst die in der Sonne hängenden Lumpen kamen mir schön vor; ich war so glücklich, daß ich meine Gefühle nicht mit Worten hätte ausdrücken können. Alle Traurigkeit, die ich seit Jahren in mir spürte, war wie durch ein Wunder weggewischt, so wie man etwas von einer Tafel löscht. Nichts in meinem späteren Leben hat mir solche Freude bereitet, und ich kann Italien nur meinen Dank ausdrücken für einen der außergewöhnlichsten Augenblicke, die ich je erlebt habe. Ich konnte das Entzücken verstehen, das die halbzivilisierten französischen Soldaten der Armee Ludwigs XII. erfaßte, als sie in die Ebenen der Lombardei einfielen, und ich hatte auf einmal das Gefühl, ein zweites Mal geboren zu werden.

Mein Zimmer in Roncade war mit Marmor ausgelegt, aber zum Glück war der Winter mild, und ich konnte die meiste

Zeit bei offenem Fenster arbeiten. Ich schrieb Geschichten und Gedichte, die ich klugerweise vernichtet habe. Zweimal in der Woche wurde ich mit meinem Sanitätswagen ausgeschickt, um verschiedene Lazarette abzuklappern, aber meine Dienste wurden kein einziges Mal in Anspruch genommen, weil es einfach keine Verwundeten gab. Dennoch war ich dankbar für die Gelegenheit, auf diese Weise Städte wie Treviso und Padua zu sehen. In einer Abteilung nicht weit von der unseren führten, wie ich später herausfand, andere Amerikaner ein ähnliches Leben, unter ihnen Hemingway und Dos Passos.

Anfang Februar erfuhr ich durch einen Brief meines Vaters, daß meine Schwester Retta gestorben war. Sie war zweiundzwanzig, und die Überanstrengung bei der Arbeit im Lazarett wurde ihr zum Verhängnis. Sie und Anne waren für hervorragende Verdienste mit einer Medaille ausgezeichnet worden, der selten an Ausländer verliehenen Médaille des Épidémies. Und Retta, die kleine Amerikanerin, erhielt die Ehre eines französischen Militärbegräbnisses.

VI.

Da ich mich für sechs Monate verpflichtet hatte, wurde ich im Mai entlassen und kehrte nach ein paar Wochen in Rom, wo ich meine Schwester Mary besuchte, zurück nach Paris. Es war seltsam, wieder zu Hause zu sein. Unser Zuhause hatte sich nicht verändert, ich mich dagegen sehr, und ich fragte mich, was aus meinem Leben werden sollte. Trotz amerikanischer Hilfe schien das Ende des Krieges in weiter Ferne und der deutsche Militärapparat noch immer ungeheuer stark, das hatte die März-Offensive soeben bewiesen, bei der die britisch-französische Front beinahe durchbrochen worden war. Es gab keinen Grund anzunehmen, der Krieg werde nicht endlos weitergehen, jetzt, da jeder sich damit abgefunden hatte und unser Alltag diesen grauenhaften Verhältnissen angepaßt war. Deshalb schien es auch wahrscheinlich, daß ich früher oder später, auf Gedeih oder Verderb, zum Heer gehen würde.

Ich gestattete mir einen Monat Ferien, um eine Entscheidung zu treffen. Mein Vater versuchte diesmal nicht, mich zu beeinflussen. Er sprach vom Krieg mit einer optimistischen Ruhe, die uns allen Zuversicht gab. Er verachtete die Deutschen – nicht daß er jemals ihren Mut auf dem Schlachtfeld angezweifelt hätte, »aber«, sagte er, »wenn die Dinge schlecht stehen, verkommt ihre Moral. Sie brauchen den Erfolg, um weiterzukämpfen. Im Gegensatz zu den Briten geraten sie leicht ins Wanken und verlieren die Zuversicht beim kleinsten Anzeichen einer Niederlage. Wenn alles gut geht, sind sie erstklassige Soldaten.«

Obwohl er ihre Eroberungswut haßte, bewunderte er ihre Disziplin und Opferbereitschaft und auch die Genauigkeit, mit der sie Befehle ausführten. In dieser Zeit wurde Paris jeden Tag von der Dicken Berta beschossen, einem Mörser mit großer Reichweite, und niemand hat in Frankreich die furchtbaren Schäden vergessen, die diese tödliche Waffe am Karfreitagnachmittag 1918 der Kirche Saint-Gervais zufügte. Das Dach wurde zerstört, und viele Personen waren tot oder verletzt. Von diesem empörenden Schlag abgesehen, den unsere Feinde als Erfolg betrachteten, forderten die Angriffe relativ wenig Opfer, und man gewöhnte sich an diese täglichen Heimsuchungen. Normalerweise erfolgte der Angriff Punkt fünf Uhr nachmittags. Eine Granate schlug am Ende unserer Straße ein, verursachte aber keinen großen Schaden. Ich war gerade zu Hause. Mein Vater saß im Salon, die Uhr in der Hand, und als die Granate explodierte, sagte er bloß mit einem Anflug von Bewunderung: »Die Burschen sind bemerkenswert. Immer pünktlich!«

Viele junge Amerikaner besuchten uns in diesem Jahr, Freunde oder Verwandte, alle in Uniform. Meine Cousine Sarah, Krankenschwester im American Hospital in Neuilly, gab mehrmals in der Woche Partys, trotz oder vielmehr, müßte ich sagen, wegen der Umstände. Es mag seltsam erscheinen, daß man sich in Paris vergnügte, während an der Front so viele Männer ihr Leben riskierten, aber man sagte sich, Trübsalblasen könne die Moral der Soldaten auf Heimaturlaub in keiner Weise stärken. Also veranstaltete man Bälle und tat alles, um das Grauen zu vergessen.

Eines Tages kam einer meiner Freunde, der im amerikanischen Sanitätsdienst gewesen war, in einer schmucken französischen Uniform zu Besuch. Er erklärte uns, obwohl er Amerikaner sei, habe er in die französische Artillerie eintreten dürfen und werde an der École d'Artillerie in Fontainebleau ausgebildet, die er mit einem goldenen Winkel auf dem Ärmel zu verlassen gedenke. Über vierzig Amerikaner waren in dieser Schule, und es fiel ihm nicht schwer, mich davon zu überzeugen, daß ich zu ihnen stoßen sollte. Also stellte ich mich einer Kommission aus französischen Offizieren und erklärte, daß ich mich freiwillig meldete.

Da ich Ausländer war, durfte ich nicht in die französische Armee eintreten, diese Schwierigkeit wurde jedoch elegant umgangen: Ich unterschrieb zunächst für die Fremdenlegion, bei der ich nur eine Stunde blieb, und wurde dann von der Legion in die reguläre Armee überstellt. Ich bekam eine *horizontblaue* Uniform, Stiefel und Sporen, die mich unsagbar beeindruckten. Kurz darauf wurde ich nach Fontainebleau geschickt, wo ich mehrere Jungen vom American Field Service und vom American Red Cross wiedersah. Sie hatten sich für die französische und nicht für die amerikanische Armee entschieden, weil sie dort nach fünf bis sechs Monaten Ausbildung zum *aspirant* befördert wurden, was einem amerikanischen Leutnant entsprach, vorausgesetzt natürlich, daß sie die Prüfungen bestanden; um diesen Rang in der amerikanischen Armee zu erhalten, hätten sie zurück nach Amerika fahren und in eine Militärakademie eintreten müssen. Sie brannten jedoch darauf, an einer Schlacht teilzunehmen – auch wenn es Anzeichen dafür gab, daß der deutsche Widerstand allmählich erlahmte – und wollten so schnell wie möglich an die Front.

Unsere Kaserne war so sauber und bequem, wie man sich nur wünschen konnte, das Essen gesund und reichlich vorhanden, denn die französische Armee erhielt wie immer in Kriegszeiten das Beste von allem. Am Vormittag gingen wir auf den Übungsplatz, wo man uns alles beibrachte, was wir über die 7,5 cm- und 15,5 cm-Kanonen wissen mußten: wie man sie ausrichtet und, in einem späteren Unterrichtsstadium, wie man sie abfeuert. Für die Ohren bekamen wir Watte. Am Nachmittag hörten wir Vorträge über Ballistik und lernten, wie man Probleme mit der Einstellung möglichst schnell behebt. Das alles kam mir furchtbar kompliziert vor, denn ich bin mathematisch nicht sehr begabt. Ich will gleich gestehen, daß ich an der École d'Artillerie ein sehr schlechter Schüler war, und höchstwahrscheinlich wäre ich nach Beendigung der Ausbildung in Fontainebleau niemals als Offizier an die Front geschickt worden, wenn es dann noch eine gegeben hätte.

Unsere Aufgabe wurde durch die schier unglaubliche Geduld und das Wohlwollen unseres Lehrers sehr erleichtert. Er hieß Roland. Einen typischeren Franzosen als Oberleutnant Roland hätte man zwischen Boulogne-sur-Mer und Marseille nicht finden können. Sein Frohsinn, sein Witz, seine freundlichen braunen Augen, sein wunderbarer südfranzösischer Akzent und die leicht zotigen Scherze, mit denen er seine Reden spickte, machten ihn bei uns beliebt. Er hatte auch die überaus französische Begabung, die verwirrendsten Dinge kristallklar darzustellen und einen zu belehren, ohne zu langweilen. Trotzdem merkte ich mir nicht viel von dem, was er uns erzählte. Er mochte seine Schüler – es kommt selten vor, daß ein Franzose sich mit Amerikanern nicht versteht –, und umgekehrt betrachteten wir ihn als Freund. Er sagte nie etwas Unangenehmes, offenbar dachte er, mit Menschen herumzubrüllen bringe diese nur durcheinander, während mit einem Lächeln zu unterrichten effizienter sei. Ich kann nur wünschen, daß diese Methode überall Verbreitung findet.

Ab fünf hatten wir frei und konnten tun, was wir wollten, und ich setzte mich meistens in den schönen Schloßpark. Ich hatte immer einen Baudelaire in der Tasche und las meinen Lieblingsdichter, dessen Verse mir so vertraut wurden, daß sie gewissermaßen Teil meines Unterbewußtseins waren. Ein erlesenerer Gebrauch des französischen Vokabulars schien mir unmöglich, und die Jahre haben meine Meinung dazu nicht verändert. Die romantische Pracht der Sonnenuntergänge und die klassische Anordnung dieses Parks aus dem 17. Jahrhundert spiegelten sich in den melancholischen Gedichten, deren Vollkommenheit mich mit grenzenloser Bewunderung erfüllte. Etwas darin drängte mich, mich selbst auszudrücken, ich schnte mich danach, schreiben zu können, doch es war sinnlos, an solche Dinge zu denken, solange ich mich noch mit Feinheiten der Ballistik herumschlagen mußte.

Die Ereignisse überstürzten sich; nach wenigen Wochen waren wir überzeugt, daß wir niemals an die Front geschickt würden. Der 11. November war dennoch eine fast unglaubliche Überraschung. Die Deutschen waren endlich in die Knie gezwungen, aber niemand ahnte, daß unser gefährlicher Feind es mit dem Ersuchen um Waffenstillstand geschafft hatte, seine Haut zu retten. Unsere Freude wurde durch eine große Enttäuschung gedämpft: Wir durften nicht nach Paris fahren und einem der größten Augenblicke der Geschichte beiwohnen; wir mußten uns mit den Feierlichkeiten in Fontainebleau begnügen. Die Menschen versammelten sich vor der Mairie, deren Fassade mit kleinen bunten Lampions erleuchtet war. Es gab kein Jubelgeschrei; keine Fahnen wurden geschwungen; Männer und Frauen lächelten mit der leicht benommenen Miene von Menschen, die aus einem Albtraum erwachen und ihre Gedanken noch nicht der wirklichen Welt angepaßt haben.

Am nächsten Tag umringten wir unseren Oberleutnant wie Schulkinder:

»Machen wir weiter?«

Er schaute uns mit großen Augen an:

»Natürlich«, sagte er, »natürlich, *mes amis.* Man wird euch vielleicht noch brauchen.«

Also kletterten wir in unseren Lastwagen und fuhren auf das Übungsgelände, aber die 7,5 cm-Kanone kam uns vor wie ein Spielzeug, dem wir entwachsen waren.

Ein paar Tage später legten wir unsere Prüfungen ab. Ich vermute, unsere Prüfer hatten Anweisung, nachsichtig zu sein, denn wir kamen alle durch. Nun durften wir also einen goldenen Winkel am Ärmel tragen, und einfache Soldaten mußten vor uns salutieren; wir aber fühlten uns betrogen. Man schickte uns nach Paris, hier wurde uns gesagt, wir sollten auf unseren Marschbefehl warten, es sei denn, wir wollten auf der Stelle demobilisiert werden. Mein Vater riet mir eindringlich, zu meinem Regiment zu gehen, obwohl ich keine große Lust dazu verspürte. Ich hatte genug vom Soldatenleben, ich wollte wieder Zivil tragen. Paris schien verlockender als je zuvor, und der Gedanke, schon wieder fortzugehen, war mir zuwider.

»Aber«, sagte mein Vater, »du bekommst eine ausgezeichnete Gelegenheit zu reisen und andere Länder kennenzulernen. Dein Regiment wird ins Rheinland verlegt. Das ist eine Erfahrung, die du nicht versäumen darfst.«

Also packte ich meinen kleinen schwarzen Schrankkoffer und begab mich am nächsten Morgen zur Gare de l'Est, um nach Metz zu fahren. In dieser Stadt hatte mein Regiment sein Hauptquartier aufgeschlagen. Metz in Schnee und Schlamm war ein ziemlich trostloser Ort, aber zum Glück mußte ich nicht lange bleiben, denn mein Regiment war in den Norden von Straßburg gezogen. Ein weiterer Zug brachte mich nach Haguenau; hier zeigte sich, daß mein Regiment wieder einmal schneller war als vorhergesehen, denn in Haguenau war von der Einheit, der ich angehörte, nur mehr ein Hauptmann übrig, der in einem stickigen kleinen Büro saß und hinter einem Bollwerk aus Briefen und Berichten vor sich hin kritzelte. Als er hörte, ich sei Amerikaner, blickte er auf und sagte: »*Ah, vous êtes Américain?*« – ganz so wie der Pariser in den *Lettres persanes*, der zum ersten Mal einen Perser sieht und ausruft: »*Ah! Monsieur est Persan? Comment peut-on être Persan?* – Ach, der Herr ist Perser? Wie kann man nur Perser sein?« Ich war schon darauf gefaßt, den Hauptmann fragen zu hören: »*Comment peut-on être Américain?*«, aber er fragte nicht, sondern musterte mich bloß durch seinen Zwicker und überreichte mir mit liebenswürdigstem Lächeln meinen Marschbefehl.

Mein Regiment hatte in einem Dorf nahe der Grenze Quartier bezogen. Kein Zug konnte mich dorthin bringen, am späten Nachmittag jedoch holte mich an einer Straßenecke ein altmodisches Kabriolett ab, und wir trabten hinaus aufs Land. Diese Fahrt ist mir lebhafter in Erinnerung geblieben als andere, wichtigere Ereignisse in meinem Leben, wahrscheinlich wegen der außergewöhnlich schönen Landschaft um uns herum. Der Kutscher war Bretone, wie viele Männer in meinem Regiment. Er war nicht sehr gesprächig, ich war es auch nicht, und so fuhren wir mehrere Stunden in völliger Stille dahin. Am Vortag hatte es ununterbrochen geschneit, und die Felder glänzten sanft im Dämmerlicht. Ein Zauber ging aus von der Luft und von der Ruhe, die über allem lag. Unter dem Wagendach hervor konnte ich die Sterne an einem inzwischen rabenschwarzen Himmel leuchten sehen, während wir endlos durch den blendendweißen Schnee fuhren. Meine Finger waren taub vor Kälte, doch ein unbeschreibliches Glücksgefühl durchströmte mich, und es machte mir nichts aus, mitten durch die Nacht zu fahren. Warum ich so glücklich war, hätte ich nicht erklären können. Wir kamen nur an wenigen Häusern vorbei, und wahrscheinlich weil wir entlang der Straße nichts sehen konnten, verlor ich bald jedes Zeitgefühl; ich döste ein bißchen, vom Knirschen der Räder gewiegt, und stellte beim Erwachen fest, daß sich offenbar nichts verändert hatte, seit mir die Sinne geschwunden waren, der Schnee schickte noch immer sein geheimnisvolles Schimmern zum Himmel empor, und die Sterne sahen, wie ich meinte, freundlich zu uns herab.

Es war fast Mitternacht, als wir auf dem kleinen Platz eines elsässischen Dorfes ankamen. Giebelhäuser blickten auf den Steinbrunnen, wie sie es seit drei Jahrhunderten taten; nichts schien hier verändert seit Ludwig XIV., als diese Provinz der französischen Krone einverleibt worden war. Ich hatte das Gefühl, aus der Gegenwart gefallen zu sein und ein klassisches altes Gemälde zu betreten, das ein ideales Dorf darstellte; mit kindlichem Entzücken riß ich die Augen auf. Eine Laterne hing mitten über dem Platz und schaukelte sanft im Wind; ein schmiedeeisernes Schild in Form einer Krone knirschte über der Wirtshaustür, und der steinerne Soldat auf dem Brunnen hielt seine Hellebarde fest umklammert. Der feine Schnee machte das Bild vollkommen.

Unser Wagen hielt vor einem kleinen Haus neben der Mairie. Ich ging hinein und wurde von drei französischen Offizieren, die seit dem frühen Abend auf mich warteten, mit offenen Armen empfangen. Da ich sie in meinem Leben noch nie gesehen hatte, wunderte ich mich über ihre Herzlichkeit, für die ich bald eine Erklärung bekam. Anwesend waren ein

Oberleutnant, ein Leutnant und ein Aspirant wie ich. Den Namen des Leutnants habe ich vergessen, aber der Oberleutnant, ein schwarzäugiger Bretone, hieß Bienassis. Der Aspirant, Bro de Comères, war ein hübscher Junge, dessen Eltern in Paris wohnten, in der Avenue de l'Alma, nicht weit von unserer Wohnung. Sie boten mir einen Stuhl am Feuer und ein Glas *eau-de-vie* an, dann stellten sie mir sehr höflich ein paar Fragen über mich selbst, und während ich antwortete, lächelten meine Gefährten zufrieden und nickten einander zu. Schließlich rief der Oberleutnant:

»Sie können sich gar nicht vorstellen, wie erleichtert wir sind, Sie reden zu hören! Vor acht Tagen hat man uns gesagt, man werde uns einen Amerikaner schicken, und seither fragen wir uns, was da wohl ankommen wird … Wir haben nicht erwartet, daß Sie ein verständliches Französisch sprechen. Denken Sie nur, ein junger Amerikaner!«

Wir lachten, redeten noch eine ganze Weile und gingen schließlich zu Bett. Wir waren gut untergebracht, deshalb gewann ich unser Dorf schnell lieb, so ist es mir im Leben immer ergangen, aber drei Tage später kam unser Marschbefehl, und wir mußten uns verabschieden. Das betrübte meinen Mitaspiranten sehr, denn er umwarb die Tochter des evangelischen Pfarrers, aber wir trösteten ihn und sagten, Deutschland sei voll mit evangelischen Pfarrern und all ihren Töchtern, die sich glücklich schätzen würden, ihm Deutsch beizubringen, zumindest die Grundbegriffe.

Am Nachmittag überquerten wir die Grenze. Wir ritten zu viert der Kolonne voran, die Geschütze rumpelten hinterher. Es war seltsam, hoch zu Roß nach Deutschland hineinzureiten! Meine Gefährten schienen das ganz normal zu finden. Überfallen werden und selbst überfallen, ihnen lag das gewissermaßen im Blut, mir nicht. Ich konnte nicht glauben, daß das alles wahr sein sollte. Als wir durch die deutschen Dörfer ritten, beobachteten uns von der Türschwelle Frauen und Dutzende blonder Kinder; Männer waren kaum zu sehen und auch keinerlei Zeichen von Feindschaft. Man darf nicht vergessen, daß das Saarland den Franzosen alles andere als feindselig gegenüberstand, wie ich später noch oft feststellen sollte. Haß, wenn es wirklich Haß war, begegnete man nur tiefer in Deutschland, vor allem im Norden. Meine Gefährten sprachen nie rachsüchtig über unsere besiegten Feinde. Ganz im Gegenteil. Während wir durch das Saarland zogen, erzählte mir Oberleutnant Bienassis, wie er 1915 in Gefangenschaft geraten und Anfang 1918 aus Deutschland geflohen war. Andere seien von den Deutschen schlecht behandelt worden, er nicht, und ich höre ihn noch erzählen, wie in der Zeit, als der Kronprinz erfolglos Verdun zu erobern versuchte, ein deutscher Offizier mit einem Blatt Papier in der Hand zu seinem französischen Gefangenen trat und mit starkem preußischem Akzent sagte: »*Monsieur, vous vous battez bien!* – Mein Herr, Sie schlagen sich tapfer!« Diese und andere Geschichten haben mich tief beeindruckt und davon überzeugt, daß Soldaten kriegführender Nationen zu gegenseitiger Achtung durchaus imstande sind, so als würde eine Art internationaler *esprit de corps* die Grenzen verfeindeter Länder überschreiten. Doch leider trifft das für die französischen Gefangenen von 1940 nicht zu.

Wir brauchten drei Tage, bis wir unser Ziel erreichten, offenbar gab es keinen Grund zur Eile. Das Land, durch das wir zogen, bestand aus Wiesen, kleinen Bächen und sanften Hügeln, die hübsch anzusehen waren. Wir kamen auch in eine Industriestadt, wo uns Bergleute mit schwarzen Gesichtern stumm anstarrten, während wir durch die Straßen ritten. Ich hätte gern gewußt, was sie dachten, aber wie sollte ich das herausfinden? Waren sie wütend über unsere Anwesenheit? Haßten sie uns? Wenn das der Fall war, ließen sie es sich nicht anmerken. Nur die Frauen wirkten ein wenig besorgt und drückten ihre Kinder an sich, doch offensichtlich war ihre Neugier größer als die Angst, denn sie drängten sich auf den Straßen. Zuletzt kamen wir in das Dorf Niederlinxweiler, nur ein paar Kilometer von Neunkirchen. Die Geschütze wurden auf einem Feld außerhalb des Dorfes abgestellt, und wir bekamen unsere Quartierscheine mit dem ausdrücklichen Befehl, die Hausbewohner so wenig wie möglich zu belästigen.

Das Zimmer, das mir zugewiesen wurde, befand sich in einem Haus am Ende der Hauptstraße. Ich kann nicht sagen, daß ich mich mit den Besitzern gut verstand, denn ich sah sie nie, nicht einmal flüchtig. Manchmal hörte ich sie im Zimmer nebenan leise miteinander sprechen; davon abgesehen merkte ich nichts von ihrer Gegenwart. Durch eine Art stillschweigendes Übereinkommen war ich tagsüber fast nie auf meinem Zimmer. Mein Bursche, ein zerstreuter, aber netter Junge aus Angers namens Jarras, brachte mir das Frühstück, machte mein Bett und fegte das Zimmer; es war einfach, aber bequem eingerichtet, hatte ein Bett mit Eisengestell, Waschschüssel und Wasserkrug sowie an den Wänden ein paar Heiligenbilder.

Die meiste Zeit verbrachte ich in dem Haus, in dem wir unsere Mahlzeiten einnahmen, ein malerischer alter Bauernhof mit einer Wassermühle, die normalerweise Getreide mahlte. Das Eßzimmer hatten wir zu unserem Wohnzimmer gemacht, und mit seinem Fenster, das auf die Felder und den Wald ging, war es recht angenehm, wenn auch ein bißchen klein. Es hatte einen runden Tisch mit rosarotem Wachstuch, Stühle mit Strohgeflecht, einen Kachelofen, und an der Wand hing ein großer Stich von Leonardo da Vincis Abendmahl, unter dem die Worte standen: *Amen, dico vobis quia unus ex vobis traditurus est me.* An all diese Einzelheiten erinnere ich mich nach zweiundzwanzig Jahren so genau, daß ich fast glauben könnte, ich hätte dieses Dorf erst vor wenigen Tagen verlassen. Da wir alle sehr gesprächig waren und viele Geschichten zu erzählen wußten, ging es bei den Mahlzeiten immer sehr fröhlich zu, und schon nach einer Woche hatten wir das Gefühl, uns ewig zu kennen.

Am Nachmittag gab es nicht viel zu tun, außer Spazierengehen oder Ausreiten, so daß ich die Umgebung bald ziemlich gut kannte, obwohl ich einen schlechten Orientierungssinn habe, den ich nie verbessern konnte und der mich mehr als einmal in die Irre führte. Meine einzige Bekanntschaft in der Bevölkerung war ein pummeliges und furchtbar anständiges Mädchen, das in einem Nachbardorf unterrichtete. Wie ich sie kennengelernt habe, weiß ich nicht mehr, aber ich erinnere mich, daß ich ihr einmal pro Woche nachmittags einen Besuch abstattete und sie eine Tasse Ersatzkaffee servierte und Waffeln, die sie mir zu Ehren buk. Ihr Vater, das muß ich noch sagen, lauerte, wenn ich kam, immer im Flur oder in einem der hinteren Räume. Ich habe ihn nie zu Gesicht bekommen, aber Fräulein Effi versicherte mir, er sei den Besatzern freundlich gesinnt, wie übrigens die meisten Dorfbewohner. »Aber«, fügte sie hinzu, »wir sind keine *echten Deutschen*. Die echten Deutschen sind in Berlin.«

Wir sprachen über Poesie. Sie mochte Schiller, ich Goethe. Heute bedaure ich, so viel Zeit damit verbracht zu haben, über Autoren zu sprechen, die ich nur schlecht kannte, anstatt zu fragen, wie es ihr und ihren Nachbarn während des Krieges ergangen war; dabei hätte ich interessante Dinge erfahren, aber ich wollte vor allem Eindruck machen.

Eines Tages, als ich zu Fräulein Effi kam, sah ich, daß sie noch einen anderen Gast hatte: eine Dame mittleren Alters, die, wie ich gleich erfahren sollte, in Trier lebte. Es folgte ein peinlicher Augenblick, denn ich merkte sofort, daß die Dame den Besatzern alles andere als wohlgesinnt war. Der eisige Blick, den sie mir zuwarf, verriet mehr über ihre Gefühle, als eine lange Rede es vermocht hätte. Schließlich stellte Fräulein Effi mich vor, worauf die Dame sich erhob, auf mich zukam und folgende Ansprache hielt:

»Junger Mann, obwohl Sie ein Feind meines Landes sind, kann ich nicht sagen, daß ich Frankreich hasse. Das einzige Land, das ich hasse, ist England, nicht Frankreich. Ihre Hand!«

Ich reichte ihr meine Hand, die sie mit wilder Energie schüttelte; Tränen standen in ihren blauen Augen, und ich konnte nicht anders als sie bemitleiden, hielt aber den Mund. Wortlos nickte sie Fräulein Effi zu und ging.

»Meine Freundin hat ein gutes Herz, aber sie ist taktlos, oder nicht?« sagte Fräulein Effi, als sie von der Haustür zurückkam.

Ich behielt meine Meinung für mich und blieb an diesem Tag nicht lange. Die Ereignisse von 1939 setzen diesen kleinen Zwischenfall in ein seltsames Licht.

VII.

In den ersten Frühlingstagen 1919 wurde ich demobilisiert und fuhr nach Hause. Ich war achtzehneinhalb; wie mein Leben aussehen und womit ich mir meinen Lebensunterhalt verdienen sollte, darüber machte ich mir keine großen Sorgen, denn ich war zutiefst davon überzeugt, daß ich unter einem besonderen Schutz stand und das Schicksal es gut mit mir meinte. Natürlich würde ich mich früher oder später für einen Beruf entscheiden müssen. Mein Vater legte mir freundlich nahe, daß langsam ein Entschluß fällig sei, aber die Wahl fiel mir schwer. Am liebsten wollte ich Maler werden und am zweitliebsten Schriftsteller; auf keinen Fall würde ich eine geschäftliche Laufbahn einschlagen.

Also gut, wenn ich Maler werden wollte, dann mußte ich nicht nur eine Staffelei, Leinwand, Pinsel und Farbtuben kaufen, sondern auch einen geeigneten Ort finden: ein Atelier, denn in meinem Zimmer zu malen, kam nicht in Frage, es war zu dunkel. Für einen jungen Mann, der im Monat nur über fünfzig Franc Taschengeld verfügte, waren derlei Ausgaben abschreckend. Außerdem war es nicht völlig undenkbar, daß ich trotz all meines Selbstvertrauens Unterricht nehmen mußte, und sei es nur, um zu lernen, wie man Farben mischt. Noch mehr Geld war also nötig, und der Krieg hatte uns nicht reicher gemacht. Nicht so schlimm, dachte ich, das ABC der Malerei besteht darin, sich Bilder anzusehen. Mit dieser höchst fragwürdigen Theorie im Kopf beschloß ich, jeden Tag in den Louvre zu gehen, und das tat ich fünf Monate lang, wobei ich jedesmal, meistens am Vormittag, nur zehn oder zwölf Bilder betrachtete, diese aber sehr sorgfältig. So beschwichtigte ich mein Gewissen; immer wenn es mich fragte, und das geschah hin und wieder: »Was machst du mit deiner Zeit? Wie baust du dir eine Zukunft auf?« antwortete ich triumphierend: »Na, ich studiere doch Kunst!« Und da es ein gutmütiges Gewissen war, ließ es sich für eine Weile besänftigen.

Mein visuelles Gedächtnis war gut, und ich liebte die Farbe. Ende Juli waren mir die meisten Bilder im zweiten Stock des Louvre vertraut, selbst die aus der Barockzeit, die man sich selten anschaut, in der Grande Galerie entlang der Seine. Nach reiflicher Überlegung hatte ich beschlossen, mir El Greco zum Vorbild zu nehmen, obwohl von diesem Maler im ganzen Louvre nur zwei Bilder hingen. Selbstverständlich wußte ich genau, wie meine eigenen Bilder aussehen würden, aber das war ein Geheimnis, das ich nie jemandem anvertraut habe. Die Überraschung sollte vollkommen sein. »Die Leute werden schon sehen!« sagte ich mir. Ich schmeichelte mir, meinem Ehrgeiz keine Grenzen zu setzen, und während ich voller Bewunderung König Ferdinands nackten Arm betrachtete, der unter seinem Brustharnisch hervorkam und ein Zepter hielt, war ich überzeugt, daß ich es fast genausogut könnte und die Leute schon sehen würden; wohlweislich enthielt ich mich eines Versuchs.

Ich bereue die Stunden nicht, die ich an diesen Größenwahn verschwendet habe: Sie erlaubten mir, gewisse Kenntnisse in der Geschichte der Malerei zu erwerben und meinen Geschmack auszubilden, aber ich weiß bis heute nicht, wie es sich anfühlt, wenn man Pinsel und Palette in Händen hält. Ich habe mich mit Zeichnung und Aquarell begnügt.

Im August erhielt mein Vater einen Brief von meinem Onkel Walter Hartridge, Generalstaatsanwalt in Savannah, und nach seinem Gesichtsausdruck zu urteilen, brachte dieser Brief ausgezeichnete Nachrichten. Als Dank dafür, daß wir uns um seine Nichte Sarah Elliott gekümmert hatten, die zwei Monate bei uns verbringen sollte und zwölf Jahre geblieben war, bot Onkel Walter an, mich an eine amerikanische Universität zu schicken, ein Angebot, das auf der Stelle dankbar angenommen wurde. Von meinem Vater, versteht sich.

Ich empfing diese Nachricht schweigend. Frankreich zu verlassen, und vor allem Paris zu verlassen, bedeutete für mich das Ende von allem. Meine diesbezüglichen Gefühle schienen aber nicht zu zählen, und schon am nächsten Tag wurde für mich ein Platz auf der *Rochambeau* reserviert, die am 19. September von Marseille auslief. Was in mir vorging, war unbeschreiblich. Obwohl mein Schiff erst in einem Monat abfahren sollte, lief ich los, um von meinen Freunden auf dramatische Weise Abschied zu nehmen, insbesondere von meinem ehemaligen Mitschüler aus dem Janson, Oscar-Paul Gilbert, der in *vers libres* Gedichte über die Pariser Kirchen schrieb, obwohl er Atheist war und mehr oder weniger auch Bolschewik. Er war ein ernsthafter junger Mann mit starkem Mitgefühl für die Ungerechtigkeiten, unter denen das Volk litt, und fester Hoffnung auf die kommende Weltrevolution. Als ich ihm erzählte, daß ich drei Jahre in Amerika verbringen sollte, runzelte er bedrohlich die Stirn.

»Du mußt dich weigern!« rief er. »Du mußt rebellieren!«

Ich wies ihn darauf hin, daß Rebellion bedeuten würde, ins Geschäftsleben einsteigen zu müssen, und war das nicht viel schlimmer? Nachdem diese Frage ausgiebig und stürmisch besprochen war, einigten wir uns schließlich, daß Rebellion, obwohl in vielerlei Hinsicht verlockend, in meinem Fall nicht die klügste Lösung war. Nach mehreren langen Tiraden überließ mich Gilbert meinem Schicksal, und wir schieden unter Austausch von Freundschaftsgelübden; natürlich versprachen wir auch, uns gegenseitig in Briefen alles zu erzählen, was wir erleben würden.

Die *Rochambeau* war vollständig vom American Red Cross belegt. Vier- bis fünfhundert Krankenschwestern, Ärzte und Sanitätswagenfahrer, alle ungeduldig, nach Hause zu kommen, drängten sich am Morgen des 19. September auf dem Schiffsdeck. Ich stand unter ihnen. Meine Cousine Sarah, ebenfalls Mitglied des American Red Cross, hatte diese Gelegenheit wahrgenommen, in die Vereinigten Staaten zurückzukehren; sie war sehr aufgeregt, wie übrigens alle um sie herum. Ich gab mir Mühe, die allgemeine Freude zu teilen, jedoch ohne großen Erfolg. Ich war noch immer sehr gehemmt, wenn ich englisch sprach, und mein Akzent verriet mich; außerdem war es mir lästig, erklären zu müssen, ich sei Amerikaner, um dann zu hören, ich sähe aber wie ein Franzose aus. Dennoch fand ich die meisten Leute an Bord aus dem einen oder anderen Grund bald sympathisch.

Unser Schiff machte einen ziemlich großen Umweg. Wir verließen Marseille bei strahlendem Sonnenschein, und mit schwerem Herzen blickte ich zurück auf die französische Küste, die im Glanz der Mittagsstunde entschwand. Unsere erste Zwischenstation war Neapel, wo wir einen ganzen Tag an Land verbringen durften, während das Schiff Brennstoff aufnahm. Anstatt wie die anderen mit einem knatternden Motorboot zu fahren, ließ ich mich in einem kleinen Ruderboot an den Kai bringen. Warum, weiß ich nicht mehr, doch so war es. Vielleicht wollte ich die Stadt lieber allein besichtigen. Wie dem auch sei, ich werde nie vergessen, daß das Boot, in dem ich saß, von einem alten Seemann und einem jungen Bengel gelenkt wurde und daß letzterer, nachdem er sich mit dem alten Seemann durch Zuzwinkern verständigt hatte, den Vorschlag machte, mir seine *sorella* vorzustellen und für die bescheidene Summe von zwanzig Lire sogleich ein Treffen zu arrangieren; dann fing er an mir zu erklären, warum es für mich reizvoll wäre, seine Schwester kennenzulernen, und da ich einigermaßen Italienisch konnte, wurde ich knallrot und lehnte ab. Nun folgten unfreundliche, wenn auch kaum verständliche Bemerkungen über mich in neapolitanischem Dialekt. Sobald wir angelegt hatten, entfernte ich mich, so schnell ich konnte, und suchte mir, mit einem Stadtplan in der Hand, meinen Weg in die Via Toledo und zum Museum.

Der Museumsbesuch ist mir unvergeßlich geblieben. Ich war allein inmitten von Statuen und bewunderte sie mit großen Augen. Als ich reglos vor einem bronzenen Narziß stand, trat ein junger Wärter an mich heran und sagte, man könne diese Statue haben. »Wenn sie Ihnen gefällt. Eine Kopie natürlich«, fügte er hinzu, »eine schöne Kopie, aus Bronze und mit der gleichen Patina.« Kosten würde mich das – eine sehr bescheidene Summe wurde genannt. Ich ging darauf ein, gab ihm die verlangten Lire und meine Adresse in Savannah. Lächelnd sagte der junge Wärter, es würde etwas über einen Monat dauern, aber ich sei dieser Statue wert. Als ich zurück an Bord kam und Sarah die Geschichte erzählte, brach sie in Gelächter aus: »Du bist wirklich naiv«, sagte sie, »einem Neapolitaner zu trauen. Er vertrinkt deine Lire mit seinen Freunden.« Ich war empört, ich war sicher, daß sie nichts verstand. Aber hatte ich selbst richtig verstanden? Wie dem auch sei, die Statue kam wie versprochen nach Savannah, an die Adresse meines Onkels.

Am Abend verließen wir Neapel und fuhren weiter in Richtung Palermo, wo wir am nächsten Tag eintrafen. Wir durften nur den Nachmittag an Land verbringen, aber in dieser kurzen Zeit versuchte ich, so viele Barockpaläste und byzantinische Kirchen zu besichtigen, wie ich konnte. Anschließend nahmen wir Kurs nach Westen und machten außer in Gibraltar nicht mehr Halt bis New York.

Da dieses Buch keine Reisebeschreibung ist, will ich nicht lange bei meinem ersten Eindruck von New York verweilen; wahrscheinlich unterscheidet er sich nicht besonders von dem der meisten Leute, die übers Meer hierher kommen. Die Skyline der Stadt verblüffte mich. Diese Reihen steinerner Riesen im Morgenlicht hatten etwas so Fremdes und Übernatürliches, daß ich sie nur mit einer Mischung aus Furcht und Bewunderung anstaunen konnte und keine Worte fand, meine Gefühle auszudrücken. Was ich sah, glich keiner Menschenstadt, es stand in keinem Verhältnis zu den Städten, die ich bisher gesehen hatte, doch es besaß Schönheit, eine monströse und furchtbare Schönheit, wie ein von Marsmenschen erbautes Venedig oder wie die Hauptstadt eines Zyklopenlands. Was mochte das für ein Volk sein, das so ungeheuerliche Häuser baute, um darin zu leben? Ich fühlte mich wie ein Mensch aus dem Mittelalter, der sich plötzlich der modernen Welt gegenübersieht. »Wie«, fragte ich mich, »wie soll ich mich zwischen diesen Wolkenkratzern jemals zu Hause fühlen?«

Endlich gingen wir an Land, und meine Cousine schickte mich nach meinem Onkel Ausschau halten, während sie sich um ihr Gepäck kümmerte. Ich ging den langen Pier hinunter, und tatsächlich stand mein Onkel in der Menge und wartete auf uns. Er lehnte an einem Geländer, ein großer, stattlicher Mann, und blinzelte ein wenig, wie er es immer tat. Ich erkannte ihn sofort, ich hatte ihn vor acht Jahren gesehen, als er zu uns nach Frankreich gekommen war, doch er erkannte mich nicht, was begreiflich war, denn ich hatte mich seit meinem elften Lebensjahr sehr verändert. Was nun geschah, wird vielen Menschen unglaublich erscheinen: Ich ging auf meinen Onkel zu, und kurz bevor ich ihn ansprechen wollte, wurde ich von einer unbezwingbaren Schüchternheit gepackt und drehte mich um.

»Nun?« fragte Sarah, als ich zurückkam.

»Es wäre besser, du würdest mitkommen«, sagte ich mit leichtem Erröten, »ich möchte nicht den Falschen ansprechen und sagen: Hello, Uncle.«

Sie winkte ab und suchte mich zur Vernunft zu bringen, aber ich ließ nicht mit mir reden. In Wahrheit hatte ich schreckliche Angst vor meinem Onkel Walter. Mein ganzes Leben lang hatte man mir erzählt, was für ein außergewöhnlicher Mensch er sei, was für ein glänzender Redner, was für ein energischer und wichtiger Mann, und obwohl der Minderwertigkeitskomplex damals noch nicht erfunden war, hatte ich bereits einen, und meiner war ein Prachtexemplar.

Allerdings gab es gar keinen Grund, sich vor meinem Onkel zu fürchten. Er war der beste und unprätentiöseste Mensch, dem ich jemals begegnet war, und tat alles, was in seiner Macht stand, damit ich mich in Amerika glücklich fühlte. Er war mit meiner Tante aus Savannah gekommen, um mich bei meiner Ankunft in Empfang zu nehmen, und als ich schließlich den Mut fand, ihm die Hand zu schütteln, schien er so froh, mich zu sehen, daß ich mich schämte, ihn nicht gleich angesprochen zu haben. Auch meine Tante war da, und ihre *gentillesse* trug viel dazu bei, mir über meine Befangenheit hinwegzuhelfen. Es fiel ihr nicht schwer zu begreifen, wie verunsichert ich war, und weil sie merkte, daß ich vor lauter Schüchternheit keinen Ton herausbrachte, bestritt sie die Unterhaltung taktvoll nahezu allein.

Wenige Stunden danach spazierte ich in leicht benommenem Zustand die Fifth Avenue hinauf und glaubte nur halb, was meine Augen sahen, wenn sie zu den Wolkenkratzern emporblickten. Noch am selben Abend ging ich mit Sarah ins Theater. Wir sahen *The Jest* (*Das Mahl der Spötter*) mit John und Lionel Barrymore. Da ich Englisch noch nie auf der Bühne gehört hatte, bekam ich vom ersten Akt fast nichts mit, und dann war ich plötzlich imstande, jedes Wort zu verstehen. Diese seltsame Erfahrung erinnerte mich an den Tag, als ich nach monatelangem Brüten über dem Alphabet auf einmal gemerkt hatte, daß ich lesen konnte. Das Stück war ein italienisches Melodram, das in der Renaissancezeit spielte, mit so vielen Dolchen, vergifteten Gläsern Wein und Serenaden, wie man vernünftigerweise erwarten konnte, und es überzeugte mich vollkommen, daß die Barrymores die größten Schauspieler ihrer Zeit, ja unseres Jahrhunderts waren.

Am nächsten Tag fuhr meine Tante mit Sarah zurück nach Savannah, während mein Onkel und ich am späten Nachmittag den Zug nach Washington nahmen mit dem Ziel: University of Virginia. In Washington bestiegen wir den sogenannten *Virginia Creeper,* der, wie sein Name verrät, so langsam dahinkroch, daß wir erst mitten in der Nacht nach Charlottesville kamen. Es regnete, mein Onkel war müde und sprach wenig; schweigend fuhren wir vom Bahnhof zum Hotel Monticello, wo wir die restliche Nacht verbrachten. Als ich am nächsten Morgen erwachte, schaute ich aus dem Fenster und erblickte das alte Gerichtsgebäude mit seinen weißen Säulen und seinem Giebeldreieck und davor eine Kanone aus dem Sezessionskrieg, die in der Septembersonne von Manassas träumte. Das war meine erste Begegnung mit den Südstaaten, und sie rührte mich mehr als späterhin irgend etwas Vergleichbares. Worte meiner Mutter kamen mir nach so vielen Jahren wieder in den Sinn, als würde die Welt, die sie geliebt hatte, plötzlich als vereinfachtes Bild vor meinen Augen erstehen, und auf unerklärliche Weise erkannte ich dieses Bild, denn ich betrachtete es mit ihren Augen.

Nach dem Frühstück spazierten wir bis zum Hauptplatz, von wo eine orange Straßenbahn uns zur Universität brachte, und hier schritten wir den langen gepflasterten Weg zur Rotunde hinauf. Es war ein strahlend schöner Tag, und die weitläufigen Anlagen beeindruckten mich tief, aber ich war viel zu aufgeregt, um etwas zu sagen, und da mein Onkel auch nicht gerade redselig war, gingen wir schweigend bis zum Aufnahmebüro. Mit klopfendem Herzen las ich die Karteikarte, die ich ausfüllen sollte. Wie seltsam das alles war! Vor drei Wochen war ich noch durch die Straßen von Paris geschlendert, und jetzt … Eine der Fragen betraf den Namen der Person, die den Studenten an der Universität eingeführt hatte, sowie das Verwandtschaftsverhältnis zwischen den beiden. Ich schrieb also: »Walter Hartridge«, und in die Zeile darunter: »Uncle«. Ich war jedoch so nervös, daß ich *uncle* statt mit c mit k schrieb: *unkle*. Ich war völlig durcheinander; mein Gesicht glühte, und mein Kragen drückte mich wie eine Schlinge. Hätte man mich in diesem Augenblick gefragt, ob ich wirklich und wahrhaftig Julian Green sei, ich hätte wahrscheinlich »Nein« geantwortet. Nur eine Sache rüttelte mich ein wenig auf: Als die Sekretärin den Namen Paris als Geburtsort sah, fragte sie mich, ob das Paris, Texas sei. Worauf ich erwiderte, von Paris, Texas hätte ich noch nie gehört und es gäbe meines Wissens nur ein einziges Paris auf der Welt. Nur ein völlig verschreckter Mensch konnte so grundlos unhöflich sein, meine Unbeholfenheit brachte mich ständig in solche Verlegenheiten. Ich war über meine eigene Frechheit entsetzt, und meine Wangen wurden rot und röter.

Die Sekretärin und mein Onkel lächelten einander zu, dann wurde erklärt, ich sei in Frankreich geboren.

Kaum hatten wir das Aufnahmebüro verlassen, fiel mir ein, daß man *uncle* doch besser mit einem c schrieb. Ich weiß nicht mehr, welchen Grund ich meinem Onkel nannte, um in das Büro zurückzulaufen, aber ich tat es, bat um meine Karteikarte, korrigierte den Fehler und schwor mir im geheimen, daß, sollte es nur von mir abhängen, die Sekretärin und ich uns in dieser Welt niemals wiedersehen würden.

Als nächstes mußte ein Zimmer für mich gefunden werden; nachdem die Vorlesungen aber schon vor drei Wochen begonnen hatten, waren die besten Zimmer vergeben, und ich mußte mich mit einem in der Fourteenth Street begnügen. Von meinen Fenstern hatte man eine herrliche Aussicht auf die B. & O.-Eisenbahnbrücke, die so nah am Haus lag, daß ich bei jedem vorbeidonnernden Zug das Gefühl hatte, mein Bett stehe quer über den Geleisen; für meine europäischen Ohren noch beunruhigender jedoch war das durchdringende und ungeduldige Läuten der Glocke. Mein Onkel bedauerte, keine bessere Unterkunft für mich gefunden zu haben, gab mir jedoch viel mehr Geld, als ich brauchte, und empfahl mir, so schnell wie möglich umzuziehen. Nach diesem Rat und anderen tröstlichen Worten schüttelte er mir die Hand und ging.

In meinem damaligen Alter fand ich es quälend, neue Bekanntschaften knüpfen zu müssen, und es fiel mir doppelt schwer in einem Land, wo ich mich in vielerlei Hinsicht als Fremder fühlte. Doch es hat mir gutgetan, wie die meisten anfangs unerfreulichen Erfahrungen. Ich mußte aus eigenem Antrieb auf Menschen zugehen, die ich noch nie gesehen hatte, und erklären, wer ich war. Meine übertriebene Zurückhaltung spielte mir manchen Streich, trieb mich dazu, mich Studenten aufzudrängen, die ich überhaupt nicht kennenlernen wollte, und andere zu meiden, mit denen ich mich gern angefreundet hätte. Ich wollte Freunde haben und tat alles, um allein zu bleiben. Etwas in mir hinderte mich stets daran,

genau das zu sagen, was ich sagen wollte; andererseits hatte
ich eine Begabung dafür, Situationen herbeizuführen, vor
denen mir graute. Sooft man von mir einen Schritt nach vorn
erwartete und diesen stillschweigend ermutigte, rührte ich
mich nicht vom Fleck oder lief davon. Ich war unfreundlich
gegenüber Leuten, denen ich gefallen wollte, und freundlich
zu Langweilern, denen alle aus dem Weg gingen. Solche Töl-
pelhaftigkeit ist bei sehr jungen Menschen nichts Ungewöhn-
liches, ich steigerte sie jedoch in einem Maße, das unglaublich
erschiene, würde ich alle Einzelheiten beschreiben. Als Folge
dieser seltsamen Geistesverfassung war ich furchtbar allein
und schrieb mir mein Unglück in langen schwermütigen Briefen an meinen Freund Gilbert von der Seele. In diesem Punkt
hielten wir Wort, unsere Briefe überquerten regelmäßig den
Atlantik, und sie enthielten von meiner Seite Schilderungen
meiner Gemütszustände und von seiner Anstiftungen zur
Rebellion, natürlich auf mich bezogen.

Englisch, Deutsch, Latein und Griechisch waren die Fächer, die ich gewählt hatte. Auf Mathematik verzichtete ich
und begann verbissen zu lernen, teilweise aus angeborener
Liebe zu Büchern, teilweise weil ich hoffte, auf diese Weise
die Zeit besser totschlagen zu können als durch Trödelei.
Wäre jemand auf die Idee gekommen, am Nachmittag zwischen zwei und sechs nach mir zu sehen, so hätte er mich
unweigerlich in einer der Nischen der Rotunde gefunden, an
einem der schweren Eichentische sitzend, mit Büchern rundherum. Es schmeichelte meiner Eitelkeit, mir einzubilden, ich
säße genau da, wo Edgar Allan Poe vor knapp hundert Jahren
gesessen hatte, und sähe draußen vor dem Fenster genau das,
was er gesehen und bewundert hatte: die lange Reihe weißer
Säulen um die große Rasenfläche, die Terrassen und die
klassizistischen Fassaden der Professorenhäuser. An diesem
Ort glaubte ich weniger unglücklich zu sein. Ach! Wenn ich
schon nicht nach Paris zurückkonnte, wie ich mir sehnlichst
wünschte, so konnte ich zumindest meiner Umgebung entfliehen, indem ich in meiner eigenen Welt lebte, so nüchtern

diese Welt auch sein mochte. Aber ich war in einem Alter, in dem man gern streng ist und das Leben todernst nimmt. Nur in reiferen Jahren gelingt es einem, sich leichtfertig zu geben; die meisten jungen Männer sind aus gröberem Stoff gemacht.

Wenn ich an mein erstes Jahr an der Universität zurückdenke, kann ich mich über meine eigene Dummheit nur ärgern. Nicht, daß ich meine Zeit vergeudet hätte; im Gegenteil, vieles, was ich heute weiß, so wenig es auch sein mag, habe ich an der Universität gelernt, und dafür kann ich meinen Professoren nur dankbar sein. Aber ich hätte glücklich sein können, wenn ich bloß angenommen hätte, was das Leben mir mit vollen Händen bot. Meine Gedanken kreisten mit krankhafter Verbissenheit um Paris und machten mich blind für die Tatsache, daß ich an einem der schönsten Orte der Welt lebte, ohne materielle Sorgen, unter Menschen, die mir wohlgesinnt waren und viel zu geben hatten im Austausch für eine Freundschaft, die ich törichterweise verweigerte. Heute ist es sinnlos, mir zu wünschen, ich könnte dorthin zurückkehren und wieder zwanzig sein, mit der Erfahrung, die mir damals fehlte, aber solche Wunschträume sind ganz normal, und ich gestehe, ich habe sie tausendmal geträumt. Die Jugend ist unvergänglich in jedem von uns, doch wir bewahren nur den Traum von ihr.

Mein erstes Jahr verbrachte ich in nahezu völliger Einsamkeit. Nur sehr wenigen von den Jungen, mit denen ich sprach, hätte ich mich anvertrauen wollen: rein zufällige Nähe, nicht Geistesverwandtschaft brachte uns zusammen. Wie gern hätte ich mit jemandem gesprochen, dessen Vorlieben und Neigungen ich teilte! Ich träumte von einer idealen Freundschaft, der die Jahre nichts anhaben konnten, unternahm jedoch nichts, um sie zu verwirklichen.

Meine Ferien waren aufgeteilt zwischen Virginia und Georgia. Den wärmsten Teil des Sommers verbrachte ich in Prince William County, im Haus meines Onkels Will, einem bezaubernden alten Anwesen, umgeben von herrlichen

Bäumen und mit Blick auf die Blue Ridge Mountains. Mein Großvater hatte das Haus um die Mitte des vergangenen Jahrhunderts auf dem Gelände einer ehemaligen Pferderennbahn erbaut und *The Lawn* genannt. Während des Sezessionskriegs hatte es ganz in der Nähe Scharmützel gegeben, und noch immer waren Einschußlöcher in der grauen Schindelwand neben einer der Veranden zu sehen. Mitte August war das Haus eine Oase der Kühle. Doch es war auch ausgefüllt mit Erinnerungen und lautem Lachen, denn meine zahlreichen Cousins neigten nicht zu Schwermut. Wahrscheinlich ahnten sie nicht, wie viel mir ihre Fröhlichkeit bedeutete, denn ich hatte meine Ehre dareingesetzt, daß keiner merken sollte, was in mir vorging, aber ich sehnte mich nach ihrer Gesellschaft, auch wenn ich oft schweigsam war. Ich brauche wohl nicht zu sagen, wie liebevoll sie ihren französischen Cousin behandelten – so nannten sie mich manchmal scherzhaft –, und ich habe *The Lawn* immer nur mit schwerem Herzen verlassen.

Meine Besuche in Savannah, woher die Familie meiner Mutter stammte, waren kürzer, des subtropischen Klimas wegen, an das ich nicht gewöhnt war. Mein Onkel wohnte an einem der herrlichen schattigen Plätze, die der ganze Stolz der Stadt sind und die meine Mutter uns so oft beschrieben hatte. Natürlich galt eine der ersten Besichtigungen dem Haus meines Großvaters, das von den Nordstaatlern oft als Shermans Hauptquartier bezeichnet wird, denn Charles Green, ein britischer Staatsbürger, hatte den Invasoren sein Haus angeboten, um seinen Freunden, den Südstaatlern, die Demütigung zu ersparen, ihren Feind beherbergen zu müssen. Sherman spricht in seinen Erinnerungen sehr freundlich von meinem Großvater, doch sie haben sich erbärmlich verstanden. Die Sympathien meines Großvaters gehörten eindeutig den Südstaatlern, und ich muß hinzufügen, daß er der Erschießung wegen Unterstützung der Südstaatler nur entging, weil er kein amerikanischer Staatsbürger war; er wurde jedoch in Fort Warren, im Hafen von Boston, mehrere Monate lang gefangengehalten. Der englische Gesandte, Lord Lyons, erhob Einspruch bei Lincoln, und Charles Green, Untertan Ihrer Majestät, mußte freigelassen werden.

Sein im Tudorstil erbautes Haus ist ein gutes Beispiel englischer Architektur. Mich beeindruckte am meisten der weitläufige doppelte Salon mit seiner Stuckdecke und seinen wie Spitzen gearbeiteten Mahagonitäfelungen, doch wäre es mein Haus gewesen, ich hätte die meiste Zeit in der Bibliothek verbracht, einem ruhigen Raum mit einem Kamin aus rotem Marmor und gotischen Fenstern, die auf den Garten gingen, wo zwischen Bananenstauden Magnolien blühten.

Jeden Morgen begleitete ich meinen Onkel ins Court House. Ich durfte mich an den Tisch der Anwälte setzen und den Prozessen folgen. In den meisten Verfahren ging es um kleine Diebstähle und andere geringfügige Straftaten, doch hin und wieder auch um Vergewaltigung oder, was gar nicht so selten vorkam, Mord. Ich interessierte mich leidenschaftlich für alles, was ich sah und hörte, und hoffte immer, der Angeklagte werde freigesprochen, was natürlich dumm von mir war. Manche Angeklagten waren schlimme Verbrecher, gegen die sich die Gesellschaft irgendwie wehren mußte, doch insgeheim wünschte ich ihnen trotz allem viel Glück. Ich konnte nicht anders, als mir auszumalen, was ich getan hätte, hätte ich in ihren Schuhen gesteckt und vor einem unerschütterlichen Richter und einem zornigen Staatsanwalt gestanden, die mich mit ihren Fragen überrumpelten: Bestimmt wäre ich in jede Falle des Gesetzes getappt, hätte mich in Widersprüche verstrickt, weil ich nicht mehr wußte, was ich vorher gesagt hatte, und dann wäre ich in die Enge getrieben und bedrängt worden, bis ich den Kampf um mein Leben oder meine Freiheit schließlich aufgegeben hätte. Was mich außerdem beeindruckte, waren die harschen Methoden, die angewandt wurden, um die Wahrheit herauszufinden. Sicher, wir renken den Angeklagten nicht mehr Hände und Füße aus, um Geständnisse zu erzwingen, aber was wir den Angeklagten manchmal moralisch antun, ist mit der physischen Brutalität unserer Vorfahren vergleichbar. Von Schlä-

gen einmal abgesehen, wenden wir alle nur erdenklichen
Mittel der Einschüchterung an, und was wir heute als recht-
mäßiges Verhalten gegenüber einem Angeklagten betrachten,
wird zukünftige Generationen anwidern, vorausgesetzt, zukünftige Generationen sind zivilisierter als wir. Nach diesen
Bemerkungen muß ich gerechterweise hinzufügen, daß die
Mitglieder des Gerichts von Savannah so menschlich waren,
wie sie nur sein konnten, und der Gerechtigkeit aufrichtig
dienen wollten.

Mein zweites Jahr an der Universität unterschied sich nicht
sehr vom ersten, außer daß ich endlich ein paar interessante
Freunde wie zum Beispiel Argyle gewann, das dritte Jahr
hingegen veränderte alles. Ich verließ die Fourteenth Street
und zog in die Chancelor Street, wo Miss Mildred Nelson
Page, die von Pocahontas abstammte, so freundlich war, mir
in ihrem Haus ein großes und gemütliches Zimmer zur Verfügung zu stellen, mit einem langen Bücherregal, das ich
bald gefüllt hatte. Hier, in dieser angenehmen Umgebung,
hätte ich noch besser arbeiten können als in den vergangenen
Jahren, denn nicht der geringste Lärm störte mich; doch in
keinem Abschnitt meines Lebens habe ich so wenig getan wie
in diesem. Inzwischen hatte ich nämlich außer Argyle noch
ein paar andere Freunde wie Archer oder Fillmore, denen es
oft gelang, mich von meinen Büchern loszureißen, indem sie
mich überredeten, mit ihnen durch die Wälder zu streifen
oder den Nachmittag im Lichtspieltheater zu verbringen. Ich
vermute, das *Jefferson*, unser Lieblingskino in der Hauptstraße von Charlottesville, gibt es noch immer, aber ich fürchte,
es ist modernisiert worden und hat viel von seinem Charme
verloren. 1920 oblag der musikalische Teil der Vorstellung einem Klavierspieler, dessen lobenswerte Bemühungen von den
Studenten geräuschvoll belohnt wurden; sie übertönten das
Geklimper mit Toben und Trampeln, sooft sie eine populäre
Melodie erkannten, und ich kann die ersten Takte von *Swanee*
nie hören, ohne mich sofort ins *Jefferson* und die Zeit meiner
zwanzig Jahre zurückversetzt zu fühlen, wo dieses hübsche

Musikstück von Hunderten guttrainierter Füße kraftvoll begleitet wurde.

Das Kino war damals noch im Teenageralter, aber mit seinen vielen grotesken Unvollkommenheiten übte es eine besondere Anziehung auf mich aus. Wir Studenten waren ungeheuer naiv, obwohl wir glaubten, uns jeder Lächerlichkeit bewußt zu sein. Wir sahen so langweilige Filme wie *Die vier apokalyptischen Reiter* und amüsierten uns köstlich.

Natürlich lernte ich jetzt wenig, außer für Prüfungen; das war eine Reaktion auf den übertriebenen Ernst meiner ersten beiden Jahre. Seltsame neue Bücher gelangten in meine Hände, besonders die Werke von Havelock Ellis, die ich mit großer Verwunderung las: Sein schonungsloser Blick auf die Menschheit war einer jener notwendigen Schocks, die uns helfen, erwachsen zu werden, und ich klappte den letzten Band desillusioniert zu, aber klüger.

Ich wollte meinen Lebensunterhalt selbst verdienen, oder wenigstens lernen, es zu tun, und hatte meinen Onkel gebeten, seine monatlichen Zuwendungen zu reduzieren; deshalb bewarb ich mich nun um eine Stelle als Hilfslehrer für Französisch: Zu Beginn meines letzten Studienjahres bekam ich sie. An einem Morgen im September 1921 überwand ich nach einem furchtbaren Kampf gegen mich selbst meine Schüchternheit und trat zum ersten Mal vor meine Klasse. Um meine Nervosität zu verbergen, gab ich mich schroff und unerbittlich, entdeckte aber schnell, daß es mir schwerfiel, diese Pose durchzuhalten. Ich machte meine Studenten darauf aufmerksam, daß auf der ersten Seite des Buches, mit dem wir arbeiten würden, das französische Alphabet stand, und fügte hinzu, wir würden diese Seite nicht umblättern, ehe jeder von ihnen es vollkommen beherrschte, nötigenfalls würde das ganze Trimester dafür verwendet. Zuerst dachten sie, ich würde scherzen, doch als wir zum Buchstaben *u* kamen, begriffen sie zu ihrem großen Kummer, daß ich es todernst meinte. Wir haben uns lange abgeplagt mit dem *u*. Nie habe ich die Stimme erhoben oder herumgestikuliert, aber kein Gileaditer war jemals so pingelig mit der Aussprache des Wortes *Schibboleth* wie ich mit dem *u*, und viele Ephraimiter wurden erschlagen an den Furten dieses neuen Jordan.

In meinem damaligen Alter hatte ich unsinnige Sympathien und Antipathien und gab mir große Mühe, das zu verbergen; ich fand es ungeheuer schwer, alle Studenten in meiner Klasse gerecht zu behandeln, und da mein Gewissen mir wegen meiner Voreingenommenheit keine Ruhe ließ, war ich unnötig freundlich zu denen, die mir insgeheim fernstanden – das heißt, deren Äußeres mir nicht gefiel –, und zu meinen Lieblingen so streng, wie ich nur konnte. Wie dem auch sei, wir verstanden uns sehr gut, und ich schmeichle mir, wenn einige wenige Amerikaner das französische *u* korrekt aussprechen können, so haben es manche davon mir zu verdanken.

VIII.

Im Frühling 1922 bekam ich solches Heimweh nach Paris,
daß ich beschloß, zurückzufahren und mein letztes Jahr an
der Universität nicht zu beenden, was ich für ein Abgangs-
diplom hätte tun müssen. Mein Argument war einfach: Da
ich in Frankreich leben wollte, brauchte ich kein Diplom einer
amerikanischen Universität, ganz gleich, welchen Beruf ich
ausüben würde. Auch war es höchste Zeit, daß ich mir meinen
Lebensunterhalt selbst verdiente. Darüber hinaus glaubte ich,
meine entsetzlichen Schwächen in Mathematik könnten mir
bei der Abschlußprüfung Verdruß bereiten, aber das behielt
ich für mich. Mein Onkel war leicht zu überzeugen und ließ
mich am Ende des Trimesters ziehen.

Nachdem ich beschlossen hatte, Anfang Juli das Schiff zu
nehmen, begann ich sofort, über die Nachteile meiner Entscheidung zu grübeln. Natürlich ließ allein der Gedanke,
Frankreich wiederzusehen, mein Herz schneller schlagen,
aber der Ort, von dem ich weggehen wollte, schien mir plötzlich genauso reizvoll: Es war ein herrlicher Ort, und ich würde
viele Freunde zurücklassen. Und merkwürdig, die Tatsache,
daß ich wegging, verdoppelte in meinen Augen seinen Reiz.
Ich hätte mich gern in zwei Personen aufgespalten, ein Teil
von mir sollte in Amerika bleiben, während der andere nach
Paris zurückkehrte, und, so seltsam es klingen mag, genau
das geschah, unsere verrücktesten Gebete werden manchmal erhört. Mein Leben an der Universität war nicht mehr
einsam; ich hatte Freunde, viele ausgezeichnete Freunde, die
ich behalten habe und mein Leben lang zu behalten hoffe. Ich
begriff, daß es ein Band gab zwischen der Universität und mir,
daß ich ihr viel verdankte und daß ich sie, ohne es zu merken,
liebgewonnen hatte. Es war angenehm, in der Rotunde zu

sitzen, wenn draußen dicker Schnee lag, und *Romeo and Juliet* oder *The Faerie Queen* zu lesen. Es war angenehm, im Mondschein über die große Rasenfläche zu gehen, wenn die Glyzinien zu blühen begannen, und mit Freunden zu plaudern. Es war vor allem angenehm, aber das begriff ich zu spät, an der University of Virginia zweiundzwanzig zu sein. Noch bevor ich das Land verlassen hatte, bereute ich schon, die Gelegenheit, die das Schicksal mir geboten hatte, nicht beim Schopf gepackt zu haben und ein Jahr länger geblieben zu sein.

Meine Schwester Anne war im Mai herübergekommen, um unsere Verwandten zu besuchen; sie war in Savannah, und wir sollten gemeinsam zurückfahren. Einer der Gründe für diese lange Reise war ihr sehnlicher Wunsch, *The Lawn* wiederzusehen, das Haus unseres Großvaters, das sie in ihrer Kindheit einmal besucht hatte. Zuerst sollte sie mich an der Universität besuchen und dann von hier mit dem Zug nach Haymarket in Prince William County fahren, wo einer unserer Cousins sie erwartete. Miss Page hatte sie freundlicherweise eingeladen, einige Tage in ihrem Haus zu verbringen, und ihr ein Zimmer neben dem meinen gegeben. Am Tag, bevor Anne nach *The Lawn* aufbrechen wollte, erhielten wir um fünf Uhr morgens die Nachricht, das Haus sei in der Nacht vom Feuer völlig zerstört worden. Es war eigenartig, sich vorzustellen, daß so viele Jahre verstrichen waren, in denen sie das Haus unserer Familie hätte besichtigen können, und daß nur wenige Stunden, bevor sie es endlich sehen sollte, eine Flamme aus einem überhitzten Kamin hervorzüngelte und das Haus in Rauch aufgehen ließ.

Wir schifften in New York auf der *Rochambeau* ein und waren Mitte Juli in Le Havre. Eine ungeheure Hochstimmung überkam mich beim Anblick der Küste, eine so tiefe und so starke Freude, daß es fast aussah, als hätte ich befürchtet, Frankreich sei im Meer verschwunden. Zwischen Le Havre und Paris bezauberte mich die Schönheit der normannischen Landschaft, obwohl sie mir ja vertraut war; die alte Provinz verströmte den Eindruck großer Jugendlichkeit: Sie war jetzt genauso frisch und grün, dachte ich mir, wie sie einst Rollo und seinen Wikingern erschienen war, als diese im 10. Jahrhundert in das Land an der Seine eingefallen waren. Das bewies mir Frankreichs unerschütterliche Kraft; Kriege mochten ihm Wunden zufügen, es stand immer wieder auf.

Die Pariser Vororte und der Bahnhof Saint-Lazare kamen mir nach der Pracht der normannischen Fluren ziemlich trostlos vor, aber wären sie noch hundertmal schmutziger gewesen, ich hätte sie dennoch geliebt. Und als ich in diesem lärmenden Bahnhof überall französisch sprechen hörte, glaubte ich zu träumen; ich hatte mich so verzweifelt nach Paris gesehnt, daß ich in Gedanken nie fortgewesen war.

Mein Vater, Mary und Lucy erwarteten uns in der Rue Cortambert Nr. 16, aber ich war viel zu aufgeregt vor Glück und brachte kaum ein Wort hervor. Wir hätten uns genausogut im Juli 1919 befinden können anstatt im Juli 1922, ja, ich würde das Leben da wiederaufnehmen, wo ich es unterbrochen hatte, wieder in den Louvre gehen und durch die alten Straßen bummeln. Doch ich merkte bald, daß drei Jahre einen großen Unterschied machten. Während ich von einem Zimmer ins andere ging, sagte ich mir: »Ich bin zu Hause. Das ist mein Zuhause.« Ich ging in mein Zimmer und setzte mich. Durch das halboffene Fenster hörte ich auf dem Hof zwei Frauen miteinander sprechen, das war wie früher, aber der Raum selbst schien mir dunkler und kleiner, als ich ihn in Erinnerung hatte, und im ganzen Haus herrschte eine leicht unheimliche Stille. Es war seltsam, das Lachen und Rufen der Studenten nicht mehr zu hören. Meine Phantasie machte einen großen Sprung, und ich sah mich am späten Nachmittag West Range hinuntergehen, stehenbleiben und die Schatten der Bäume auf dem Rasen betrachten. Traurigkeit überkam mich plötzlich, und ich ärgerte mich über diesen unerwarteten Sinneswandel. Wußte ich wirklich, was ich wollte? Nein. Ich hatte es nie gewußt. Ich lebte dauernd in einem Zustand der Unschlüssigkeit, wollte immer da sein, wo ich gerade nicht sein konnte. Wie sollte ich mich jemals dem Leben stellen, jenen Kampf aufnehmen, von dem ich immerzu hörte, wenn ich nicht einmal wußte, was ich wollte?

Ein amerikanischer Freund, der zu Besuch kam, fragte mich geradeheraus, wovon ich leben wollte. Ich starrte ihn entgeistert an und wußte keine Antwort. Natürlich hatte ich oft überlegt, was ich später einmal tun würde, hatte mir die Frage aber nie so unverblümt gestellt. Meine Theorie war einfach: Man wird schon sehen, was morgen ist, solange heute alles gutgeht. Dahinter steckte ein Grund, den ich nicht allzu genau untersuchen wollte, ein merkwürdiger Grund, den ich auch heute nicht richtig erklären kann. Mir graute vor der Notwendigkeit, Geld zu verdienen. Ich arbeitete gern, mir lag jedoch der Gedanke fern, das, was ich aus Neigung tun würde, könne mir Geld einbringen. Der Drang zu schreiben war stark, schon seit meinem siebzehnten Lebensjahr, und doch konnte ich mir nicht einmal in meinen kühnsten Träumen vorstellen, mit der Feder mein täglich Brot zu verdienen. Trotzdem war ich überzeugt, daß ich nichts anderes werden konnte als Schriftsteller; wo aber das Geld herkommen sollte, von dem ich leben und meine Bücher schreiben wollte, darüber zerbrach ich mir nicht den Kopf. In meinen Gedanken bestand kein Zusammenhang zwischen Bücherschreiben und Geldverdienen: Ich glaubte einfach nicht, daß ich etwas schreiben konnte, was viele Leute lesen wollten, oder daß überhaupt ein Verleger mein Zeug drucken würde. Insgeheim sprach ich freilich von meinem Werk. Das war keine Bescheidenheit, sondern eher eine Form von jugendlichem Stolz, verbunden mit unglaublicher Schüchternheit. »Groß sein, heißt verkannt sein«, sagte ich mir in meiner Naivität. »Ich werde also verkannt sein. Und meine Bücher werden postum erscheinen …«

Diese Gedanken waren mir ein seltsamer Trost, hatten aber kaum praktischen Wert. Überflüssig zu sagen, daß ich sie niemandem anvertraute und wie eine Sphinx schwieg, wenn mich jemand nach meinen Zukunftsplänen fragte. Mehrere Stunden am Tag sperrte ich mich in meinem Zimmer ein und schrieb über alles, was mir durch den Kopf ging: Gedichte, Theaterstücke, Essays wurden angefangen und weggelegt. Mehr als drei Seiten hintereinander zu schreiben überstieg damals meine Kräfte. Ich bekam das Thema, das ich mir ausgesucht hatte, schnell satt und nahm mir ein anderes, verlockenderes vor, bis auch dieses seinen Reiz verlor. Ich suchte also nach etwas Neuem, immer wieder nach etwas Neuem. Komischerweise entmutigten mich diese vielen Rückschläge nicht, ich stürzte mich stets mit der gleichen Begeisterung und einer gewaltigen Portion Selbstvertrauen auf eine neue Sache. »Heute«, sagte ich mir, »werde ich ernsthaft arbeiten. Was ich bisher gemacht habe, zählt nicht, aber jetzt schreibe ich etwas, über das zukünftige Generationen staunen werden!« Dann kam der Abend, ich las noch einmal, was ich geschrieben hatte, und mich überfiel ein Gefühl des Versagens: Es war immer ein Schock für mich, wenn ich sah, wie dürftig das Verhältnis war zwischen dem, was ich geplant, und dem, was ich gemacht hatte. Die Worte wollten mir nicht gehorchen, sie verrieten mich in fast jedem Satz und lockten mich weg von dem, was ich ursprünglich im Sinn gehabt hatte. Die zukünftigen Generationen mußten noch warten! Am nächsten Tag jedoch saß ich wieder an meinem Tisch, mit anderen Gedanken im Kopf und einem neuen Blatt Kanzleipapier vor Augen.

Dieser Sommer verging langsam. Wir fuhren nicht aufs Land, doch Paris im August war alles andere als unangenehm, und ich blieb ganz gerne hier. Ständig kamen Freunde zu Besuch. Vor allem einer von ihnen, Henri Schmitz, ein Junge aus Zürich, verbrachte fast den ganzen Tag und einen guten Teil des Abends bei uns. Wir kannten ihn seit unserer Kindheit, und meine Schwestern und ich mochten ihn sehr. Ein begabter und vielseitiger junger Mann, der fast alles konnte, Pläne für ein Haus zeichnen oder einen Hut basteln. Außerdem war er ein unterhaltsamer Gesprächspartner, der bei uns regelmäßig Lachanfälle hervorrief, und wenn er da war, verflog die Zeit im Nu. Seine Fröhlichkeit und sein Nachahmungstalent, verbunden mit erstaunlichen Kenntnissen in Kunst und Architektur und einem leidenschaftlichen Interesse für jene Gesellschaft, die Marcel Proust beschrieben hat, machten ihn für mich so faszinierend, daß ich von seinen Anekdoten kein Wort versäumen wollte. Er war eine seltene Mischung aus Seriosität und Leichtsinn; mit ihm konnte man unmöglich ernst bleiben, alles führte am Ende zu einem Scherz oder zu einer jener Geschichten, die nur ein Pariser in drei oder vier Sätzen erzählen kann. Andererseits konnte jeder sehen, daß er todernst war, sobald es um das ging, was er als seine Sache betrachtete: die Bildhauerei.

Sein Vater war reich und erlaubte ihm, mehr oder weniger so zu leben, wie er wollte, zumal der alte Herr in Bremen wohnte. Henri hatte ein Atelier in der Nähe der Place Denfert-Rochereau, erklärte sich aber ständig unzufrieden mit seiner Arbeit, und wie der Held in Balzacs *Chef-d'œuvre inconnu* gestattete er niemandem auch nur den flüchtigsten Blick auf sein Werk. Ich wurde jedoch besser behandelt als die meisten anderen, denn er bat mich, ihm Modell zu sitzen. Eingeschüchtert hockte ich auf einem Stuhl mit Strohge-flecht, wagte weder mich zu rühren, noch ein Wort über seine Arbeit zu sagen, nicht einmal etwas Schmeichelhaftes, aus Furcht, er könnte sie auf der Stelle zerstören, weil ich genau die Bemerkung gemacht hatte, die er unmöglich fand. Den-noch bewunderte ich im stillen die ausgezeichnete Qualität seiner Arbeit, die Kraft und Kühnheit, mit der er ein Gesicht modellierte, ganz zu schweigen von einer Art geheimnisvoller Intuition, die ihn den Charakter seines Modells erraten ließ. Wie jeder wahre Künstler schien er Gedanken lesen zu kön-nen, und das zeigte sich auch im besten Porträt, das ich jemals von mir gesehen habe. Es amüsierte und erschreckte mich zugleich ein wenig, daß alles, was ich zu verbergen gesucht hatte, ans helle Tageslicht kam, doch ich beruhigte mich mit dem Gedanken, daß alles, was ich aus dem Porträt herauslas, genausogut an meinem Gesicht abgelesen werden konnte oder auch nicht. Zwei oder drei weitere Sitzungen wurden gewünscht. Eines Morgens rief Henri mich an: »Du brauchst dich heute nicht herzubemühen«, sagte er. »Ich habe dich gestern abend zertrümmert ... Nein, es war wirklich nicht gut!« Das Porträt wurde nie wieder erwähnt, ich erfuhr aber, daß er den Entwurf aufbewahrt hatte.

Ich war in einem Alter, in dem man sich von einem verfeinerten Zynismus zutiefst beeindrucken läßt; im Grunde meines Herzens empörte mich diese Haltung, aber ich bewunderte die Eigenschaften, die mit ihr einhergingen: schnelles Denken, Witz, unfehlbar guter Geschmack und tödliche Verachtung für alles, was nach Gefühlen aussah. Bei Henri gab es jedoch ein paar Dinge, die ich nicht verstand. Mit ein bißchen Gespür erriet man, daß er nicht glücklich war. Seine Fröhlichkeit war oberflächlich, etwas wie ein Überbleibsel aus besseren Jahren. Er fürchtete die Einsamkeit, und doch war ihm die Gesellschaft der meisten Leute unerträglich. Aus viel zu gutem Haus, um selbst ein Snob zu sein, lebte er in einer Welt von Snobs, die er verspottete und bewunderte. Viel zu anspruchsvoll, um mit irgend etwas zufrieden zu sein, was er oder jemand anders gemacht hatte, war er dennoch fähig zu kindlichen Begeisterungsausbrüchen für ein anerkanntes Meisterwerk. Er war ein Neurotiker mit einer gewissen Frische von Geist und Herz, ein kompliziertes Wesen, das sich nach Einfachheit sehnte. Soviel ich weiß, war seine Einstellung zur Religion von völliger Gleichgültigkeit gekennzeichnet, und er glaubte offenbar, nur das Vergnügen verdiene es, ernstgenommen zu werden. Von seiner Arbeit sprach er nie.

Mehrere Jahre vergingen, bevor ich begriff, welchen Einfluß er auf mich gehabt hatte, einen leichten, untergründigen Einfluß, wie ihn jemand ausüben konnte, der sich anscheinend nicht für mich interessierte, aber natürlich war er sich dessen nie bewußt. Er achtete selten auf das, was ich sagte, außer um sich hin und wieder lustig zu machen; und doch lernte ich viel, während ich ihm zuhörte. Er brachte mir bei, in der Malerei das Vorgetäuschte vom Authentischen zu unterscheiden, und, wichtiger als alles andere, mich nicht selbstgefällig zu beurteilen und mir nicht einzubilden, was ich machte, werde ewig halten. Seine lähmende Selbstkritik verleitete ihn, die Begabungen, die er mitbekommen hatte, zu vergeuden, auch das war eine Lehre für mich; keine schöpferische Arbeit kann vollendet werden, wenn der Schöpfer zu viel erwartet, diese Einsicht verdanke ich ihm, und auch, daß Unvollkommenheit als selbstverständlich hinzunehmen ist. Allzu große Bescheidenheit und allzu großer Hochmut sind in der Kunst gleichermaßen schädlich: beide machen uns blind für das, was wir wirklich zu schaffen imstande sind; dafür hatte ich das traurige Beispiel unseres Freundes, der trotz all seiner Talente unfähig war sich auszudrücken.

Damals habe ich das alles natürlich nicht durchschaut. Wenn sich vor meinen Augen eine Tragödie abspielte, so war es mir nicht bewußt. Die meisten Leben sind Tragödien. Daß man es nicht merkt, liegt an der Vergnügtheit, die mit ihnen einhergeht, an den Scherzen, am täglichen Geschwätz, am Interesse für kleinste Ereignisse, mit einem Wort: an allem, was das Schicksal unternimmt, um uns Sand in die Augen zu streuen. Der fröhliche junge Mann, den ich jeden Tag neue Geschichten erzählen hörte, der ständig neue Einfälle hatte, um sich zu amüsieren, war alles andere als eine tragische Figur und hätte sich krummgelacht über den Gedanken, jemand könne ihn ernstnehmen; doch es brauchte keinen Propheten, um vorherzusehen, daß Jahre der Traurigkeit und Enttäuschung ihn erwarteten.

Gegen Ende des Sommers fragte mich mein Vater mit seiner ruhigen und sanften Stimme, ob ich denn eine Vorstellung hätte, was ich werden wollte.

»Du bist jetzt zweiundzwanzig«, fügte er hinzu, als spräche er mit sich selbst. Er sagte nicht, was viele Väter gesagt hätten: »In deinem Alter habe ich schon gearbeitet«, oder: »Womit gedenkst du deinen Lebensunterhalt zu verdienen? Wann beginnst du endlich zu arbeiten?« Das war nicht seine Art. Eine halbe Minute lang tobte unter meiner Schädeldecke ein Sturm, dann antwortete ich:

»Ich will Maler werden.«

»Maler«, wiederholte er mit höflichem Interesse. »Dann mußt du Unterricht nehmen. Solltest du nicht lieber unseren Freund Henri um Rat fragen?«

Ich tat es, nicht ohne dabei zu erröten; es ist immer ein bißchen schwierig, einem anspruchsvollen Künstler, der glaubt, nur Leonardo da Vinci habe zeichnen können, einzugestehen, daß man Künstler werden will. Doch entgegen meinen Erwartungen lächelte Henri nicht einmal. »Geh in die Grande Chaumière«, sagte er.

Die Grande Chaumière war ein schönes, großes Atelier in der Straße desselben Namens, einen Steinwurf entfernt von der berühmten Rotunde. Ich kaufte eine grüne Zeichenmappe, ein paar Blätter *papier Ingres* und Stifte, und am nächsten Tag, einem Oktobermorgen, wappnete ich mich mit Mut und betrat das Atelier. Der Raum war voller Studenten, und niemand achtete auf mich. Ich setzte mich und packte meine Sachen aus. Eine nackte Frau saß auf einem Podium, so daß jeder sie gut sehen konnte, und obwohl sie mir sehr häßlich vorkam, zeichnete ich sie mit größter Sorgfalt. Es ist seltsam, wie schnell man sich in einem Atelier wohlfühlt. Jeder arbeitet hart, und das Kratzen der Stifte auf dem Papier ist alles, was man hört, außer hin und wieder einem Seufzer. Nach dreißig Minuten stand das Modell auf und streckte sich, dann nahm es eine neue Pose ein, und ich machte eine andere Skizze von den knochigen Schultern, den breiten Hüften und plumpen Knöcheln. Als es Zeit war zu gehen, fühlte ich mich bereits wie ein erfahrener *rapin* und schlenderte mit einem ganz anderen Blick auf die Welt zurück zur Metro.

Am Abend nahm mein Vater mich mit zu einem Besuch bei den Steins, die in einer benachbarten Straße wohnten. Mike Stein, Gertrude Steins Bruder, wußte alles über moderne Kunst und besaß eine Sammlung mit Gemälden von Matisse, der damals gerade weltweit berühmt wurde. »Mein Sohn will Maler werden«, sagte mein Vater, als er mich vorstellte. Ach, mir wäre lieber gewesen, er hätte das nicht gesagt! Nicht in einem Salon voller moderner Bilder, die ich wahrscheinlich bewundern sollte, obwohl ich nicht wußte wie. Besonders furchterregend war eine Frau mit kohlschwarzen Augen und einer apfelgrünen Gesichtshälfte; und doch lag etwas Faszinierendes in ihrem halb wunderlichen, halb grausamen Ausdruck und der lustigen Art, wie ihr der absurde Hut von 1905 schief auf dem Kopfe saß.

»Das ist Madame Matisse«, sagte Mr. Stein, als er sah, daß ich dieses Bild betrachtete. »Hübsch, nicht?«

Dann erzählte er mir, ein Herr habe dieses Porträt im Atelier von Matisse gesehen und den Künstler gefragt, warum er das Gesicht der Frau grün gemalt habe. Worauf Matisse den Neugierigen scharf angeblickt und in eisigem Ton geantwortet habe: »Monsieur, dieses Gesicht ist *nicht* grün.«

Mein Einwand gegen Matisse war nicht, daß er einer Frau ein grünes Gesicht gemalt hatte; die italienischen Maler des ausgehenden Mittelalters hatten das vor ihm getan. Nein, mich bekümmerte, daß ich in meinem Innersten wußte: so würde ich nie malen können, und daß ich auch nicht die geringste Lust verspürte, es zu versuchen, obwohl man wahrscheinlich von mir erwartete, daß ich mich mehr oder weniger in der gleichen Sprache ausdrückte. »Schau mich an«, schien die Frau mir zu sagen. »Vergiß die Belle Ferronière und ihre albernen glatten Wangen. Mein Gesicht ist schief und die Hälfte davon grün und meine Nase so verdreht, als würde ich schniefen. Meine blinden Augen werden dir nicht in altvertrauter Weise durch den Raum nachblicken, weil es mir völlig egal ist, ob du hier bist oder nicht, aber du wirst mich niemals vergessen. Ich bin hysterisch. Ich bin die Frau, die sich eine lange Nadel in den Hut bohrt, zzzzz! mitten durchs Hirn! Ich bin modern, *mon garçon*, ich bin modern, und eines Tages wirst du bei mir landen.«

Na gut, dachte ich, als ich nach Hause kam, so also stehen die Dinge. Du hast beschlossen, im Jahre 1922 Maler zu werden, und im Jahre 1922 malen die Künstler wie Matisse, der sicher ein großer Maler ist, oder wie Picasso, der vielleicht der Giotto seines Jahrhunderts wird. Du hast geglaubt, Äpfel sind rund, aber in Wirklichkeit sind Äpfel facettiert wie Diamanten, und so mußt du sie auch malen.

Als ich am nächsten Tag wieder in die Grande Chaumière ging und eine nackte Frau sich auf das Podium setzte, um gezeichnet zu werden, verpaßte ich ihr einen rechteckigen Kopf und rechteckige Hüften. Es war eine deprimierende Arbeit. Da, wo man vernünftigerweise Rundungen erwarten konnte, waren mir Rundungen lieber, und ich schäme mich nicht, das zuzugeben. Nachdem ich meine Zeichnung noch einmal begutachtet hatte, nahm ich meinen Radiergummi und löschte eine Ecke nach der anderen, dann füllte ich die Lücken beim Weiterarbeiten ordentlich aus.

Henri, der ebenfalls die Grande Chaumière besuchte und an diesem Morgen anwesend war, warf einen Blick auf meine Skizze und sagte nichts, obwohl ich mir einbildete, daß seine Lippen sich zu dem gefürchteten Wort *rondouillard* formten, als er das Ergebnis meiner Bemühungen sah. Der Kubismus wucherte üppig in jener Zeit, und alles, was nach einer Rundung aussah, erntete nur Hohn. Für mich war das eine Qual, weil ich meine Augen nicht zwingen konnte, Menschen als Haufen gelenkiger Bauklötze zu sehen. Ich litt unter einer heimlichen Sehnsucht nach der griechischen Kunst, und im Grunde meines Herzens stellte ich Scopas und Praxiteles über alles, weil sie ganz einfach mein Schönheitsideal vollendet ausdrückten. Das war eine Sünde, die man nicht beichten durfte in einer Zeit, da sich die Kunst wild gebärdete und die *fauves* in den Kunstgalerien brüllten.

Ich habe mir oft gedacht, ich wäre ein anderer Mensch geworden, wenn ich durch irgendeine Fügung des Schicksals nie eine griechische Statue gesehen hätte. Viele Gedanken, die in mir schlummerten, wären wahrscheinlich niemals zum Leben erwacht. Die gesamte Geschichte der Menschheit wiederholt sich in jedem von uns. Wir durchschreiten prähistorische Zeiten und ein Mittelalter; manche von uns entwickeln sich zu Männern und Frauen der Renaissance, nicht alle kommen in der Neuzeit an, und für mich steht fest, daß ein großer Teil der Menschheit noch immer in finsterer Steinzeit herumzappelt. Ich kroch gerade aus dem, was ich meine gotische Periode nennen möchte, als ich zum ersten Mal eine griechische Statue sah, mit anderen Augen als den Augen der Kindheit, und ich fühlte mich augenblicklich überwältigt von einer allmächtigen Liebe zur Schönheit. Ich fühlte ganz stark, was ein Student des 15. Jahrhunderts gefühlt haben mag, als er zum ersten Mal einen antiken Torso sah, den ein Bauer aus seinem Feld gepflügt hatte, und ich begann zu ahnen, was die Kirchenväter meinten, wenn sie sagten, die Götter und Göttinnen Griechenlands und Roms seien Verehrung fordernde Teufel, auch wenn sie in Gestalt übernatürlicher Wesen erschienen. Ich war nur ein Heide, der zu seinen Waldgottheiten zurückkehrte.

Das alles, so wurde mir beim Weiterarbeiten an meiner *rundlichen* Skizze bewußt, hätte die Frau mit dem grünen Gesicht keineswegs gebilligt. Sie hätte, das fühlte ich, ihren Regenschirm fröhlich ins Auge der Mona Lisa gebohrt, und mit derselben Waffe die wunderbare Sammlung griechischer Terrakotten im Louvre zertrümmert. In meiner Vorstellung herrschte sie unangefochten über die moderne Kunst. Ich konnte Schönheit in ihrem bösen Gesicht erkennen, aber nicht jene Art von Schönheit, wie sie sie ausdrücken wollte, und hier tauchte ein schwieriges Problem auf: Hatte ich mit einem Zeichenstift etwas zu sagen? Was ich zeichnete, hätte ich zu Lebzeiten von Prud'hon oder David zeichnen können, was nützten mir also Daumier, Cézanne und Matisse, die ich allesamt unterschiedslos bewunderte? War es nicht absurd umzukehren, während alle anderen wie wildgeworden vorwärtsstürmten?

Monate vergingen und halfen mir nicht, meine Schwierigkeiten zu lösen. Ich plagte mich mit meinen Zeichnungen und machte Fortschritte, ohne daß jemals etwas dabei herausgekommen wäre, was auch nur im entferntesten an moderne Kunst erinnerte. Dieser Umstand war mir so bewußt, daß ich Phantasiedaten unter meine Skizzen setzte, wie Januar

1810 oder September 1822. Bis 1900 kam ich nie. »Akademisch«
hätte ein Kritiker das genannt, wären ihm meine Werke vor
Augen gekommen, aber ich hütete mich wohl, irgend jemandem zu zeigen, was ich machte; vor allem gab ich mir große
Mühe, mein Skizzenbuch vor dem anspruchsvollen Henri zu
verbergen, der meinem Ehrgeiz mit einem Lächeln oder einer
sarkastischen Bemerkung den Garaus gemacht hätte.

IX.

Am Ersten des Monats bekam ich von meinem Vater fünfzig
Franc, die ich innerhalb von vierundzwanzig Stunden ausgab;
die restliche Zeit hatte ich keinen Sou in der Tasche und ging
zu Fuß überallhin, wo ich hinwollte. Ich legte jeden Tag mehrere Kilometer zurück. Das machte mir überhaupt nichts aus.
Ich liebte die Straßen von Paris so sehr, daß ich es nicht leid
wurde umherzustreifen, vor Schaufenstern stehenzubleiben
oder durch zufällig offenstehende Toreinfahrten in die geheimnisvollen Höfe zu spähen, die dahinter lagen. Die Häuser
in der Rue de Lille, in der Rue du Bac, in der Rue de Varenne
bezauberten mich, und bald kannte ich die Geschichte jedes
einzelnen Hauses, indem ich mich vom Marquis de Roche-
gude führen ließ. Oft stieg ich mit seinem Buch in der Hand
eine dunkle Treppe hinauf, nachdem ich am argwöhnischen
Blick eines wachsamen Concierge vorbeigehuscht war, und
suchte nach einem verblaßten Fresko an einer Wand oder
nach einer alten Holztäfelung, die mein Autor empfahl. Auf
diese Weise lernte ich viel über eine Stadt, deren Schönheit
unerschöpflich schien. Fremde, die von einem Museum ins
andere hetzen, haben keine Ahnung, was ihnen alles entgeht;
wer in einer Stadt nie herumgestreunt ist oder dort seine Zeit
vertan hat, kann nicht behaupten, daß er sie kennt, und Paris
ist schwerer auszuloten als jede andere Stadt auf der Welt.
Natürlich kann jeder hinfahren und sich anschauen, was man
sich eben so anschaut, vom Louvre bis zum Moulin Rouge,
doch innerhalb der Grenzen von Paris gibt es eine verborgene
Stadt, die so unzugänglich ist wie einst Timbuktu, keine heilige Stadt, sondern eine geheime Stadt, und diese Stadt wird
man auch nicht in Büchern finden, die damit prahlen, daß sie
uns erzählen, was in Reiseführern nicht erzählt wird.

Diese Stadt, das wahre Paris, ist für die Pariser etwas so Selbstverständliches, daß ihnen nicht einmal in den Sinn kommt, davon zu sprechen, das tun höchstens Romanciers und Dichter, die hier gelebt haben oder hier geboren sind, doch was sie lieben, läßt sich in Worten natürlich nur unvollständig ausdrücken; sie können erzählen, wie ein kleines Café in dieser oder jener Straße von außen oder innen aussieht, doch es braucht das besondere Feingefühl eines Baudelaire oder eines Marcel Proust, um die Atmosphäre heraufzubeschwören, den Reiz einer gewissen Häßlichkeit um uns herum, zum Beispiel an einem trostlosen Januarnachmittag, und um den Zauber eines banalen Ortes zu beschreiben, das Menschliche an leblosen Dingen, die Zwergpalme im Topf mit ihrer grauenvollen roten Schleife, die abgeschabten Lederbänke, die Tische aus grobem weißen Marmor und die blaßblaue Sodawasserflasche, die gewohnten Gegenstände des Kaffeehauslebens, wie man sie auf einem Stilleben von Picasso sehen kann. Alles in dieser Stadt hat eine unbestimmbare Eigenschaft, die einem erlaubt, ohne Zögern zu sagen: »Das ist Paris«, selbst wenn es sich nur um einen Briefkasten an der Tür handelt oder einen jener dicken Reisigbesen, die im Oktober das dürre Laub vom Trottoir fegen, oder um eine Reihe verwitterter alter Bücher im staubigen Kasten eines Bouquinisten auf den Quais … Warum das so ist, weiß ich nicht, aber die Stadt drückt allem, was ihr gehört, ihren Stempel auf. Die Touristen sind zu zerstreut oder zu sehr in Eile, um das zu bemerken, doch einem echten Pariser wird das Herz klopfen bei der Erinnerung an den Blumentopf auf einer Fensterbank oder an das von einem Metzgergesellen gepfiffene Lied, mit geschlossenen Augen sieht oder hört er sie wieder, wenn er weit weg ist von seiner Stadt. Zeigen Sie ihm die Photographie von einer Bäckerei mit einem Kind davor, das sein *croissant* ißt, oder von einem Tisch und einem Stuhl auf einem Trottoir mit einem Kellner, der in weißer Schürze und mit Serviette unterm Arm danebensteht, und er wird denken: »Das ist weder Toulouse noch Lyon, noch Marseille, wie ein flüchtiger Beobachter annehmen könnte, das ist Paris. Gut oder schlecht, was aus den Händen von Paris kommt, ist immer Paris, ein Brief, ein Stück Brot, ein Paar Schuhe oder ein Gedicht. Was wir der Welt zu geben haben, das gehört uns, man kann es uns nehmen, man kann es uns stehlen, aber nachmachen kann man es nicht.«

Wenn ich das so sage, wird manch einer denken, ich übertreibe, Paris sei schließlich auch nur eine internationale Großstadt wie London oder Wien. Vielleicht kann ich verdeutlichen, was ich meine, wenn ich von einem Film erzähle, den ich vor einigen Jahren in den Vereinigten Staaten gesehen habe. Es war ein amerikanischer Film über Paris, und natürlich kamen darin die Oper vor und die Boulevards, *en passant*, um der Atmosphäre willen. Dann wurde man in ein Café geführt, und innerlich begann ich zu kochen, denn obwohl alles zu stimmen schien, war fast alles falsch: Die Schürzen der Kellner waren zu kurz, der Polizist, der draußen auf und ab spazierte, trug ein zu hohes Käppi und einen Spitzbart wie Napoleon III. Diese kleinen Fehler, und es gab noch viele andere, machten das Café zu einem Phantasiegebilde. Das ist Hollywood, dachte ich, aber nicht Paris.

Jeder Spaziergang durch die Straßen schuf ein neues Band, das mich, den Amerikaner aus Paris (um Gershwin zu variieren), an die alten Steine dieser Stadt fesselte. Ich habe viele Paris-Gemälde gesehen, von Künstlern aus der ganzen Welt, und manche waren sehr gelungen, aber ich kann nicht umhin zu glauben, daß nur ein Franzose ein wirkliches *Abbild* schaffen kann. Landschaften an der Seine, um Notre-Dame oder den Louvre werden von Ausländern oft treffend gemalt, sie drücken aber nicht die gleiche Stimmung aus wie Landschaften, die Franzosen wie Marquet oder vor ihm Monet und Daumier gemalt haben. Ich kann nicht erklären, worin sie sich unterscheiden. Cocteau erzählte mir einmal die Geschichte eines japanischen Photographen, der eine Aufnahme von Paris gemacht hatte und sie stolz seinen Pariser Freunden zeigte; im Vordergrund des Bildes war der Ast eines blühenden Pfirsichbaums zu sehen, der die ganze Landschaft zu etwas typisch Japanischem machte. Paris war anderswo.

Wenn ich amerikanische Freunde zu endlosen Spaziergängen von Passy bis an die Gare de Lyon oder von Notre-Dame zur Oper mitnahm, fühlte ich mich gedemütigt, wenn sie das kleinste Anzeichen von Überdruß erkennen ließen und aufhörten, sich die alten Häuser anzuschauen, die ich ihnen zeigte; es war für mich, als würde man jemandem seine Liebesgeschichten erzählen und plötzlich merken, daß er diese Vertraulichkeiten mit tödlicher Langeweile aufnimmt.

Besonders gern schlenderte ich nachts am Seineufer entlang, vom Pont d'Iéna, wo nackte Reiter aus blinden Augen die Sterne anstarren, zum Pont-Neuf mit seiner langen Reihe steinerner Fratzen, die hinunter ins schmutzige Wasser grimassieren. Zu Fuß gehen hilft beim Denken, und mein Geist war niemals so rege wie auf diesen Streifzügen von einem Quai zum anderen. Phantasiegespräche mit fernen Freunden beschäftigten mich stundenlang, oder Phantasiebriefe, in denen ich meine Pläne und Theorien über alles mögliche darlegte: Liebe, Kunst, Religion – diese Themen waren für mich immer neu und spannend, deshalb wälzte ich sie unaufhörlich in meinem Kopf hin und her. Ich war geblendet von meinen albernen Gedanken und glaubte neue Welten zu entdecken. Eines Nachts, als ich vom Pont-Royal ins Wasser hinunterblickte, durchzuckte mich plötzlich der Gedanke: »Zum Teufel mit der Grande Chaumière! Ich bin Schriftsteller!« Das war wie eine Explosion, die neue Minen freisprengt. Innerhalb einer Sekunde krempelte ich mein ganzes Leben um; grandiose Sätze hallten durch meinen Kopf und wehten noch ungeschriebene Geschichten herbei, ich grübelte über Titel, die einschlagen sollten wie Blitze, und malte mir aus, wie Leute über meine Bücher debattierten und schrieben. Das war höchst angenehm und, wie die Franzosen sagen, es kostete nichts. Und so rannte ich nach Hause, um sofort mit dem Schreiben anzufangen.

Es war nach Mitternacht, als ich in die Rue Cortambert

kam; alle waren zu Bett gegangen. Nachdem ich mir ein Glas Wein eingeschenkt hatte, setzte ich mich mit einem großen Blatt Kanzleipapier und einer Füllfeder an den Eßzimmertisch. Kein Geräusch im ganzen Haus, der Augenblick war feierlich. Doch während ich ein paar unzusammenhängende Wörter auf das »von seinem Weiß beschützte« Blatt kritzelte, merkte ich zu meinem großen Kummer, daß ich nichts zu sagen hatte. Es sei denn – und dieser Gedanke tröstete mich –, daß ich zu viele Dinge zu sagen hatte; doch sie weigerten sich, Gestalt anzunehmen. Kein Meisterwerk kam zustande, die schönen Sätze, die ich mir am Seineufer hatte durch den Kopf gehen lassen, waren nur mehr Talmi, als sie Schwarz auf Weiß dastanden. Außerdem war es unmöglich, in ihnen einen Sinn zu finden, oder wenn ich versuchte, den Worten, die mir so genial erschienen waren, gewaltsam einen Sinn einzuhauchen, war er so banal, daß ich mich besser schlafen gelegt hätte, als solche Plattheiten von mir zu geben.

Ich war also wieder am gleichen Punkt angelangt wie vor sechs Monaten, als ich mich in mein Zimmer eingeschlossen hatte, um meine postumen Werke zu schreiben. »Ich werde langsam alt«, sagte ich mir. »Ich bin dreiundzwanzig. Mit dreiundzwanzig hatte Rimbaud fast alle seine Gedichte geschrieben.« Zum ersten Mal überlegte ich mir, daß mein Vater alt war, daß er sich aus dem Geschäftsleben zurückgezogen hatte und daß es für mich keinen anderen Weg gab, mir meinen Lebensunterhalt zu verdienen, als das Kaufmannshandwerk zu erlernen. Da ich aber durch und durch Optimist war, vertraute ich darauf, daß irgend etwas geschehen würde und mir das Geschäftsleben erspart bliebe.

Am nächsten Tag blieb ich zu Hause, anstatt in die Grande Chaumière zu gehen, und am Nachmittag machte ich wie gewöhnlich meinen Spaziergang. Niemand stellte mir jemals irgendwelche Fragen, ich konnte tun und lassen, was ich wollte. Ich trug mich mit dem Gedanken, Dichter zu werden, und setzte mich in La Muette auf eine Bank, um ein Sonett zu schreiben, aber die Reime lähmten meine Inspiration, und so gab ich diese Berufung schnell wieder auf. Viele Wochen vergingen, in denen ich nichts anderes tat, als kleine erfundene Szenen zu skizzieren oder auf impressionistische Weise meine Gefühle über Musikstücke und berühmte Gemälde niederzuschreiben; meinem Gewissen redete ich ein, das sei Arbeit. Hin und wieder fragte mich mein Vater, ob ich zufrieden sei mit dem, was ich tue. Ich antwortet: »Restlos«, und damit war die Sache erledigt. Wohin würde mich das ganze führen? Ich neigte dazu, überall günstige Vorzeichen zu sehen, zum Beispiel, wenn einer unserer Freunde mir ein Buch aus dem 17. Jahrhundert gab, auf dessen Titelblatt ein Schiff mit wehenden Flaggen und vom Wind geblähten Segeln zu sehen war; genau über dem Großmast standen zwei Worte, die sofort zu meiner heimlichen Devise wurden: *dominus providebit*. Dieses Schiff wirkte so wohlhabend und siegreich, daß ich es nur anzusehen brauchte, und schon fühlte ich mich in Hochstimmung, so als würde es mich darstellen. Ich war ein Kind.

Im Winter 1922–1923 lernte ich verschiedene Leute kennen, die an Kunst und Literatur mehr oder weniger interessiert waren und sich in ihren Äußerungen betont modern gaben. Sie hatten Bücher gelesen, die ich nicht gelesen hatte, und bewunderten Dinge, die ich scheußlich fand, doch ihre Gesellschaft war so angenehm, daß ich sie ihrem Geschmack zum Trotz gerne sah. Einmal pro Woche trafen wir uns bei einem dieser Freunde, und alles, was in der Welt der Malerei und Literatur neu war, wurde leidenschaftlich diskutiert. Dieser Freund, Rollo Myers, war der Neffe von Frederic Myers, dem Begründer der *Society for Psychical Research* und Autor eines Buches, das ich viele Male von der ersten bis zur letzten Seite gelesen hatte: *Human Personality and its Survival of Bodily Death*. Das war immerhin eine Verbindung zwischen mir und dem Engländer mit den hellen Augen, dessen Bewunderung Joyce, Schönberg und Fernand Léger galt. Er war ein ruhiger Mensch mit angenehmen Umgangsformen und einem feinen Sinn für Humor, der jedoch niemals die Grenzen guter Erziehung überschritt; sein rotbrauner Schnurrbart war nicht dicht genug, um ein geheimnisvoll-ironisches Lächeln zu verbergen, das schnell auftauchte und wieder verschwand, sobald man in seiner Gegenwart eine Meinung kundtat, die er als altmodisch oder *bourgeois* betrachtete oder, noch schlimmer, als *pompier.* Sein Interesse galt vor allem der modernen Musik; er selbst strich das Cello in Trios oder Quartetten, und obwohl er Franck und manchmal Schumann spielte, wußte ich, daß ihn Éric Satie oder Darius Milhaud viel stärker anzogen. Eines Tages fragte ich ihn unvorsichtigerweise, warum er niemals Bach spiele.

»Bach«, wiederholte er mit dem Anflug eines Lächelns, »natürlich, er hat ein paar sehr hübsche Stücke für Cello geschrieben ... Vielleicht möchten Sie gern eines hören?«

Darauf setzte er sich hin, und nachdem er eine Weile in einem Stapel Notenblätter gewühlt hatte, schlug er schließlich ein Heft auf und begann zu spielen. Ich habe nie ein ernsteres Gesicht gesehen als das seine, während er mit dem Bogen über die Saiten strich, und ich habe nie ein Musikstück mit mehr Wiederholungen und von gleichförmigerer Strenge gehört; es lag darin kein größeres Bemühen zu gefallen als im Einmaleins, und in gewisser Weise war dieses Stück auch das Einmaleins, dessen karge Schönheit niemand bestreiten würde, auch wenn nur ein paar Spezialisten und Snobs behaupten können, ihm ästhetischen Genuß abzugewinnen. In den ersten drei, vier Minuten durchlebte ich alle Stadien der Langeweile und Gereiztheit, schickte mich aber schließlich darein und lauschte reglos einer erklecklichen Anzahl von Dacapos, von denen einige, dafür lege ich meine Hand ins Feuer, nicht in der Partitur standen. Endlich, als ich schon fürchtete, ich würde gleich selbst eine Note werden, legte der Cellist seinen Bogen weg und fragte ruhig, ob mir das Stück gefallen habe. Ich sagte, diese Musik könnte ich mir den ganzen Tag anhören. Er warf einen kurzen Blick auf mich und nickte, ja, ein solches Wunder bekomme man niemals satt; dann klappte er sein Notenheft zu, und »an jenem

Tage lasen wir nicht weiter«, wie es in der *Göttlichen Komödie* heißt.

Unter den Leuten, die ich bei Myers kennenlernte, war auch ein kleingewachsener junger Mann, elegant und herablassend, mit einer großen Hornbrille und sehr entschiedenen Ansichten darüber, was in der Welt der Literatur etwas taugte und was nicht. Er hieß Gachot. Sein Benehmen war eine seltsame und zugleich gut einstudierte Mischung aus Freundlichkeit und Unverschämtheit. Niemand konnte frechere Dinge in höflicherem Ton sagen. Da er ungeheuer schlagfertig war, konnte er fast jedes Problem mit einer geschliffenen Spöttelei abtun, und mir graute davor, ihn die Namen Hugo oder Balzac aussprechen zu hören, aus Angst vor den fürchterlichen Blasphemien, die womöglich folgen würden. Jemand erzählte mir, er habe tatsächlich mit Cocteau gesprochen, und das beeindruckte mich, denn obwohl ich noch keine Zeile von Cocteau gelesen hatte, wußte ich, daß er für alles stand, was klug und modern war in den Augen einer lasterhaften Welt. Hin und wieder verkündete Gachot mit einer leichten, gönnerhaften Kopfbewegung, er werde uns ein Gedicht vorlesen: Dann zog er ein Blatt aus seiner Jackettasche und trug, eine Hand am Revers, in phlegmatischem Ton seine letzte Schöpfung vor. Ich erinnere mich an zwei Verse:

»Die gute Frau, sie fährt im Aufzug in den Himmel.
Uff! Sie schläft.«

Das Uff! wurde abgesetzt, mit gleichgültiger Stimme gesprochen. Wenn ich Gachot zuhörte, fühlte ich mich unwohl. Alle anderen im Raum schienen das, was er schrieb, ausgezeichnet zu finden, aber ich wußte nicht, was ich davon halten sollte. Natürlich hätte ich niemals in derselben Art schreiben können. Ich glaubte, die Worte an sich seien schön, man müsse liebevoll mit ihnen umgehen und dürfe sie nicht wie altes wertloses Werkzeug behandeln; ich glaubte auch, Ziel der Literatur sei es, Schönheit zu schaffen, selbst wenn man etwas schilderte, was nicht schön war, und ein Buch, das bloß geschrieben wurde, um das Können des Autors unter Beweis zu stellen, sei kein Blatt Papier wert. In Gachots Gedichten vermochte ich keinerlei Schönheit zu finden, aber ich war mir nicht ganz sicher, sie beurteilen zu können. Vielleicht lag ja doch eine gewisse Schönheit in dem Jargon, und vielleicht waren meine Vorstellungen von Kunst veraltet? Ich war außerdem der Meinung, *l'art pour l'art* sei der einzige Weg für einen Künstler, in welcher Zeit er auch lebte, aber was war Kunst und was nicht? Durch eine merkwürdige Entwicklung hatte meine Liebe zur griechischen Bildhauerei meinen literarischen Geschmack beeinflußt, ich wurde immer stärker von der klassischen Schönheit angezogen; diese Ansteckung ist leichter festzustellen, als zu erklären. In meiner Vorstellung gab es eine geheime Verbindung zwischen dem Gesicht des Hermes aus Olympia und dem Aufbau einer schönen Seite französischer Prosa; beide vermochten den gleichen Eindruck von Gelassenheit und eine Art göttliche Unnahbarkeit auszustrahlen, aber das bedeutete keineswegs das Fehlen menschlicher Wärme; im Gegenteil, ich war überzeugt, Begeisterung sei unverzichtbar, wenn Schönheit entstehen sollte. Vielleicht hatten diese kühlen und nüchternen Schriftsteller der Gegenwart eine neue Form von Schönheit gefunden, und ich war einfach noch zu blind, um sie würdigen zu können. Ihre Adjektive gefielen mir nicht, und ihre Sätze klangen wie schlecht abgefaßte Telegramme, doch woher sollte ich wissen, ob nicht ich unrecht hatte?

Gachots Elaborate brachten mich so durcheinander, daß ich mich fragte, ob ich wirklich Schriftsteller werden konnte und ob die Frau mit dem grünen Gesicht mich nicht verhext hatte. Gewiß hätte sie Gachot und seine seltsame Ausdrucksweise mit Wohlwollen betrachtet, während ich nichts zu sagen hatte, was dieser neuen Mona Lisa gefallen konnte. Freilich durfte ich die moderne Literatur auch nicht anhand der Gedichte eines Schriftstellers beurteilen, dessen Werke nicht einmal gedruckt wurden; ich mußte mich mit Giraudoux und Morand vertraut machen, deren Namen in aller Munde waren. Also entlehnte ich Giraudoux' *Suzanne et le Pacifique* aus einer Bücherei und begann zu lesen, nicht ohne ein gewisses Unbehagen, denn ich konnte den Gedanken nicht loswerden, daß meine Zukunft als Schriftsteller von meiner Fähigkeit abhing, eine ähnliche Sprache zu sprechen wie dieser brillante Vertreter des modernen Stils. Zunächst war ich geblendet. Die Prägnanz jedes Satzes, die gewagten Vergleiche, die beißende Ironie, das erlesene Vokabular, alles schien mir makellos; es war, als würde ich einer Unterhaltung zwischen Leuten zuhören, die viel intelligenter waren als ich selbst – doch wovon sprachen sie? Ich hatte noch keine zehn Seiten gelesen, da stellte ich mit großer Bestürzung fest, daß ich nicht einmal verstand, worum es überhaupt ging in diesem Roman. Ich las aufmerksamer, doch je weiter ich kam, desto undurchdringlicher wurde die Finsternis um mich herum. Ein Roman mußte doch einen Plot haben, selbst ein moderner Roman. Aber ich fand keinen Plot. Gespräche, das war alles: unendlich viele Gespräche und von bester Qualität, auch wenn sie so schwer verständlich waren wie eine Diskussion über den Taoismus, aber keine richtige Handlung und von Gefühlen keine Spur. Das verwirrte mich mehr als alles andere: Die Figuren bestanden nur aus Gehirn. Natürlich verliebten sie sich auch manchmal, aber selbst dann war das Fehlen jeglichen Gefühls fast ungeheuerlich: Sie benahmen sich wie liederliche Marsmenschen. Traurig legte ich das Buch weg und wunderte mich immer mehr über mich selbst.

Ich zerbrach mir den Kopf, warum mein Verlangen zu schreiben so drängend und meine Bemühungen, mehr als sechs, sieben Seiten hervorzubringen, zugleich so fruchtlos waren. Ich wagte nicht, mich irgendwem anzuvertrauen, machte aber dunkle Anspielungen auf einen entsetzlich langen Roman, für den ich langsam Material sammelte. Selbst Gachot war ein wenig beeindruckt.

»Wirst du dein Buch der *N. R. F.* anbieten?« fragte er mich.

Ich sagte, das müsse ich mir noch überlegen.

»Du kannst es doch bei gar keinem anderen Verlag herausbringen«, fuhr er fort, »es sei denn, du hast vielleicht an Grasset gedacht …«

Ich sagte, die Frage müsse noch sorgfältig geprüft werden. Diese rätselhaften und leicht herablassenden Antworten ließen mich in seiner Achtung steigen. Im Grunde genommen war er ein netter Kerl und seine Nonchalance zum Großteil gespielt. Er wußte nicht, was er von mir halten sollte, legte den Zweifel aber zu meinen Gunsten aus.

Ein paar Tage später lud er mich zu sich nach Hause ein. Er bewohnte ein kleines Zimmer in der Nähe der Place Denfert-Rochereau und hatte noch einige Freunde dazugebeten, die mich kennenlernen sollten. Pariser sind immer neugierig auf neue Gesichter, und so dauerte es nicht lange, bis das Sofa voll war und die meisten Gäste auf dem Boden saßen. Es war eine buntgemischte Versammlung: Medizinstudenten, Bankangestellte mit literarischen Ambitionen, Maler auf der Suche nach einer Galerie, alle lustig und manchmal ein bißchen grobschlächtig und zynisch. Sie redeten ständig durcheinander, man konnte sein eigenes Wort nicht verstehen, aber da ich wenig zu sagen hatte, war ich mehr als zufrieden, daß andere den Ton angaben, und lauschte schweigend verrückten Theorien und Skandalgeschichten über bekannte Leute. Gachots Gäste waren alles andere als verklemmt, und so fühlte ich mich in ihrer Mitte bald als ein ganzer Berg von Hemmungen, wie man sich damals auszudrücken pflegte. Einer der Zurückhaltenderen unter ihnen, ein blauäugiger Spanier namens Pruna, war Picassos einziger Schüler und malte nette Bilder von gigantischen Frauen in klassischen Posen; sein feines Gespür für Farben und der Charme seiner Zeichenkunst hatten ihn bei einigen Kunsthändlern beliebt gemacht, die spürten, daß der Kubismus in den letzten Zügen lag. Wir hatten alle große Achtung vor ihm, und Robert Le Masle, ein auffallender, großmäuliger Bursche, der Chemie studierte, schleuderte ihm das Wort Genie ins Gesicht. Dieser Robert Le Masle mit seinem geistsprühenden, oberflächlichen, unsinnigen Gerede und seiner überlegenen Art, von

Proust als Marcel und von Cocteau als Jean zu sprechen, beeindruckte mich mehr als irgendwer sonst. Obwohl ein Jahr jünger als ich, hatte er alles unter der Sonne gelesen, gesehen und ausprobiert.

»Mein Lieber«, sagte er eines Tages gönnerhaft zu mir, »Sie und ich, wir taugen zu nichts. Ich bin zweiundzwanzig, Sie fast dreiundzwanzig, und wir haben noch nichts zuwege gebracht. Es ist zu spät, das Leben liegt hinter uns.«

Er war ungeheuer stolz auf sein Aussehen und machte sich durch seine sarkastischen Bemerkungen und indiskreten Fragen unerträglich; sein Spott war kränkend, dennoch wurde er oft eingeladen, und wenn er nicht eingeladen wurde, kam er trotzdem. Seine dröhnende Stimme tadelte dieses, lobte jenes mit schier unglaublicher Autorität, wie ein Diktator, doch selbst der skeptische Gachot betrachtete ihn als eine Art Orakel; es war unmöglich, mit ihm zu diskutieren, ohne schmachvoll niedergebrüllt oder durch ein giftiges Wort im eigenen Stolz tödlich verletzt zu werden. In seiner Gegenwart fühlte ich mich tolpatschig, ich bewunderte ihn wider Willen, denn trotz seiner schrecklichen Fehler fanden es die meisten von uns schwierig, ihn nicht zu mögen, aus demselben Grund, aus dem die Leute auch Steerforth mochten, einen Rüpel vom gleichen Schlag.

Einer von uns jedoch bot ihm die Stirn und antwortete schlagfertig, ein junger Jude namens Morhange, mit klugen grauen Augen und einer geraden, langen Intellektuellennase; er war vollkommen unempfindlich für Le Masles Charme und widersprach ihm mit sonorer, bedächtiger Stimme, bei der man an eine Stahlklinge denken mußte, die nach der richtigen Stelle sucht. Er war durchdrungen von Lenins Ideen, wie man unsere Welt umkrempeln sollte, und formulierte sie kühn; er hatte etwas Leidenschaftliches an sich, aber von einer kühlen Leidenschaft, die ebensosehr anzog wie abstieß; sein schmales Gesicht strahlte Intelligenz aus. Sein Benehmen war höflich, ohne jede Geziertheit, doch wenn Le Masle ihn mit einem heiklen Thema herausforderte, war er sofort Feuer und

Flamme, und ohne die Stimme zu erheben, streckte er den Gegner mit logischen Argumenten nieder. Eines Tages, nach einem gnadenlosen Wortgefecht, bei dem Le Masle vernichtend geschlagen worden war, blickte Morhange ihn scharf an und rezitierte mit langsamer, wohlkalkulierter Emphase die Verse aus *Athalie*:

Le cruel Dieu des Juifs l'emporte aussi sur toi.
Je te plains de tomber dans ses mains redoutables,
Ma fille …

Er sprach das letzte Wort, *Tochter*, mit besonderem Nachdruck, mitten in eine ohrenbetäubende Stille. Das war ein unverhüllter Schlag, dessen Wahrheit ich wohl als einziger nicht erkannte.

Solche Diskussionen fand ich äußerst anregend. Mein Bedürfnis zu schreiben war so groß, daß fast alles, was ich sah und hörte, mir als Ansporn diente, und so gewöhnte ich mir bald an, ganz genau alles zu notieren, was mich tagsüber beeindruckt hatte, eine Straßenszene, ein Gesicht, ein Satz; wie ich dieses Rohmaterial verwenden sollte, war ein Geheimnis, das ich noch nicht ergründet hatte. Sorgfältig beschrieb ich Leute, die ich gesehen hatte, und gewann daraus nicht mehr als ein gewisses persönliches Vergnügen; diese verschiedenen Textfragmente stapelten sich in meiner Schreibtischlade, die ich verschlossen hielt, lauter unzusammenhängende Skizzen, die nicht einmal der Ansatz zu einem Buch waren. Aber dieses Schreiben zwang mich, fleißig an meinem Tisch zu sitzen, und obwohl es anscheinend zu nichts führte, hatte ich nicht das Gefühl, meine Zeit völlig zu vergeuden.

Wenn ich heute auf diese Tage zurückblicke, vor allem im Lichte der letzten Ereignisse in Frankreich, erscheinen sie mir als eine Zeit großen Glücks. Natürlich hatte ich Sorgen, aber es brauchte nicht viel, um mein Herz mit Freude zu erfüllen, und auch die ständige Geldnot konnte meine Vergnügungen in keiner Weise stören. Für den Betrag von zwei Franc und dank der Karten zu ermäßigten Preisen, die wir hin und wieder zugeschickt bekamen, konnte ich einen Platz im letzten Rang der Oper ergattern und lauschte aus dieser schwindelnden Höhe verzaubert der *Walküre* oder *Boris Godunow*. Oder ich stand so lange vor der alten Gaîté Lyrique Schlange, bis ich endlich in jenen Teil des Theaters eingelassen wurde, den die Franzosen Hühnerstall und manchmal *le paradis* nennen. Es war mir gleichgültig, wie hoch ich klettern mußte, solange ich *L'Oiseau de Feu*, *Mercure* und *Parade* sehen durfte.

Vor dem jetzigen Krieg kam es manchmal vor, daß irgendwelche alten Langweiler einen am Kragen packten, wenn es um die *Ballets russes* ging, und sagten: »Ja, aber wenn Sie Nijinski gesehen hätten!« Freilich, sie hatten schon recht, aber ich möchte nicht wie diese *laudatores temporis acti* klingen, wenn ich sage, vor 1923 sei das Ballett viel besser gewesen als in der heutigen Zeit. Und doch ist es so. Viele glauben, das Ballett sei mit Diaghilew gestorben. Nein, es hat ihn einige Jahre glanzvoll überlebt. Doch wir, die gesehen haben, wie sich in den zwanziger Jahren vor einem russischen Ballett der Vorhang hob, wir haben etwas gesehen, was sich die heutige Generation nur schwer vorstellen kann. Zunächst einmal war jenes geheimnisvolle Element, das die Leute Atmosphäre nennen, völlig anders. Die wilde Erregung, die einer Aufführung vorausging, sorgte für eine nahezu unglaubhafte Spannung sowohl im Zuschauerraum wie auch in den Kulissen. Cocteau hat sowohl die Szenen, die sich zwischen Regisseuren und Tänzern abspielten, wie auch die Nervosität des Publikums wunderbar beschrieben. Ständig lag ein Drama in der Luft. Gerüchte liefen um: Die Bühnendekoration war nicht fertig, irgendein Tänzer weigerte sich aufzutreten, weil sein Kostüm verkorkst war, oder einige Orchestermusiker hatten im letzten Augenblick beschlossen zu streiken, weil Schreibmaschinen als Instrumente eingeführt werden sollten. Und im Publikum gab es Herren, die bereit waren, einander bei der kleinsten Provokation an die Gurgel zu springen, denn sie hatten bereits Stellung bezogen, noch bevor der erste Takt gespielt war, und zu guter Letzt konnte man immer damit rechnen, daß ein, zwei Damen während der Vorstellung in Ohnmacht fielen. Die Namen Satie, Picasso und Matisse bedeuteten Krieg in jenen glücklichen Tagen, einen harmlosen, wenn auch lautstarken Krieg, in dem vergossenes Blut nur aus ein paar zornigen Nasen stammte.

Die Schlacht um *Parade* ist berühmt. Ich war nicht dabei am ersten Abend, als die Comtesse de Pourtalès in ihrer Loge aufsprang und, mit verrutschtem Diadem im grauen Haar, ihren Fächer schwang und laut rief, noch nie in ihrem Leben sei sie so beleidigt worden, doch ich habe gehört, wie ein Sturm von Pfiffen und Buhrufen Éric Saties Musik übertönte. Ausgelöst wurde dieser Tobsuchtsanfall der Gegner moderner Kunst durch den Auftritt eines Mannes, der auf seinen Schultern anstelle des Kopfes eine Landschaft aus Wolkenkratzern und Fabrikschloten trug. Warum dieses Detail sie dermaßen erregte? Das ist schwer zu erklären, vielleicht nur, weil es der Schlußpunkt in einer Darbietung war, die sie schon allzu lange ertragen hatten. Durch tosenden Applaus brachte die andere Hälfte der Zuhörerschaft die lärmenden Gegner zum Verstummen, und zwischen Bewunderern und Verächtern bahnte sich die Musik ihren Weg.

Natürlich legte sich der Sturm auch manchmal. Ich erinnere mich an das staunende Schweigen, als Leonid Mjassin in *Mercure* als Götterbote auf die Bühne trat. Er wurde damals als der beste lebende Tänzer gefeiert, trotz des wachsenden Ruhms von Serge Lifar, dessen überraschender Auftritt in *La Chatte* auf das Publikum wie ein Stromstoß wirkte; eine Art nervöse Erschütterung schien die Luft, die wir atmeten, beben zu lassen, als stünden wir alle im Bann eines seltsamen, fast diabolischen Zaubers; die Bühne erstrahlte in einer phosphoreszierenden Schönheit, die an Baudelaires Andeutungen auf eine geheimnisvolle andere Welt aus Traum und Glanz erinnerte. Dieser Eindruck war so überwältigend, daß einige katholische Schriftsteller schrieben, der Teufel habe seine

Finger im Spiel, und es war nicht schwer zu verstehen, was sie damit meinten.

Ich kam erschöpft und den Kopf voller Musik nach Hause. Wenn das die moderne Welt war, dann hatte auch die Frau mit dem grünen Gesicht meinen Segen! Plötzlich wollte ich modern sein. Viel zu aufgewühlt, um schlafen zu können, setzte ich mich an meinen Tisch und schrieb delirierende Zusammenfassungen von dem, was ich gerade gesehen hatte. Nie zuvor war mir das Leben aufregender, schöner vorgekommen. Es war unmöglich, daß ich abseits stehen, nicht auch etwas zu sagen haben sollte in diesem brandneuen Paris, das aus dem Schlaf erwachte. Widerwillig ging ich zu Bett, mit dem Gefühl, Schlafen sei Zeitverschwendung, wenn man Bücher zu schreiben hatte, denn ich kam immer wieder auf dasselbe zurück: Ich wollte Schriftsteller sein.

X.

Eines Nachmittags im Juni 1924 erhielt ich Besuch von Morhange. Da er noch nie zu mir gekommen war, fragte ich mich, was ihn wohl herführen mochte. Er war ein brillanter Junge; zunächst stürzte er sich auf sein Lieblingsthema: Lenin. Ich hörte ihm schweigend zu, ohne Widerrede, aber auch ohne Zustimmung, außer, als er wissen wollte, ob mir aufgefallen sei, daß Lenin Shakespeares Stirn habe. Ja, sicher, die Stirn eines glatzköpfigen Shakespeare auf einem schlechten Porträt. Diese Tatsache schien mir unbestreitbar. Es folgten Anekdoten über Lenins Verstand, seine Güte gegenüber den Armen und Unterdrückten, seine Hartnäckigkeit, selbst kleinstes Unrecht wiedergutzumachen. Die Mittel, die mein Besucher anwandte, um mich zu seinen Ideen zu bekehren, waren so schrecklich schlau, daß ich ihm fast ins Gesicht gelacht hätte. Plötzlich wurde er von einem prophetischen Anfall gepackt und begann mir ein Bild des zukünftigen Europa unter kommunistischer Herrschaft zu malen, welche, sagte er, so unvermeidbar sei wie das Zurückweichen der Küste am Ärmelkanal. Er verfügte über eine gezierte Redegewandtheit, die, verbunden mit einem eigenartigen Stilgefühl, seine Sätze recht angenehm machte; seine Worte besaßen nicht nur Farbe, sondern schienen auch eine eigene Form und ein eigenes Gewicht zu haben; seltsam war, daß sie, obwohl sehr geschickt aneinandergereiht, auf Dauer grau wirkten, aber vielleicht fehlte dem Thema auch nur das Pittoreske, das es für mich reizvoll gemacht hätte.

Rasch von einem Ton in den anderen wechselnd, informierte mich Morhange, daß er eine *Avantgarde*-Zeitschrift gründen wollte: *Philosophies*.

»*Philosophies* im Plural«, fügte er bedeutungsvoll hinzu.

»Wir sind gegen keine Form des Denkens, solange sie lebendig ist. *Philosophies* ist nicht sektiererisch.«

»Ich vermute aber kommunistisch«, sagte ich.

»Wir haben Jean Cocteau unter unseren Mitarbeitern. Würdest du ihn als Kommunisten bezeichnen?«

»Natürlich nicht.«

»Max Jacob schickt uns auch etwas. Ist er Kommunist?«

»Er ist Katholik.«

Morhange hob die Hände, als wollte er sagen: »Siehst du!«

»Aber«, fuhr er fort, »ich bin auch gerade dabei, eine völlig andere Zeitschrift ins Leben zu rufen. Ich werde sie *La Revue des Pamphlétaires* nennen. Niemand in Frankreich hat seit Paul-Louis Courier ein Pamphlet geschrieben, das diesen Namen verdient. Ich will diese ungeheuer wichtige literarische Form wiederbeleben, ich will etwas Lebendiges, Gefährliches, Aggressives machen, etwas, das für Ärger sorgt.«

»Für Ärger?«

»Etwas, das die Leute zum Nachdenken bringt. Heutzutage können die Leute ja nur noch schlafen, Green. Wir müssen sie aufrütteln. Hast du jemals unsere Propheten gelesen? Kennst du Amos und das erste Kapitel Jesaja?«

Er fing an, einige der wildesten Anklagen dieser Propheten zu zitieren, was um so geschickter von ihm war, als er wußte, wie sehr ich mich für die Bibel interessierte. Dann fragte er mich mit ruhigerer Stimme, ob ich die erste Nummer dieser neuen Zeitschrift nicht allein übernehmen wollte.

»Die ganze Nummer?« fragte ich.

»Warum nicht? Das kannst du. Schreib dreißig, vierzig Seiten. Greif irgend etwas oder irgendwen an. Hast du niemandem Vorwürfe zu machen?« fragte er, als er mein verdutztes Gesicht sah. »Es kann doch gar nicht sein, daß du in deinem Leben niemandem Vorwürfe zu machen hast!«

»Oh! Vorwürfe habe ich haufenweise zu machen! Zuerst einmal kann ich die Katholiken nicht ausstehen.«

»Ich auch nicht«, sagte er in seinem entschiedenen Ton. »Ausgezeichnetes Thema für ein Pamphlet.«

»Aber ich bin Katholik.«

Schnell erfaßte er, was aus diesem Umstand herauszuholen war.

»Um so stärker ist deine Position. Du kannst ihnen von innen heraus im Namen des Glaubens den Garaus machen.«

Nun ließ er sich in voller Länge über das Thema aus, mit der Begabung seiner Herkunft, alle Seiten eines Problems sofort zu sehen, und hier gab es ein Problem, das er meiner Geistesschärfe darbot wie einen Diamanten mit vielen Facetten. Es war typisch für ihn, daß er sich mit kalter und grundloser Begeisterung auf ein Thema stürzte, das ihm eigentlich völlig gleichgültig war; genausogut hätte er sich in eine künstliche Aufregung über Medizin oder Algebra hineinsteigern können; echt war jedoch, außer seiner Sehnsucht, die kapitalistische Welt zu stürzen, das Vergnügen am Jonglieren mit Gedanken, ein atavistisches Verlangen nach der höchsten Form des *jeu d'esprit*: das Spiel an sich.

Freilich brauchte ich keine derartigen Ermutigungen; der Gedanke, ein Pamphlet gegen die Katholiken zu schreiben, war mir bis zu dieser Minute noch nie in den Sinn gekommen, ich sah darin jedoch eine Möglichkeit, vieles auszudrücken, was schlummernd in mir lag. Wäre ich der Frage genauer nachgegangen, so hätte ich begriffen: Nicht was ich gegen die Katholiken hatte, wollte ich mit Worten ausdrücken, sondern was ich gegen mich selbst als Katholik hatte. Seit meinem fünfzehnten Lebensjahr, als ich Katholik geworden war, hatte ich alle Stadien des Eifers und jener Lauheit durchgemacht, die so vielen Christen eigen ist, einzig die Gleichgültigkeit war mir unbekannt. Zeiten, in denen ich täglich zur Messe ging, wechselten ab mit längeren Zeiten, in denen ich überhaupt nicht hinging, und zwar weil mir der grundlegende Widerspruch zwischen dem, was ich glaubte, und der Art, wie ich lebte, allzu deutlich bewußt war; trotz dieser Schwankungen blieb mein Vertrauen in die Kirche jedoch so uneingeschränkt wie immer. Manchmal betrat ich eine Kirche und kehrte fast augenblicklich wieder um, weil ich dachte: »Das ist

Heuchelei.« Bei genauerer Überlegung bewies diese Haltung mehr Stolz als Demut, denn wer sollte die Kirchen füllen, wenn nicht die Sünder?

Wie dem auch sei, ich begann mein Pamphlet zu schreiben, sowie Morhange das Haus verlassen hatte. Die Worte flossen mir mit einer Leichtigkeit aus der Feder, die mir bisher unbekannt war. Ganze Sätze schienen fix und fertig irgendwo in meinem Hinterkopf gewartet zu haben. Langsam und ohne Unterbrechung arbeitete ich an diesem Abend, bis ich drei große Blätter Kanzleipapier vollgeschrieben hatte, dann ging ich mit einem ungewohnten Gefühl von Frieden zu Bett. Es war das erste Mal, daß ich meinen Geist von einer Last befreite, den er jahrelang mit sich herumgetragen hatte, ohne es zu ahnen. Am nächsten Morgen machte ich mich wieder ans Werk, und innerhalb einer knappen Woche hatte ich das kleine Buch abgeschlossen.

Nachdem ich das Manuskript eigenhändig abgetippt hatte, schickte ich es Morhange, ohne allzu große Hoffnung auf eine positive Antwort, denn wie sollte sich ein kommunistischer Jude für einen so auf religiöse Probleme konzentrierten Text, für ein so völlig aus unserer Zeit fallendes Buch interessieren? Dennoch wußte ich, daß es mir gelungen war, einen Plan auszuführen und etwas zu schaffen, was einen Anfang und, Gott sei Dank, ein Ende hatte. Am nächsten Tag kam mit der Post eine Nachricht von Morhange, der den Erhalt des Pamphlets bestätigte; er hatte es gelesen und wollte es drukken. Widersprüchliche Gefühle regten sich in mir. Einerseits war es berauschend, mir vorzustellen, daß Schriftsetzer sich über meine Worte beugen und diese schließlich ihren Weg zu einer Leserschaft finden würden; andererseits irritierte es mich, daß Morhange nicht die leiseste Meinung geäußert hatte, und in Anbetracht seines sonstigen Verhaltens war dieses Schweigen für mich eine Schmach. Das war der Lohn dafür, daß ich vor einem Ungläubigen mein Geheimnis ausgebreitet hatte! Und mit großer Bitterkeit rief ich mir die Worte der Heiligen Schrift in Erinnerung: *Secretum meum mihi.*

Noch am selben Nachmittag erhielt ich einen *pneumatique* von meinem Ungläubigen. Der erste Eindruck habe ihn überrascht, wegen der unerwarteten Nüchternheit des Stils, doch nach einer zweiten, aufmerksameren Lektüre sei er beruhigt. Was dann folgte, gab mir zu denken: Machte er sich lustig über mich? Ich konnte nicht glauben, daß das, was ich geschrieben hatte, solches Lob verdiente; aber dann sagte ich mir, kein Jude würde ein solches Buch drucken und Gefahr laufen wollen, als Dummkopf dazustehen, bloß um einem katholischen Freund einen Gefallen zu tun; der Text mußte ihm gefallen haben.

Unsere nächste Begegnung überzeugte mich, daß er die Sache wirklich ernst nahm; verschiedene Punkte wurden diskutiert, vor allem der Titel, und wir einigten uns auf *Pamphlet contre les catholiques de France*, weil er dem Inhalt des Buches am besten entsprach. Dann mußte ein Pseudonym gefunden werden: Mir graute vor dem Gedanken, meinen Namen gedruckt zu sehen, noch dazu auf dem Einband eines Buches, in dem so viel von mir selbst steckte. Lieber hätte ich meine bestgehüteten Sünden öffentlich gebeichtet, als einem unbekannten Leser meine persönlichen Ansichten über Gott und die Religion darzulegen. Dieses Geheimnis gehörte nur mir, Julian. Es war schon lästig genug, daß eine einzige Person zwangsläufig eingeweiht werden mußte, noch dazu ein Mann, der meinem Glauben völlig ablehnend gegenüberstand. Nachdem ich mehrere Namen auf ein Blatt geschrieben hatte, entschied ich mich schließlich für den unwahrscheinlichen Namen Théophile Delaporte. Eine einzige Frage wurde weder von mir noch von Morhange angeschnitten, eine heikle Frage und doch so *terre à terre*, daß sie einem Dichter kalte Schauer den Rücken hinuntergejagt hätte, eine Frage, der ich nicht absichtlich auswich, nein, mir kam überhaupt nicht in den Sinn, daß sie erörtert werden könnte, eine Frage, die Morhange so taktvoll war, nicht aufzuwerfen, so daß unser beider Empfindlichkeiten geschont blieben: nämlich die Tantiemen. Offenbar gab es keine Tantiemen! Und wenn mein Buch irgendeine Qualität besaß, dann war diese Qualität eben sein eigener und einziger Lohn. Ich hatte niemals mit irgendwem über Geld verhandelt und war nicht darauf vorbereitet, mich um ein solches Problem kümmern zu müssen; mehrere Monate vergingen, bevor mir der Gedanke kam, daß ich an dem Tag, da ich mein Pamphlet in Händen hielt, normalerweise um ein paar Hundert-Franc-Scheine hätte reicher sein müssen; ich schwieg jedoch.

Das Buch erschien im Oktober 1924, ein schmales, rechteckiges Buch mit einem blaßblauen Einband, der wenig Aufmerksamkeit erregt hätte, wäre da nicht eine flammend rote Bauchbinde gewesen mit den Worten in Großbuchstaben: *Dédié aux six cardinaux français*, den sechs französischen Kardinälen gewidmet.

Natürlich konnte ich mir nicht verkneifen, meiner Familie zu erzählen, daß ich ein Buch geschrieben hatte, und ich schenkte jeder meiner Schwestern ein Exemplar. Auch mein Vater erhielt sein Exemplar, der Inhalt verblüffte ihn ein wenig.

»Warum«, fragte er meine Schwester Anne, »ist der Junge so wütend auf die Katholiken? Wie sollen sie denn seiner Meinung nach leben? Wie Vögel in den Bäumen?«

Da er selbst gläubiger Katholik war, fuchsten ihn wahrscheinlich meine grimmigen Vorwürfe.

Einige Artikel erschienen über mein Pamphlet, wohl wegen seiner blindwütigen Mißachtung aktueller Fragen und wegen der Wunderlichkeit des Themas. Das Bändchen war schnell vergriffen und wurde nicht wieder aufgelegt; auch folgte dieser ersten Nummer der *Revue des Pamphlétaires* keine weitere mehr. Offenbar hatte ich die Zeitschrift umgebracht.

An einem Novembertag jenes Jahres ließ ich mich eher widerstrebend zu einem literarischen Nachmittag mitnehmen. Ich hatte Jacques de Lacretelle, von dem die Einladung gekommen war, schon vor einer Weile zugesagt, doch als es Zeit war, mich anzuziehen und auf den Weg zu machen, wurde ich von dem heftigen Verlangen gepackt, zu Hause zu bleiben.

Einen Salon voller Schriftsteller zu betreten schien mir fast so grauenhaft wie im Jardin des Plantes ins Bärengehege zu springen; ein literarischer Salon in ganz gleich welchem Land und ein Bärengehege haben übrigens einiges gemeinsam, der Hauptunterschied besteht meiner Ansicht nach darin, daß Bären in ihren Methoden fairer sind.

Ein paar Minuten nach fünf stand ich in einem hübsch möblierten Salon, dessen Fenster auf den majestätischen Invalidendom gingen. Als ich eintrat, sprach gerade einer der berühmten französischen Dichter jener Zeit zu einem Kreis hingerissener Bewunderer, und es fiel mir nicht schwer, in einen Winkel zu schleichen, wo mich niemand bemerken würde. Der Dichter war eine kleine Frau mit leichenblasser Haut, dichtem schwarzen Haar und riesigen schwarzen Augen, die vor Erregung blitzten; es lag eine seltsame, unkonventionelle Schönheit auf ihrem Gesicht, das an Pallas Athene erinnerte, doch in weniger glücklichen Augenblicken ähnelte sie der Eule von Pallas Athene. Auf jeden Fall zeigten ihre Gesichtszüge etwas Vogelhaftes, weshalb Cocteau sie zu Recht mit einer Schwalbe verglichen hatte. Ihre Haltung kam mir irgendwie bizarr vor: Sie hatte eine eigentümliche und unschöne Art, die Schultern zurückzuwerfen und den Bauch herauszustrecken, wobei die Ellbogen an den Körper gepreßt waren und die Unterarme im rechten Winkel von der Taille abstanden. Ihre Stimme war hell und scharf, hielt niemals inne, wurde jedoch an den Satzenden langsamer, wie um neue Kraft zu schöpfen. Wahrscheinlich wegen Cocteaus Bemerkung über ihr Gesicht schien mir, die Stimme dieser Frau könnte mit dem Sturzflug einer Schwalbe verglichen werden, die plötzlich auf die Erde niederstößt und sich sogleich zu neuen Höhen emporschwingt. Niemals war es irgendwem gelungen sie aufzuhalten, wenn sie einmal beschlossen hatte zu sprechen; Fragen und Einwürfe hörte sie sich mit schlecht verhohlener Ungeduld an, dann erfüllte ihre Stimme wieder den stickigen Salon. Sie hieß Anna de Noailles. Was sie geschrieben hatte, hielten die jungen Autoren für altmodisch, doch einige ihrer Verse schienen gute Aussichten zu haben, so lange zu überdauern wie die französische Sprache. Als sie nach einem hitzigen Monolog über Politik und Verwandtes mit siegreichem Funkeln in den Augen um sich blickte, wurden ich und ein paar andere Leute ihr vorgestellt, doch sie schien uns gar nicht wahrzunehmen, denn in diesem Moment glich sie der Pythia zu Delphi, die aus der Trance erwacht.

Es waren noch viele andere Schriftsteller zugegen, deren Namen es nicht alle geschafft haben, ihren Weg ins Gedächtnis des Publikums zu finden, Dramatiker, Dichter, Kritiker, Journalisten, darauf erpicht, sich in den Vordergrund zu spielen, zu Wort zu kommen, zu glänzen, wie es bei den Franzosen üblich ist. In einer Ecke des Raums stand, den Ellenbogen auf ein Klavier gestützt und mit einem Ausdruck von Ekel im Gesicht, der Romancier Mauriac. Sein längliches, knochiges Gesicht, sein verächtliches Grinsen, wenn von Dingen gesprochen wurde, die ihm mißfielen, seine Geschwätzigkeit und seine jähen Anfälle von schlechter Laune, sein Akzent aus Bordeaux, sein provinzielles Gehabe, alles an ihm ließ einen denken: »Das kann nicht Mauriac sein, das muß eine von Mauriacs Figuren sein.« Dieser Eindruck war jedoch nur oberflächlich, eine nähere Bekanntschaft mit dem katholischen Schriftsteller erlaubte, einen anderen und auf seltsame Weise faszinierenden Mann kennenzulernen: einen häßlichen Mann, der sagte, er sei der häßlichste Mann, den er je gesehen habe, ein Lästerer, der sich selbst viel grausamer zerfleischte, als er andere zerfleischte, ein Spötter, der Mauriac verspottete, ein alter Student, stets bereit, sich fröhlich-lärmenden Umzügen im Quartier Latin anzuschließen, und zugleich ein Katholik, strenger als jeder Reformator, ein guter Freund und schlechter Feind, ein Zyniker, ein Schalk, erbarmungslos in seinen Urteilen, ungeduldig, intolerant, jähzornig, ungerecht in seinen Sympathien und Antipathien, nur dann zufrieden, wenn er spürte, daß er jemandem mißfallen hatte, aber dennoch so brillant und amüsant, bisweilen so großzügig, immer vergeßlich, wenn es um Unrecht ging, das man ihm zuge-

fügt hatte, sofort bereit, einem Freund beizuspringen, schnell
erobert durch schöne Gefühle, angezogen von der Gefahr,
obwohl er sie fürchtete, völlig frei von gesellschaftlicher Um-
sicht, verantwortungslos und so menschlich, daß es fast unmöglich war, ihn nicht zu lieben.

Wie schade, daß ich damals nicht regelmäßig Tagebuch
geführt habe, anstatt bloß *Impressionen* von Dingen und Leuten zu Papier zu bringen! Es wäre wunderbar, heute lesen zu
können, was an jenem Nachmittag gesagt wurde und, da sich
die Unterhaltung zumeist um Politik drehte, welche Prophezeiungen gemacht wurden über die Zukunft der Welt. Ich
hätte, wie ich es später tat, zufällige Urteile und lässige Ein-
schätzungen notieren können, die, im Jahre 1924 bedeutungs-
los, dennoch den Ton jener Zeit getreu wiedergegeben hätten.
Es ist nicht weiter schlimm, wenn einem Schriftsteller die
Eintragungen in sein Tagebuch öde erscheinen an dem Tag,
da er sie niederschreibt, die Zeit übernimmt es, sie interessant
zu machen; aber diese Wahrheit zu begreifen erfordert eine
Anstrengung der Phantasie, zu der wenige bereit sind, und so
ist viel wertvolles Material, die eigentliche Substanz unseres
Lebens und unserer Zeit, für immer und ewig verloren. Ich
war damals noch viel zu sehr mit meinem eigenen Seelen-
zustand beschäftigt.

Im gleichen Salon lernte ich an jenem Tag einen späteren
Freund kennen, dessen Freundschaft mich nie enttäuscht hat,
weder in guten noch in schlechten Tagen, wie zum Beispiel
in Frankreichs gegenwärtiger Lage, und ich schreibe seinen
Namen voller Zuneigung: Robert de Saint Jean.

XI.

Unter den unvollendeten Geschichten, mit denen meine Schreibtischlade vollgestopft war, befand sich eine, der ich hin und wieder eine halbe Seite oder mehr hinzufügte, einfach weil ich wissen wollte, was aus den Figuren würde. Ich konnte damals genausowenig wie heute einen Plan entwerfen, was Schriftsteller angeblich tun müssen, bevor sie mit einem Buch anfangen. Meine Methode bestand darin festzuhalten, was ich zunächst im Kopf hatte, und die Fortsetzung beim Weiterschreiben allmählich herauszufinden, ein bißchen so wie ein Kindermädchen, das seinen Schützlingen Gutenachtgeschichten erzählt. Das Ziel des Kindermädchens ist jedoch, seine Zuhörer in den Schlaf zu wiegen, während ich, wie man sich leicht denken kann, meinen Lesern schlaflose Nächte bescheren wollte.

Meine Geschichte hieß *Fremdling auf Erden.* Sie begann mehr oder weniger wie eine Autobiographie – abgesehen vom Prolog, den ich zuletzt schrieb –, und erst nach und nach schlich sich ein übernatürliches Element ein. Je länger die Geschichte wurde, desto weiter entfernte ich mich von meiner eigenen Erfahrung als Student an der University of Virginia; die Stimmung wurde immer düsterer und unheimlicher, so als wäre ich in einem Wald bei Einbruch der Nacht vom Weg abgekommen und merkte immer deutlicher, daß es in diesem Wald spukte. Ich bekam ein wenig Angst, als mir klar wurde, daß ich gerade etwas beschrieb, was Theologen Besessenheit nennen. Das war ein Schock, aber auch ein Ansporn, denn nun entstanden lange Passagen meiner Geschichte in einem Zug, und ich hielt dieses Tempo bis zum letzten Satz.

Es war ein stolzer Augenblick, als ich das Wort *Ende* unter meine erste Erzählung schrieb; ich konnte kaum glauben, daß ich wirklich etwas von Anfang bis Ende Erfundenes abgeschlossen hatte. Wenn erst mein Unterbewußtsein erfinden würde! Was mir jetzt Sorgen bereitete, war eine so merkwürdige Frage, daß ich zögere, sie zu erwähnen: Würde mein Buch, laut gelesen, wirklich wie ein Buch *klingen*? Oder hatte ich vielleicht etwas Formloses hervorgebracht, das kein Verleger drucken würde? Mir war bewußt, daß ich nicht wie die erfolgreichen Romanciers meiner Zeit schrieb, mit ihrem schillernden Stil, der elliptisch war und reich an neuen, wenn auch manchmal gekünstelten und überladenen Bildern. Was ich zu sagen hatte, sagte ich auf nüchterne, direkte Weise, ohne dem gerade modischen Geschmack irgendwie schmeicheln zu wollen. Ich hielt es für nur allzu wahrscheinlich, daß sich niemand für diese Art des Erzählens interessieren würde.

In meiner Ratlosigkeit fragte ich einen Freund, der bereits große literarische Erfahrung hatte, obwohl er nur etwa zwölf Jahre älter war als ich. Jacques de Lacretelle, heute einer der anerkannten Autoren Frankreichs, hatte 1922 einen kurzen Roman veröffentlicht, *Silbermann*, der von der Kritik begeistert aufgenommen wurde und einen wichtigen Preis erhielt. Er schrieb in einem äußerst geschliffenen Stil, seine Sätze erinnerten an eine schöne, glatte Oberfläche, in der Gegenstände und Gesichter sich mit klaren, kühlen Umrissen spiegelten. Einer seiner großen Vorzüge war die tiefverwurzelte Liebe zur französischen Sprache, die er gewiß besser kannte als viele andere Schriftsteller seiner Generation. Wörter faszinierten ihn, er betrachtete sie wie Menschen mit einer langen Familiengeschichte, hart arbeitende Menschen, die gute und schlechte Zeiten durchlebt hatten. Ihm verdanke ich die Bekanntschaft mit einem Meisterwerk an Wissen und Schönheit, Littrés *Dictionnaire de la langue française*, ein Wörterbuch, mit dem ich mich viele Jahre lang befaßt habe, ohne seine riesigen Schätze je ganz auszuschöpfen.

Es fiel mir ungeheuer schwer, mein Manuskript einem Schriftsteller auszuhändigen, der so entschieden in seinen

Vorlieben und Abneigungen war und der die klassische Sprache so sehr liebte, daß seine eigene Wortwahl selbst Mari-
vaux' Zustimmung gefunden hätte, während das, was ich
geschrieben hatte, wildromantisch war. Was immer er von
meiner Geschichte hielt, er war ein viel zu wohlerzogener
und taktvoller Mensch, als daß er mich auf Schwächen hin-
gewiesen hätte, die an der Herkunft des Autors lagen, und
seine Antwort habe ich niemals vergessen: Er übergab mein
Manuskript seinem Verleger Gaston Gallimard.

Gallimard hatte nicht nur den ganzen Proust und viele Werke von Gide, Cocteau und anderen herausgebracht,
deren Namen für Erfolg standen, er besaß auch die wichtigste
Literaturzeitschrift Frankreichs, die *Nouvelle Revue Française.*
Besonders interessiert war er an der Entdeckung junger Autoren, deren Werke er ziemlich unterschiedslos annahm, weil
er sich wohl sagte, daß in der Quantität zwangsläufig auch
ein gewisser Anteil Qualität enthalten sein würde. Das wußte ich nicht, als mich einige Wochen später ein von Gaston
Gallimard höchstpersönlich unterzeichneter Brief davon in
Kenntnis setzte, daß er beschlossen habe, meine Geschichte
sowohl in Buchform als auch in seiner Zeitschrift zu veröffentlichen; und ob es mir genehm sei, ihn aufzusuchen, um
die Vertragsmodalitäten mit ihm zu besprechen. Mit Gallimard Vertragsmodalitäten besprechen! Ob es mir genehm sei!
Mir drehte sich alles im Kopf.

Am folgenden Nachmittag saß ich in einem jener breiten und bequemen Armsessel, die einen angeblich in eine
nachteilige Position bringen, weil man sich zu wohl darin
fühlt (zumindest behaupten das Autoren, die darin gesessen
haben, denn mein zukünftiger Verleger hatte natürlich keine
solchen Hintergedanken!), mir gegenüber, auf der anderen
Seite des Tisches, Gaston Gallimard, ein kleiner Mann mit
einem gutmütigen rosaroten Gesicht und fülligem weißen
Haar, das einen Gegensatz bildete zum kindlichen Ausdruck
seiner blaßblauen Augen. Sein Hemd war knallblau und der
Kragen nicht so steif wie bei Geschäftsleuten und Stutzern,

er war nicht gestärkt. Der Empfang war einfach und herzlich. Er wußte, daß ich mich für Malerei interessierte, und erzählte mir, wie sein Vater, der berühmt war für seine Renoir-Sammlung, die Gewohnheit hatte, die wertvollen Gemälde aus ihren Rahmen zu nehmen, wenn er meinte, sie hätten eine Reinigung nötig; er legte sie dann flach auf den Boden und schrubbte sie mit einer Bürste und Seifenlauge. Nach ein paar anderen Aperçus über moderne Kunst reichte mir Gallimard einen Vertrag, der, wie er sagte, für mich vorbereitet worden sei, und ersuchte mich, ihn zu lesen. Er war in wunderbaren Lettern auf feines cremefarbenes Papier gedruckt, aber ich hatte noch nie im Leben einen Vertrag gelesen, und obwohl mir die einzelnen Wörter in diesem hier vertraut waren, ergaben sie für mich keinen rechten Sinn. Ich hielt es jedoch für selbstverständlich, daß ein so schönes Dokument auch zuverlässig war. Nach fünf Minuten wurde ich gefragt, ob ich Änderungswünsche hätte; ich setzte ein möglichst kluges Gesicht auf und sagte nein. Dann wäre es doch eine gute Idee, sofort zu unterzeichnen? Ich stimmte zu. Die beiden Exemplare wurden unterzeichnet und gegengezeichnet; eines verschwand in der Lade von Gallimards Schreibtisch, das andere faltete ich und steckte es in die Tasche. Nachdem ich meinem Verleger die Hand geschüttelt und mich von ihm verabschiedet hatte, fiel mir auf, daß von meiner Geschichte herzlich wenig die Rede gewesen war, aber ich fühlte mich viel zu glücklich, um mich mit einer solchen Lappalie aufzuhalten.

Meine erste Erzählung war Robert de Saint Jean gewidmet; obwohl wir uns erst seit kurzem kannten, hatte ich manchmal das unbestimmte Gefühl, wir seien zusammen aufgewachsen, denn in gewisser Weise suchte er eine Familie, die ihm gefehlt hatte, und fand sie bei uns zu Hause, mit meinen Schwestern. Er war neun Monate jünger als ich, und am meisten erstaunte uns, daß wir uns in einer Stadt, in der wir so viele gemeinsame Freunde hatten, nicht schon früher über den Weg gelaufen waren. Seine Einstellung zum Leben hatte große Ähnlichkeiten mit meiner eigenen. Er hatte seit zwei Jahren den

Militärdienst abgeleistet und wußte noch nicht genau, welche Laufbahn er einschlagen sollte, fühlte sich aber stark zur Literatur hingezogen. Mangelndes Selbstvertrauen hielt ihn davon ab zu veröffentlichen, was er bisher geschrieben hatte, denn er war zu bescheiden, um bei sich die Qualitäten zu erkennen, die er bei anderen so bewunderte. Die wenigen Texte von ihm, die ich zu sehen bekam, überzeugten mich, daß sein Streben nach literarischer Vollkommenheit so lange ein Hindernis sein mußte, wie er sich nicht entschließen würde, den Sprung ins kalte Wasser zu wagen. Er schrieb ein sehr schönes Französisch und besaß in hohem Maße die Gabe, das richtige Wort zu wählen, um feinste Empfindungen auszudrücken. Manchmal beneidete ich ihn um diese Eigenschaft, denn sobald ich zu schreiben anfing, gefiel ich mir im Düsteren, ja, ich neigte dazu, das Düstere noch düsterer erscheinen zu lassen, während Robert de Saint Jean Licht auf ein Thema werfen konnte, ohne ihm sein Geheimnis zu nehmen. Obwohl er mich nicht so oft kritisierte, wie ich es mir wünschte, kann ich ganz offen sagen, daß es in jener Zeit nur sehr wenige Menschen gab, die mir wie er geholfen haben, klarer auszudrücken, was ich zu sagen hatte. Ich weiß nicht warum, aber es ist mir immer unendlich schwer gefallen zu verändern, was ich einmal geschrieben habe, doch wenn ich zur Füllfeder griff, hatte ich stets im Hinterkopf, ich würde ihm eine Geschichte erzählen, und wahrscheinlich half mir das.

Wir gingen oft zusammen aus, vor allem um uns in der Salle Gaveau die Konzerte der Lamoureux-Gesellschaft anzuhören. Wir setzten uns immer auf die Plätze, die wir für die besten hielten, möglichst hoch oben. Wenn das Stimmengewirr verstummte, die Lichter langsam ausgingen und Stille eintrat, kam der Augenblick, auf den wir uns die ganze Woche gefreut hatten. Etwas Unvergeßliches verbirgt sich in der Ruhe, die den ersten Takten großer Musik vorausgeht, eine Art ängstliches Warten, dem nur die kraftvolle Stimme des Orchesters antworten kann. Es war köstlich und zugleich fast unerträglich im Dunkeln zu warten und zu warten, manchmal zehn oder fünfzehn Sekunden lang, und sich dann plötzlich befreit zu fühlen durch das herrliche Tosen einer Beethoven-Symphonie. Mit klopfenden Herzen lauschten wir vielen Werken von überwältigender Schönheit. Ganz deutlich spürten wir, daß unsere Begeisterung dieser Musik erlaubte, ein Teil von uns selbst zu werden! Aber es war sinnlos, dieses Gefühl ausdrücken zu wollen; ich war benommen und stumm. Oft habe ich mir gewünscht, die *Eroica* noch einmal *zum ersten Mal* hören zu können, denn nun ist die Zeit vorbei, da ich ihr zuhören und sie zugleich hören konnte: Damit meine ich nicht, daß ich taub geworden bin, sondern daß mir diese Symphonie zu vertraut ist, als daß ich ihr anders zuhören könnte als mit gefaßter Bewunderung. So geht es mir mit vielen Musikstücken, alten und neuen, von denen ich dachte, ich könnte ihrer niemals überdrüssig werden.

Es gibt viele Gründe, mit fünfundzwanzig Jahren die Musik zu lieben; mir flößte sie auf eigenartige Weise grenzenloses Selbstvertrauen ein. Ich glaube, nur ganz wenige Menschen mit Ehrgeiz können große Musik hören, ohne von ungeheurer Sehnsucht nach Größe erfüllt zu werden. Das ist es, was Musik bewirkt: Ein paar Akkorde tragen uns fort in eine übermenschliche Welt, in der alles greifbar nahe scheint, Liebe, Glück, Ruhm. Wenn ich dasaß und Schubert oder Skrjabin hörte, stellte ich mir seltsame und großartige Bücher vor, die meinem Gehirn entsprangen, Sätze, wie noch niemand sie gelesen hatte; ich fühlte mich wie ein Mann im Haschischrausch, der sich himmlischen Trugbildern hingibt; aber mein Traum war ein Wachtraum, ich sammelte im Geiste die ersten Worte eines neuen Buches, Dialogfetzen gingen mir durch den Sinn. Doch wenn die Musik verstummte, endete dieser glückselige Zustand jäh, und zurück blieb nur ein schnsüchtiges Verlangen nach ungeschriebenen großen Werken. Aus bitterer Erfahrung wußte ich nur allzugut: Sobald ich mich ans Schreiben machte, würden meine Worte aussehen wie die armen Verwandten jener, die ich träumend gehört hatte.

Eines der merkwürdigsten Probleme, die ein Schriftsteller

lösen muß, ist die Frage, wie er Schönheit schaffen kann mit den gewöhnlichen Wörtern seines alltäglichen Lebens. Die Musik ist in einer privilegierten Lage; immerhin müssen vierzig oder fünfzig Menschen zusammenkommen, um eine Symphonie zu spielen, nach einer gehörigen Anzahl von Proben. Fürs Malen und Bildhauern benötigt man Werkzeug, Farben, Leinwand, Ton, Stein, ganz zu schweigen von bestimmten Raum- und Lichtverhältnissen. Der Weg zu diesen Künsten ist weder einfach noch unmittelbar, während ein Schriftsteller überall schreiben kann, mit einem Bleistiftstummel auf einem schmutzigen Blatt Papier; weder Marmor noch Farbe, noch Instrument, nur seine gewohnte Sprache braucht er, so als ginge er in ein Geschäft, um sich ein Paar Schuhe zu kaufen, oder in ein Büro, um mit einem Geschäftsmann über eine Geldangelegenheit zu verhandeln. Der Stoff, aus dem seine Bücher gemacht sind, ist zwangsläufig ein grobes Material. Nichts ist abgegriffener als die meisten Wörter, die sein Wörterbuch ihm anbietet, und dennoch werden diese Wörter, in eine bestimmte Reihenfolge gebracht, zu einem Gedicht von Baudelaire (der mit banalsten Wörtern die größte Wirkung erzielte) oder, in einer anderen Reihenfolge, zu einer neuen Reklame für Brillantine. Solche Gedanken plagten mich. Ich wußte, daß es großen Malern gelang, durch sorgfältiges Austüfteln der Farbverbindungen auch die ruhigsten Töne so kraftvoll erstrahlen zu lassen wie leuchtendes Orange, und daß es keinen Grund gab, warum das nicht auch mit Wörtern gehen sollte, wenn man sie als Tausende kleiner Farbtupfer dachte, gleich den Pünktchen auf einem Gemälde von Seurat.

Mit einer verschwommenen Vorstellung dieser Art im Hinterkopf machte ich mich an einen Roman über drei Geizkragen. Das Thema hatte nichts Außergewöhnliches, die Figuren waren unscheinbare und ziemlich sinistre Gestalten, und die Geschichte wurde in der einfachsten Sprache erzählt, mit so wenig Adjektiven, daß man glauben konnte, ich hätte in meinem Leben kein einziges Buch gelesen mit Ausnahme des von Stendhal so geschätzten *Code Napoléon*. Ich hatte die Absicht, meine Geschichte auf eine Weise zu schildern, die dem Leser keine Gelegenheit gab, sich durch den Stil ablenken zu lassen, es sollte ein unsichtbarer Stil sein, genau und ausdrucksstark, wenn möglich, auffallen durfte er jedoch nicht. Dieses völlige Zurücktreten des Autors schien mir eine der Grundvoraussetzungen literarischer Vollkommenheit. Man darf meine angelsächsische Herkunft nicht vergessen. Mein Leser sollte nicht durchschauen können, welche Art von Mensch dieses Buch geschrieben hatte – ein seltsamer Wunsch, das gebe ich zu, doch ich war besessen von der Vorstellung, daß die Figuren eigenständig sprechen und handeln sollten, ohne daß sich die Persönlichkeit des Autors in ihr Verhalten einmischte; und um diese Regel strikt einzuhalten, hatte ich Figuren geschaffen, die mir selbst denkbar unähnlich waren.

Robert, mein einziger Vertrauter in dieser Sache, hatte ein offenes Ohr für mich und widersprach mir nie. Er dachte wohl, daß literarische Theorien nicht so wichtig waren, solange die Bücher es lohnten, gelesen zu werden. Ich hatte Augenblicke der Mutlosigkeit, in denen mich die Schwächen meines Romans dazu verleiteten ihn wegzulegen, doch obwohl er keine Zeile gelesen hatte, drängte mich Robert, mit der Geschichte weiterzumachen, und ich machte weiter.

Seit Winterbeginn sparte ich mein Taschengeld, um meinen Anteil an einer Reise bezahlen zu können, die wir für die Sommerferien planten. Die Ein- und Zwei-Franc-Münzen, die ich abzwackte, indem ich zu Fuß ging, anstatt mit dem Bus zu fahren, steckte ich in einen Porzellanapfel, und es war erstaunlich, mit welcher Geschwindigkeit mein kleiner Schatz wuchs, ich vermute aber, daß mein Vater, wenn ich aus dem Haus war, zusätzliche Münzen hineinwarf. Hin und wieder nahm ich ein Messer und pulte das Geld aus dem Porzellanapfel; nach langem Hin-und-Hergerüttel fiel erst eine Münze heraus, dann kamen plötzlich fünf oder sechs auf einmal, und schließlich noch andere, bis der Tisch mit kupfernen

Franc-Stücken bedeckt war. Für große Sprünge reichten sie allerdings nicht; vielleicht konnte ich damit bis Orléans und wieder zurück kommen, aber wir hatten vor, einen Monat in der Auvergne zu verbringen und einen zweiten in den Pyrenäen. Zuletzt beschloß ich, ein Buch zu verkaufen, ein Geschenk, um das es mir seither immer leid war, *Les Plaisirs et les Jours* von Marcel Proust, mit Illustrationen von Madeleine Lemaire, die Erstausgabe. Ich bekam dafür fünfzig Franc von Monsieur Rossignol, einem Antiquar, dessen Buchladen einer von vielen in der Rue Bonaparte war. Heute scheint mir die Rue Bonaparte so fern im Raum, wie jene glücklichen Tage es in der Zeit sind, doch allein der Name Rossignol ruft mir einige Erinnerungen mit solcher Kraft ins Gedächtnis zurück, daß ich die Reihen der ledergebundenen Bücher in ihren Vitrinen beinahe vor mir sehe, die riesigen, grünen, prall mit Drucken gefüllten Mappen in einer Ecke des düsteren Ladens, wo im Winter schon nachmittags um drei die Gaslampe angezündet werden mußte. Der korpulente Monsieur Rossignol prüfte Madeleine Lemaires Zeichnungen mit professionell gleichgültigem Blick und reichte mir einen Fünfzig-Franc-Schein. Er hatte ein gutes Geschäft gemacht.

Mit diesem Geld, dem von Robert, hundert Franc, die mein Vater mir gab, und dem Inhalt meines Porzellanapfels hatten wir es im Juni geschafft, eine Summe zusammenzukratzen, die mir zwar enorm vorkam, doch über vierhundert Franc sicher nicht hinausging; mehr brauchten wir nicht, jetzt mußten wir nur noch auf die Ferien warten.

Robert war damals stellvertretender Redakteur einer kleinen, aber sehr beliebten Zeitschrift, der *Revue Hebdomadaire*, die den Spitznamen *Revue des Dromadaires* trug, weil zu ihren treuen Abonnenten so viele alte Damen zählten. Zahlreiche bekannte Schriftsteller hatten Beiträge zu dieser Zeitschrift geliefert, die in Form und Umfang dem *Reader's Digest* ähnlich war: Maurice Barrès, Pierre Loti, Paul Bourget, und später hatten Jacques Bainville, François Mauriac, Montherlant, Jean Cocteau Essays, Erzählungen, Gedichte eingesandt. Das

Redaktionsbüro lag im Hof eines der schönsten alten Stadtpalais von Paris, dem Hôtel de Sourdéac, wo auch der Verlag Plon untergebracht war. Robert konnte nicht vor dem 12. Juli verreisen; wir mußten uns also gedulden. Ich war seit 1915 nicht mehr auf dem Land gewesen – es sei denn, man betrachtet meine militärischen Ausflüge in die Argonnen, nach Deutschland und Italien als Landpartien –, und deshalb strich ich auf einem Kalender Tag um Tag aus, in der Hoffnung, sie möchten schnell vergehen. Wie froh wäre ich, würden sie mir heute zurückgegeben; ich war damals so glücklich wie nie zuvor in meinem Leben, aber eine Woche, ein Monat oder sogar ein Jahr Glück schienen mir nichts Außergewöhnliches, und ich glaube, mir kam nie der Gedanke, dieser Zustand könnte eines Tages plötzlich aufhören. Und doch warfen gewisse Ereignisse einen Schatten auf diese strahlenden Tage, aber ich war nicht imstande, ihre Bedeutung richtig zu erfassen.

Alexandre Millerand, Präsident der Republik, war durch einen Zusammenschluß von Kräften, die man als *Cartel des Gauches* bezeichnete, aus dem Amt gedrängt worden; es handelte sich um ein Bündnis linker Parteien gegen die rechten Parteien bei der Wahl zur Abgeordnetenkammer. In gewisser Weise war das *Cartel des Gauches* ein Vorläufer des *Front Populaire*. Ich brauche mich nicht lange über diese Frage auszulassen, es reicht, wenn ich sage, daß die Machtübernahme durch die Linke in ganz Frankreich für große Aufregung sorgte. Die Menschen spürten instinktiv, daß dieses *Cartel des Gauches* dem Land kein Glück brachte. Das Geld verhielt sich wie immer, wenn die Linke in der Politik die Oberhand gewinnt: Es floh über die Grenzen, denn wie es so schön heißt, in Frankreich hat man das Herz auf der linken Seite, aber die Brieftasche auf der rechten.

Die kommunistische Agitation wurde immer kühner, vor allem im sogenannten roten Gürtel von Paris, also in den Vororten, wo man um die Jahrhundertwende unklugerweise so viele Fabriken gebaut hat. Es gab Demonstrationen, ständig wurde die *Internationale* gesungen, und ständig wurden rote

Fahnen geschwenkt. Bei Zusammenstößen mit der Polizei kamen Menschen ums Leben, und die kämpferischsten unter den rechten Zeitungen wie *L'Action française* oder *La Liberté* prophezeiten mit großem Geschrei eine Revolution, wie das Land sie noch nicht erlebt hatte.

Die Angst vor einer Revolution ist einer jener vielen Albträume, die Frankreich regelmäßig heimsuchen seit den fernen Tagen, als Anarchisten um die Mitte der fröhlichen neunziger Jahre ihre ersten Bomben warfen. *Le grand coup de balai*, das große Aufräumen, so nannte man das Schreckgespenst, das bisher niemals gekommen ist. In bürgerlichen Kreisen wurde geflüstert, überall gäbe es kommunistische Zellen, in Kaufhäusern, Banken, Regierungsgebäuden, ja sogar in der Préfecture de Police. Bedienstete waren kommunistische Spione und die Hausmeister natürlich auch. Schwarze Listen lagen bereit; irgendwer kannte irgendwen, der sie gesehen hatte. Man konnte sich keinen neuen Hut kaufen und keine Theaterkarte, ohne daß diese Tatsache jener Zelle gemeldet wurde, der die Überwachung des Hauses oblag. Der *Grand Soir* stand bevor, mit seinen Revolutionstribunalen, seinen Kommissaren und seinen Erschießungskommandos, ganz zu schweigen von den Folterkammern, die eine wichtige Rolle spielten in diesen Horrorgeschichten über Sowjetrußland und das Ungarn Béla Kuns.

Schließlich legte die Furcht ein Datum für den voraussichtlichen Ausbruch der Revolution fest. Die Genauigkeit, mit der sogar die Stunde prophezeit wird, in der eine drohende Katastrophe eintreten soll, kennzeichnet für gewöhnlich den Höhepunkt der Panik. Der 12. Juli wurde als letzter Tag der bürgerlichen Gesellschaft auserkoren. Viele Menschen verließen Paris bereits Anfang des Monats, anstatt die Schulferien abzuwarten. Überflüssig zu sagen, daß der 12. Juli vollkommen ruhig verlief. Die Panikmacher ließen sich dadurch nicht entmutigen und behaupteten, die Kommunisten würden natürlich abwarten, bis der Nationalfeiertag vorbei und die Bürger alle auf dem Land wären; dann würden sie sich, in einem leeren Paris, an ihren vielzitierten *coup de balai* machen; es würde keinen Widerstand geben, und schwupp hätten wir einen Sowjet.

In jener Zeit war ich in politischen Fragen noch weniger auf dem laufenden als heute. Als Amerikaner fand ich es schwierig zu beurteilen, ob all diese Gerüchte wirklich eine andere Grundlage hatten als Einbildung und Angst. Der Gedanke, es könnte dieser Stadt etwas zustoßen, die ich mehr liebte als jede andere Stadt auf der Welt, verstörte mich sehr, und die allgemeine Angst steckte auch mich ein klein wenig an. Endlich kam der Tag, an dem Robert und ich in die Auvergne fahren wollten. Alle Sorgen wurden weggewischt. Wir trafen uns an der Gare de Lyon und verließen gegen Abend Paris in Richtung Issoire, im Departement Puy-de-Dôme. Als wir einen letzten Blick auf die Seineufer warfen, kam mir der Gedanke: »Werde ich das alles wiedersehen?« Die Freude, aufs Land hinauszufahren, zerstreute jedoch sämtliche Sorgen, und keine Stunde später hatte uns das Geratter des Zuges in den Schlaf gewiegt. Am nächsten Morgen waren wir in Issoire, wo wir den Bus nahmen, der uns bis ans Ziel bringen sollte. Dieser Bus erklomm den Berghang mit der Hartnäckigkeit eines Käfers, aber auch mit seiner Gemächlichkeit. Von Zeit zu Zeit hielt er in einem Dorf, und eine Bäuerin stieg zu, ein schwarzes Tuch auf dem Kopf und am Arm einen großen Korb voller Hühnchen, oder es war ein Viehhändler, dem die Mütze bis über die Ohren reichte und aus dessen Tasche irgendeine radikale Zeitung schaute.

Nach einer Stunde hielten wir in Saint-Nectaire, dessen alte Kirche auf einer Anhöhe steht und über die Straße wacht. Wir gingen hinein. Die Sonne warf ihr Licht auf die wuchtigen Pfeiler, wie sie es seit achthundert Jahren tat, und erlaubte uns, die seltsamen und schönen Kapitelle zu sehen, bevölkert von Kreuzrittern zu Pferde, Bauern, die ihre Äcker bestellen oder ihre Frauen verprügeln, Dämonen, die Priester in Versuchung führen oder einen Heiligen piesacken, indem sie ihm die Kerze ausblasen. Die Kirche selbst, mit ihren geheimnisvollen Schatten und klaren Linien, zog uns in ihren Bann; es ist immer sehr bewegend, an einem Ort zu sein, wo über zwanzig Generationen gebetet und gehofft haben; hier spürt man stärker als irgendwo sonst das Herz eines Landes schlagen. Frankreich ist in seinen alten Kirchen immer gegenwärtig, Frankreich mit seinen Träumen von Größe, mit seinen Sorgen und seiner Schönheit. Das alles war mir zutiefst bewußt, und ich wäre gern noch eine Weile in Saint-Nectaire geblieben, aber wir mußten weiter.

Gegen Mittag kamen wir nach Besse-en-Chandesse, ein Dorf, wo in einem alten Hotel Zimmer für uns reserviert waren; sie waren sehr schlicht, stellten uns aber vollkommen zufrieden, und wir machten uns sofort auf zu einem Spaziergang durch die Straßen. Besse hat etwas fast unvorstellbar Altertümliches: Die düstere, fast unheimliche kleine Kirche stammt aus dem Jahr 900, aber kein Datum kann den Eindruck von undenklichen Zeiten wiedergeben, den die alten, steinernen Dorfmauern erwecken; sie wirken eher wie Zeitgenossen der wohlgerundeten, glatten Berge, ja, sie scheinen ein Teil von ihnen zu sein.

Wir marschierten querfeldein, und als wir uns ins Gras setzten, um die Hügelreihen in der Ferne zu betrachten, überkam mich ein ungeheures Glücksgefühl, an das ich nur voller Schwermut zurückdenken kann. Da wir beide einen Hang zum Studieren hatten, waren wir mit Büchern gut ausgerüstet, stellten aber bald fest, daß es schwer war, sich in der strahlenden Augustsonne und inmitten einer Landschaft zu konzentrieren, die an Schönheit alles übertraf, was ich auf dieser Welt bisher gesehen hatte.

Nachts arbeitete ich. Unsere Zimmer waren klein und so schlecht beleuchtet, daß ich zum elektrischen Licht noch den Schein mehrerer Kerzen brauchte, die ich auf meinen Tisch stellte, und in dieser flackernden Atmosphäre entstanden die düstersten Seiten von *Mont-Cinère*.

Einen Monat später kehrten wir nach Paris zurück, blieben ein paar Wochen und fuhren dann in die Pyrenäen, wo wir einen ganzen Monat in Saint-Sauveur verbrachten, einem Städtchen am Gave de Pau. Von unseren Fenstern konnten wir sehen, wie der Wildbach das mit Pappeln bestandene Tal von Argelès hinunterstürzt, durch das vor elf Jahrhunderten das Heer Karls des Großen gezogen war. Die Bauern mähten ihre Wiesen, und junge Hirten spielten auf Maultrommeln, während sie ihre Ziegen die Berghänge hinaufführten. Man hörte nichts anderes, nur diese seltsamen kleinen Melodien, die von fern herüberklangen, oder das Zischen der Sensen, die auf den Wiesen unterhalb des Hauses Gras schnitten, und das stete Gemurmel des Wassers. Unsere Zimmer hatten weiße Musselinvorhänge und altmodische Mahagonimöbel. Die strenge Schönheit des Tals, der leichte Eisenkrautgeruch, der im Sonnenlicht schwebte, das alles kommt mir mit schmerzlicher Lebendigkeit in den Sinn.

Anfang Oktober verließen wir Saint-Sauveur. Ein paar Tage zuvor war ich mit meinem Buch fertig geworden, das ich *Mont-Cinère* nannte, nach einem Vulkansee in der Umgebung von Besse-en-Chandesse. Aber ich hatte dabei vor allem an Kinloch gedacht, das Haus meiner Cousins in den Blue Ridge Mountains, wo ich so viele glückliche Tage verbracht hatte.

Ich kehrte also mit einem abgeschlossenen Roman im Koffer nach Paris zurück. Von kindischem Stolz erfüllt, holte ich ihn zu Hause hervor und legte ihn auf meinen Schreibtisch, aber ich muß sagen, daß mich sein Umfang mehr beeindruckte als sein Inhalt; das Wichtigste war in meinen Augen, daß ich es geschafft hatte, zweihundert zusammenhängende Seiten zu schreiben. Jetzt hatte ich zumindest ein gewisses Vertrauen in meine Fähigkeit gewonnen, ein Buch zu Ende zu schreiben, ob es jedoch etwas taugte, war eine andere Frage. Robert hatte es mit größter Akkuratesse gelesen. Er war auch danach der erste Leser aller Romane, die ich geschrieben habe, und seine Kritik erwies sich als von unschätzbarem Wert. Sorgen bereitete mir bei *Mont-Cinère*, daß es keinem der Bücher glich, die damals veröffentlicht wurden, aber genau das schätzte Robert am allermeisten. Er beschloß, den Roman dem Chefredakteur der *Revue Hebdomadaire* vorzulegen. Ich trennte mich nur widerstrebend von meinem Manuskript und verbrachte die folgenden zwei, drei Tage in Angstzuständen, die gelegentlich in verrückte Hoffnungen umschlugen.

Das Urteil war ziemlich beruhigend. Ein Teil des Romans würde in der Zeitschrift erscheinen, und gleichzeitig wollten ihn die Verleger von Plon lesen, deren Büros im selben Gebäude wie die *Revue Hebdomadaire* lagen. Nach einigen Tagen erhielt ich einen Vertrag, den ich unterschrieb. Geschäftliche Angelegenheiten waren nie meine Stärke, ein Vertrag ist für mich nur ein Stück langweiliges Kauderwelsch, doch auf Anraten meines Vaters und Robert de Saint Jeans verlangte ich einige Änderungen, die sich später als höchst vorteilhaft für mich erwiesen.

Das war Ende 1925, und ich begrüßte das neue Jahr mit einem Gefühl von Leichtigkeit, das mir bisher unbekannt gewesen war. Ich dachte an das Schiff auf dem Titelblatt meines Cassianus und sagte mir unwillkürlich, daß der Wind allmählich in die Segel blies, zwar noch sachte, aber mit dem Versprechen langer Reisen. Es machte mir Spaß, mich mit diesem Schiff zu identifizieren und mir vorzustellen, ich sei endlich unterwegs, nachdem ich so lange vor Anker gelegen hatte. So lange, ich war fünfundzwanzig!

Die *N. R. F.*, wie man die *Nouvelle Revue Française* nannte, hatte bereits angefangen, meine Erzählung abzudrucken, die zunächst in der Zeitschrift und dann in Buchform erscheinen sollte, in einer besonderen Reihe, die Gaston Gallimard für seine jungen Autoren eingerichtet hatte. Jeder Band dieser Reihe trug als Frontispiz ein Porträt des Autors, und ich wurde gebeten, mir einen Künstler auszusuchen, der eine Zeichnung von mir anfertigen sollte; falls mir niemand einfiele, würde die *N. R. F.* einen Künstler ihrer Wahl beauftragen. Das beunruhigte mich ein bißchen, denn ich hatte wenig Vertrauen in den Geschmack von Verlegern; andererseits kannte ich keinen Künstler außer Pruna, der aber war gerade nicht in Paris. Nachdem ich mir die Sache reiflich überlegt hatte, beschloß ich, Cocteau zu fragen, dessen Federzeichnungen von Radiguet, Auric, Picasso und anderen eine Art nervöser Anmut besaßen, eine Lebendigkeit, die an Baudelaires Skizzen erinnerte. Zufällig hatte er mir einige Wochen zuvor sein letztes Buch mit einer so freundlichen Widmung geschickt, daß ich nicht zögerte, ihm zu schreiben. Er kannte mich nur als Verfasser jenes merkwürdigen kleinen Buches über den Katholizismus, oder zumindest glaubte er das, aber wir waren uns vor zwei Jahren im Haus eines Freundes begegnet, wo er auf witzige und geistreiche Art über das literarische Leben gesprochen hatte, das mir damals noch nicht so vertraut war. Vielleicht wollte er sich nicht daran erinnern, weil er sich ziemlich frivol benommen hatte. Ob nun sein Gedächtnis mir zu Hilfe gekommen ist oder nicht, jedenfalls erhielt ich einen bezaubernden Brief, in dem er schrieb, er wolle sein Bestes tun, aber seine Hand »habe nicht alle Tage Flügel«.

Ich besuchte ihn eines Abends nach dem Essen. Er wohnte damals bei seiner Mutter in der Rue d'Anjou, ein oder zwei Häuserblocks von der Madeleine entfernt. Das Gebäude strahlte den Wohlstand des 19. Jahrhunderts aus, der in scharfem Gegensatz stand zu meiner Vorstellung von moderner Poesie; kaum zu glauben, daß ein so kühner Schriftsteller wie Cocteau in diesem altmodischen *décor* leben konnte. Solche Gedanken gingen mir durch den Kopf, als ich in den mit purpurrotem Plüsch tapezierten Aufzug stieg und an dem samtumhüllten Strang zog, damit sich das behäbige Gefährt langsam in Bewegung setzte und zögernd aufwärts fuhr, bis in den obersten Stock.

Ich läutete und wurde eingelassen. Der Vorraum war groß und düster, Bücher in Mahagonischränken gaben ihm jenen Anstrich bürgerlicher Wohlanständigkeit, den ich gut kannte und trotz seiner Schwerfälligkeit mochte, weil er zum französischen Leben gehörte und sich mit vielen schätzenswerten Eigenschaften verband; trotzdem war er mir in den Häusern anderer Leute lieber als in unserem eigenen, wo mehr Phantasie herrschte. Kaum hatte ich meinen Mantel abgelegt, ging eine andere Tür auf, und ich wurde aufgefordert einzutreten.

Cocteau stand mitten in seinem Zimmer: ein kleiner, hagerer Mann mit unglaublich leuchtenden Augen und einem dichten, tintenschwarzen Haarschopf, der sein Gesicht kreidebleich wirken ließ. Er kam mir mit ausgestreckten Händen entgegen und begann sofort zu reden. Was er sagte, daran erinnere ich mich nicht mehr, aber die Worte, die er gebrauchte, schienen einer Sprache anzugehören, die ich nie zuvor gehört hatte und dennoch bestens verstand. Es waren Worte, die wir tagtäglich gedankenlos aussprechen, doch Cocteau schien ihnen eine neue Bedeutung zu geben; banale Ausdrücke wurden schön und kostbar durch die Unvorhersehbarkeit, mit der er sie in seine Sätze einbaute; ein armseliger Gemeinplatz erstrahlte plötzlich in der Frische, die er in seiner Jugend einst gehabt hatte. Cocteaus Art zu sprechen war eine Reihe von Überraschungen, die den Verstand entzückten und ihn ständig neue, noch größere Freuden erwarten ließen. Sie glich der Rede eines Zauberers und bewirkte unter anderem, daß der Zuhörer plötzlich schneller zu denken vermeinte, als er in seinem Leben jemals gedacht hatte, und daß er geistig auf eine Reise in eine seltsame neue Welt entführt wurde. Während ich dies schreibe, wird mir klar, wie unzureichend meine Worte klingen müssen in ihrem Bemühen, etwas zu schildern, was sich jeder Schilderung entzieht; es ist, als wollte man einem Blinden erklären, wie der Flug eines Vogels aussieht. Cocteau erzählte eine Geschichte in drei Sätzen und so lebendig, daß selbst die Jahre sie nicht aus meiner Erinnerung löschen konnten. Gedanken und Gefühle brachten ihn fast unweigerlich auf Bilder, Vergleiche, die so persönlich, so vollendet schön waren, daß man bedauerte, nicht jedes Wort, das er sagte, aufschreiben zu können. Seine Sätze begannen oft mit »*C'est comme* … – Das ist wie …«, dann folgten herrlich phantasievolle Vergleiche, die einem den Atem verschlugen; nun neigte er den Kopf leicht zur Seite wie ein Vogel, als würde er horchen, ob eine Antwort käme, die gar nicht kommen

konnte, und sagte: »*Quoi?*« *Quoi* bedeutete nicht, daß er eine
Antwort erwartete – was hätte man schon antworten können?
Man war nur noch fähig zu hoffen, er würde weitersprechen.
Mit aufgeknöpften und leicht hochgeschlagenen Jackett-
ärmeln, so daß die Manschetten fast ganz zu sehen waren,
fuhr der Dichter fort, wurde immer lebhafter, entwarf ein
Porträt von Anna de Noailles oder Sergej Diaghilew, bei dem
man sich fragte, ob man die Person nicht leibhaftig vor Augen
hatte, dann erklärte er in wenigen, unvergleichlichen Sätzen
das Geheimnis von Rimbauds Genie oder beschrieb eine
Straße, die man gut zu kennen glaubte, auf eine Weise, die
einen entdecken ließ, daß man nie richtig hingeschaut hatte.
Die Theorie, daß Dichter Träumer sind, wurde beständig
Lügen gestraft von diesem hellwachen kleinen Mann, dessen genaue und köstliche Worte alle Schatten zu zerstreuen
schienen. Ich war so erstaunt, daß eine ganze Weile verging,
bevor ich wahrnahm, was mich umgab. Wenn der Vorraum
mir so vertraut war wie der von Hunderten französischer
Häuser, glich dieses Zimmer keinem Zimmer, das ich jemals
gesehen hatte.

Das Bett war ein gewöhnliches Messingbett mit einer sei-
denen Daunendecke, auf der die Blätter eines Manuskripts
sorgfältig ausgebreitet lagen. Daran war nichts ungewöhnlich,
aber daneben, auf einem langen Tisch, standen unzählige
seltene und faszinierende Gegenstände, die meine Neugier
so sehr erregten, daß ich die Augen nicht von ihnen wenden
konnte. Cocteau merkte das, fast noch bevor ich selber es tat,
und mit der Gewandtheit eines Eiskunstläufers, der seine
Figuren ausführt, lenkte er das Gespräch auf eine Kristallkugel, die er mit seinen knochigen Händen in die Höhe hob.
Ich drückte meine Bewunderung mit einfachsten Worten aus,
doch er bemächtigte sich gewissermaßen ebendieser Worte
und verwandelte sie in etwas, so transparent und schön wie
der Gegenstand, den wir betrachteten. Das war die Gabe
dieses glänzenden Redners, des größten, den ich je kennengelernt habe: Er schien aus nichts Schönheit zu schaffen oder

sie ins Übernatürliche zu steigern, wo sie bereits vorhanden war. Kaum hatte ich die Kristallkugel betrachtet, legte er mir eine Maske aus bemalter Pappe in die Hände, die Maske, die ein Schauspieler in Cocteaus Bearbeitung der *Antigone* tragen sollte. Diese Maske, ein weißes Gesicht mit Zügen von makelloser Regelmäßigkeit, zeigte einen unvergeßlichen Ausdruck des Grauens, der einzig und allein durch die leicht hochgezogenen gewölbten Augenbrauen hervorgerufen wurde. Picasso hatte sie gemacht. Auf dem Tisch lagen noch mehrere ähnliche Masken, die stumm das Schicksal der Jungfrau von Theben beklagten und mit leeren Augenhöhlen zur Decke starrten, von der ein wundersamer, raffinierter Gegenstand herabhing und kaum wahrnehmbar hin und her schaukelte, während wir durch das Zimmer gingen.

Auf den ersten Blick konnte ich nicht erkennen, was es war: Ich glaubte ein Gesicht zu sehen, doch sobald sich das Ding ein klein wenig bewegte, wurde es zu einem Gewirr nichtssagender Drähte; einen Augenblick später tauchte das Gesicht wieder auf und betrachtete mich mit halbgeöffneten Lippen, als wollte es sprechen. Dieses wundervolle Spielzeug, das seither oft nachgemacht worden ist, bestand aus Pfeifenreinigern, so zurechtgebogen und miteinander verbunden, daß sie die Umrisse eines Kopfes bildeten und sogar Gesichtszüge andeuteten, das ganze hing an einer Schnur von der Decke. Noch unheimlicher waren die Schatten, die es an die Wand warf, wenn es sich im Schein einer einzigen Lampe drehte. Cocteau war genauso stolz auf seine Erfindung wie Leonardo da Vinci auf die abscheulichen Spielsachen, mit denen er gern seine Freunde erschreckte: geflügelte Echsen, Medusenköpfe in einem Knäuel zuckender Schlangen. Ganz offensichtlich hatte die geheimnisvolle Persönlichkeit des Florentiners damals einen gewissen Einfluß auf Cocteau. Wie Leonardo da Vinci machte es dem französische Dichter Spaß, Überraschung hervorzurufen, manchmal mit einer Spur Angst vermischt oder wenigstens mit ein bißchen Verstörung, die seiner Darbietung Pfiff gab. Damit stand er natürlich in einer französischen Tradition, in der Tradition Baudelaires, der sich die Haare grün anmalte, oder der Surrealisten, die gerade damit anfingen, *des plaisanteries pas drôles* zu machen, wie sie es nannten, wozu das Vergießen von Tränen gehörte und manchmal auch von Blut.

Schließlich kamen wir auf die Angelegenheit, die mich hergeführt hatte, und ich nahm Platz, damit er mein Porträt anfertigen konnte. Drei oder vier Skizzen wurden schnell hingeworfen und noch schneller wieder verworfen, bis eine von ihrem Urheber als passabel erachtet und mir geschenkt wurde; sie war mit einem verkehrtherum gehaltenen Federhalter gezeichnet, das falsche Ende wurde in die Tinte getaucht und als Feder benutzt, und natürlich prangte in einer Ecke ein Stern als Signatur. Wie zufrieden und stolz ich auf meinen Abend war, kann man sich kaum vorstellen; doch meine Schwester Anne und Robert, denen ich die Zeichnung am nächsten Tag zeigte, runzelten ein wenig die Stirn und meinten, sie sähe mir nicht sehr ähnlich.

»So gerissen hast du noch nie dreingeschaut«, sagte Robert, »das sind nicht deine Augen, das sind seine.«

»Die Frisur stimmt auch nicht«, fügte Anne hinzu.

»Aber es ist doch eine gute Zeichnung, oder?« fragte ich.

»Wahrscheinlich schon«, bekam ich zur Antwort.

Ich fühlte mich ein wenig bestohlen und steckte die Zeichnung zurück in ihren Umschlag.

XII.

Zu Hause waren wir jetzt nicht mehr viele. Eleanor lebte in Genua, wohin sie 1914 mit ihrem Mann gezogen war. Nach langen Jahren der Krankheit war Mary am Ostermorgen 1926 gestorben. Ihr Temperament und ihr Mut zeigten sich in optimistischer Heiterkeit angesichts einer Zukunft, die sich immer stärker verdüsterte; sie war eine ungeduldige, geistreiche Person mit einem großzügigen Herzen, begierig, das Leben zu genießen, und doch klagte sie nie über die Hindernisse, die sich ihr in den Weg stellten. Ich habe sie immer mit meinen Kindheitserinnerungen in Verbindung gebracht, vielleicht, weil sie seit 1906 fast ständig fort war; nach ihrem Tod wurden die späteren Erinnerungen langsam von den früheren verwischt, und so dachte ich gewöhnlich an sie, wie ich sie in der Rue de Passy gekannt hatte, in ihrem langen braunen Kleid, dessen Saum die welken Blätter aufwirbelte, wenn wir im Herbst durch den Bois de Boulogne spazierten, wobei ich von Zeit zu Zeit stehenblieb und mir die Taschen mit Kastanien vollstopfte, während sie mit schnellen Schritten, den Kopf leicht nach vorn geneigt, in ihrer kühnen und zugleich geistesabwesenden Art weiterging.

Anne, Lucy und ich lebten noch immer bei meinem Vater. Das Haus war still und ein bißchen traurig geworden. Marys Klavier im kleinen Salon blieb stumm, denn keiner von uns spielte darauf. Manchmal versuchte ich einen Akkord anzuschlagen oder mit einem Finger eine Melodie zu klimpern nach der seltsamen Methode, die mein Freund Gilbert mir vor Jahren beigebracht hatte: »*Mon vieux*, das ist wirklich nicht schwer, und du brauchst dich auch nicht mit dem Üben von Tonleitern herumzuärgern. Denk immer nur an den Abstand der Tasten vom Schlüsselloch: zwei Weiße rechts vom Loch und vier Schwarze auf der gleichen Seite, dann eine Weiße rechts und so weiter, und du hast deine Melodie!« Das führte nicht sehr weit, aber es machte Spaß, dem Klang der Töne zu lauschen, und ich hielt mein Ohr so nah wie möglich ans Klavier, um das Schwingen der Saiten zu hören. Als Kind hatte ich den launenhaften und abgerissenen Melodien unseres Klavierstimmers gelauscht, seinen gewagten und verrückten Akkorden, die zauderten, einander dicht auf den Fersen folgten und ganz plötzlich stillstanden, als hätten sie etwas vergessen, dann in düsterer, verzweifelter Stimmung umkehrten. Das alles fiel mir mit leichter Wehmut wieder ein, wenn ich ungeschickt auf der Tastatur herumtappte. Mein Vertrauen ins Leben war grenzenlos, doch ich wußte, ich hatte bis jetzt Glück gehabt, und ich konnte mich nicht darauf verlassen, daß es auch in Zukunft so sein würde.

Wir lebten nun schon seit zehn Jahren in der Rue Cortambert, und ich hing sehr an unserem Zuhause; ich merkte, daß es mit der Zeit ein Teil von mir selbst wurde, und das war nicht gut; damals glaubte ich, jede Gefühlsbindung schränke zwangsläufig unsere Freiheit ein, und ich wollte frei sein, obwohl ich nicht hätte sagen können, worin diese Freiheit bestand. Selbst 1926 war ich in mancher Hinsicht noch ein solches Kind, daß ich unsere Wohnung bezaubernd und schön fand mit ihren hellen, fröhlichen Räumen auf der Straßenseite. Meine Schwester Anne sorgte dafür, daß immer Blumen in den Vasen standen; dank ihres sicheren Geschmacks, was Einrichtung betraf, verströmten unsere beiden Salons große Behaglichkeit. Die Armsessel und das Sofa aus dunklem Rosenholz kamen vor den hellgelben Wandtapeten hübsch zur Geltung, und die Reihen ledergebundener Bücher verliehen den Zimmern noch mehr Atmosphäre. Das Eßzimmer hingegen, mit seinen schokoladenbraunen Wänden und dem riesigen Kamin aus rotem Marmor, war schwer zu retten. Es war schokoladenbraun, weil alle französischen Eßzimmer jener Zeit schokoladenbraun waren, und so hatte mein Vater nichts unternommen, um unseres zu verändern, als wir eingezogen waren, Anne und mich jedoch störte es immer.

Wie schon gesagt, mein Vater war seit ein oder zwei Jahren im Ruhestand. Da er ein Mensch war, der wenig sprach und sich vor allem nie beklagte, konnte man unmöglich wissen, was er darüber dachte. An dem Tag, als er nach Hause gekommen war und uns gesagt hatte, die europäische Filiale der Southern Cotton Oil Company würde geschlossen, hatte er wie immer gelächelt und alte Melodien aus dem Sezessionskrieg vor sich hin gesummt, erst später begriffen wir, wie besorgt und unglücklich er gewesen sein mußte. Etwa eine Woche später kam er aus seinem Büro in der Rue du Louvre mit einem flachen Paket nach Hause, das er in eine Lade steckte. Es war das Messingschild, das über zwanzig Jahre lang an seiner Bürotür geglänzt hatte und in dicken schwarzen Buchstaben seinen Namen trug: Edward M. Green, Alleinvertreter für Europa der Southern Cotton Oil Co. Seine Haare waren inzwischen schneeweiß, doch er hielt sich gerader denn je und machte lange Spaziergänge, um die endlosen, müßigen Tage auszufüllen. Manchmal lag tiefe Traurigkeit auf seinem Gesicht, wenn er sich unbeobachtet glaubte, und ich wußte, wie sehr ihm meine Mutter fehlte, doch er verlor kein Wort darüber. Seine Hauptsorge war unsere Zukunft, denn er hatte gerade einmal genug Geld, um unseren Haushalt zu finanzieren, und konnte nicht hoffen, uns viel zu hinterlassen. Obwohl ich einen Vertrag mit einem der bekanntesten Pariser Verleger unterschrieben hatte, war er sich nicht sicher, daß ich mir durch Bücherschreiben meinen Lebensunterhalt verdienen konnte. Die meisten seiner alten Freunde waren tot, und der einzige Mensch, zu dem er wenigstens andeutungsweise von seinen geheimen Ängsten sprach, war der Steuerbeamte, der es mir später erzählte.

Es lag nicht in meiner Natur, mir Sorgen zu machen. Ich hatte uneingeschränktes Vertrauen in die Zukunft, man hätte glauben können, das Schicksal habe mir hoch und heilig versprochen, mich immer gut zu behandeln. Ich wußte, mein

Vater würde nicht ewig leben, er war zweiundsiebzig und bei schlechter Gesundheit, und wenn er nicht mehr da war, konnte ich nur auf mich allein zählen, doch in mir hatte sich der Gedanke fest verwurzelt, alles würde gutgehen, solange ich weiterschrieb. Ich hatte mit einer Reihe von Essays über englische Literatur begonnen, die ich *Englische Suite* nannte und zu einem guten Preis zu verkaufen hoffte. Auch Anne hatte viel Arbeit als regelmäßige Korrespondentin mehrerer englischer und amerikanischer Zeitschriften.

Mein erster Roman, *Mont-Cinère*, erschien im Frühling jenes Jahres und kam gut an. Ich erinnere mich, daß ich einige Tage nach seiner Veröffentlichung durch die Avenue Kléber spazierte und unweit der Rue Hamelin, wo Proust gestorben war, stehenblieb, um einen Blick ins Schaufenster eines Buchhändlers zu werfen; mein Roman war nicht unter den ausgestellten Büchern, aber eine Nummer der *Nouvelles Littéraires* lag auf einem Tisch. Über einer Spalte auf der Titelseite las ich in ziemlich großen Buchstaben meinen Namen. Das war ein Schock: Ich spürte, wie ich rot wurde, und ging rasch weiter. Ich weiß bis heute nicht, warum ich mich so seltsam benommen habe; unter die Freude mischte sich ein Gefühl von Scham, und ich sagte zu niemandem ein Sterbenswörtchen über das, was ich gesehen hatte, hoffte, der Artikel werde unbemerkt bleiben und wünschte mir gleichzeitig, jemand möge ihn bemerken. Mir ging es wie der alten Dame in *Das Haus mit den sieben Giebeln*, die läutet und dann murmelt: »Oh, ich hoffe, niemand hat mich gehört!« Bald kam Robert zu Besuch und schwenkte ein Exemplar der Zeitschrift. Am liebsten hätte ich mir die Ohren zugehalten und gerufen: »Nein, ich will nichts wissen!« Heute bin ich nicht mehr so.

Mein Vater las das Buch und warf mir lächelnd vor, das Haus seiner Schwester mit Geizkragen bevölkert zu haben, denn ich ließ die Geschichte im Haus meiner Tante in Kinloch spielen, in Fauquier County, Virginia. Dieses schöne alte Haus, das General Lee wiederholt in den Briefen an seinen Sohn als einen Ort erwähnt, wo er sich besonders gern aufhalte, hätte gewiß eine bessere Behandlung meinerseits verdient, als am Ende des Buches in Flammen aufzugehen.

Niemand freute sich mehr über den Erfolg dieses Buches als Robert. Er hatte bereits einen Artikel über das Pamphlet geschrieben, und nun schrieb er einen anderen über *Mont-Cinère*. Aber seine Großzügigkeit ging noch weiter. Erst Monate später erfuhr ich, daß er sich als stellvertretender Redakteur der *Revue Hebdomadaire* an wichtige Kritiker gewandt und sie auf mein Buch aufmerksam gemacht hatte. Einer von ihnen, Edmond Jaloux, tat viel, um mir am Anfang meiner Laufbahn zu helfen, und was er schrieb, beförderte den Erfolg meiner Bücher. Natürlich gab es auch unfreundliche Artikel, von denen mich einige bis ins Mark trafen, denn ich war damals furchtbar empfindlich, aber heute kann ich nur sagen, Gott sei Dank, daß es sie gab. Am meisten wurmte mich, mitgeteilt zu bekommen, wie ein paar Leute es ganz unverblümt taten, es sei offensichtlich, daß ich, da in diesem Roman die Liebe überhaupt nicht vorkomme, dieses Thema wohl nicht angemessen behandeln könne: Sie sahen darin das Eingeständnis, daß ich schlichtweg außerstande sei, über Liebe zu schreiben. Ich hütete mich, anders darauf zu antworten als durch ein Buch, das meinen Kritikern den Mund stopfen würde.

Ungefähr um diese Zeit begann meine erste Erzählung, *Fremdling auf Erden*, in Fortsetzungen in der *Nouvelle Revue Française* zu erscheinen. Nach der ersten Folge zeigte mir Paulhan, der Herausgeber der Zeitschrift, einen Brief, den er von André Gide erhalten hatte und in dem dieser um die Fahnen der zweiten Folge bat, denn er wollte nicht einen Monat warten, um zu erfahren, wie meine Geschichte ausging. Das war so ermutigend, daß ich Lust bekam, mich sofort an meinen Schreibtisch zu setzen und einen neuen Roman anzufangen; nach genauerer Überlegung sagte ich mir jedoch, es sei klüger zu warten, bis ich mir einen interessanten Plot ausgedacht hätte, anstatt mich wieder auf eine Geschichte einzulassen, von der ich nicht wußte, was darin passieren würde.

Robert de Saint Jean rezensierte Bücher für verschiedene Literaturzeitschriften. Er unterschied sich von den gewohnten Kritikern dadurch, daß er immer versuchte, etwas Gutes in den besprochenen Büchern zu entdecken, auch wenn er manchmal einen schlechten Roman so grausam verriß, daß man hätte meinen können, er sei angegriffen worden und schreibe, um sich zu verteidigen; das kam von seiner ungeheuren Liebe zur Literatur, die er durch eine Massenproduktion von Schund bedroht sah. Fast alles und jedes konnte in jenen Zeiten literarischer Inflation gedruckt werden. Jede Woche wurden neue Genies entdeckt von gewissen Verlegern, die es schafften, die Buchhandlungen mit kläglichen Imitaten von Cocteau oder Giraudoux vollzustopfen, dank einer unerhörten Werbung, die selbst Balzac zuviel gewesen wäre. Dieser Zustand dauerte bis Ende 1931, als die große Wirtschaftskrise dieser Periode minderwertiger Literatur ein Ende setzte. Sich Verlagsprogramme der zwanziger Jahre anzuschauen ist phantastisch: von fünfzig, sechzig Namen haben höchstens zwei oder drei überlebt! Kritiker erhielten fast täglich Stapel von Büchern, die sie praktisch nach Gewicht an Antiquariate weiterverkauften.

1926 hatten wir beschlossen, die Sommerferien im Elsaß zu verbringen, in einer Provinz, die keiner von uns beiden gut kannte. Die Aussicht, einen Monat in einem friedlichen kleinen elsässischen Dorf zu verbringen, hielt mich jede Nacht vor lauter Aufregung wach. Mein Koffer, den ich mehrmals ein- und wieder ausgepackt hatte, stand lange im voraus bereit; vor allem die Auswahl der Bücher zwang mich, den Inhalt dieses alten rindsledernen Koffers neu zu ordnen, einst treuer Begleiter meines Vaters, der mit ihm von Sankt Petersburg nach Palermo und von Stockholm nach Konstantinopel gereist war, wie die Hotelaufkleber bewiesen. Endlich kam der ersehnte Tag: Am 1. Juli trafen Robert und ich uns bei strahlender Sonne an der Gare de l'Est; mir war, als seien meine fröhlich leuchtenden Kindertage wiedergekehrt und ich dürfe sie noch einmal erleben. Aber ich kann nicht sagen, daß ich so unbeschwert war wie damals, als mein Vater und meine Mutter mit uns nach Andrésy fuhren. Ich hatte ein schwieriges Problem vor mir und einige Zweifel an meiner Fähigkeit, es zu lösen. Seit einigen Wochen dachte ich über einen guten Plot für mein neues Buch nach, ich hatte bisher jedoch nichts gefunden, was mir gefiel, und in Augenblicken der Mutlosigkeit erinnerte ich mich daran, irgendwo gelesen zu haben, daß es relativ leicht sei, einen ersten Roman zu schreiben, die wahre Prüfung erwarte den Romancier erst bei seinem zweiten Buch. Ich spürte in meinem Innersten, daß ich all jenen, die in *Mont-Cinère* das Versprechen auf noch bessere Bücher gesehen hatten, jetzt zeigen mußte, was in mir steckte, und ich war entschlossen, diesmal eine Liebesgeschichte zu schreiben. Immer wieder hatte ich mich an meinen Tisch gesetzt und über alle Situationen nachgegrübelt, in die man durch Liebe geraten kann. Das war natürlich nicht der richtige Weg; Erinnerungen an Stücke und Romane tauchten in meinem Kopf auf, aber ich wollte ja etwas Neues schreiben. Zuletzt beschloß ich, die Sache für eine Weile ruhen zu lassen und mich im Zug, mit frischem Geist, wieder darum zu kümmern. Merkwürdigerweise zählte ich nämlich auf die Bewegung des Zuges: Sie sollte als Stimulans dienen, denn mir war aufgefallen, daß ich geistig nie so rege war wie auf Reisen. Was die Erklärung dafür sein mag, weiß ich nicht, außer vielleicht, daß es einen dunklen Zusammenhang gibt zwischen der Schnelligkeit der Bewegung und der Schnelligkeit des Denkens; sobald ich in einer Ecke des Abteils saß, unternahm ich also einen neuen Versuch, einen Plot zu konstruieren. Wir sollten Colmar im Laufe des Nachmittags erreichen, und ich hoffte fest, durch reine Willensanstrengung mit einem neuen Buch im Kopf aus dem Zug zu steigen; doch eine Stadt nach der anderen flog vorbei, Felder, Wälder, Hügel, und nichts kam, was mir wert schien, aufgeschrieben zu werden. Meine Einbildungskraft ließ mich im Stich.

Ich war in eine Sackgasse geraten, ich mußte umkehren und das Problem aus einem anderen Blickwinkel betrachten.

Warum glaubte ich, unbedingt einen Plot zu brauchen? Weil ich gelesen hatte, daß Schriftsteller ihre Romane in groben Zügen skizzieren, bevor sie das erste Kapitel schreiben, und das schien mir so logisch, daß es Unfug gewesen wäre, anders vorzugehen. Sicher, mein erstes Buch hatte ich geschrieben, ohne recht zu wissen, was darin passieren würde, außer daß das Haus meiner Tante Lucy Turner eine wichtige Rolle spielen sollte, aber es war nicht sehr vernünftig anzunehmen, dieses Fehlen jeglicher Methode könnte ein zweites Mal zu guten Ergebnissen führen. Aber das war nun mal meine Herangehensweise.

Während ich mich noch weiter mit der Sache beschäftigte, dachte ich an einige meiner Lieblingsbücher, und plötzlich fiel mir ein interessanter Aspekt auf: Ich erinnerte mich besser an Figuren als an Plots; manchmal hatte ich die Geschichte fast vollkommen vergessen, wogegen die Figuren mit erstaunlicher Wirklichkeit in meinem Kopf lebten; ich wußte, wie sie waren und wozu sie fähig waren, aber was ihnen tatsächlich widerfahren war, hatte sich aus meinem Gedächtnis verflüchtigt. Die zufälligen Ereignisse waren durch eine unbewußte Auslese fast völlig verdrängt worden, wenn ich so große Worte verwenden darf. An Handlungen und Äußerungen erinnerte ich mich nur insofern, als sie zum eigentlichen Ich der Figuren gehörten. Unvergeßlich zum Beispiel war »C'est la faute de la fatalité – Das Schicksal hat schuld«, denn Charles Bovarys ganze Persönlichkeit war in diesem ergreifenden Satz zusammengefaßt.

Der Autor schafft Figuren, und die Figuren schaffen den Plot. Streng genommen dürfte sich der Autor in den Plot überhaupt nicht einmischen. Er geht ihn genausowenig etwas an, wie das Privatleben eines erwachsenen Menschen dessen alte Eltern etwas angeht, und Autoren sind wie alte Eltern, die gewöhnlich scheitern, wenn sie versuchen, ihre geistigen Kinder das Gewicht ihrer Autorität spüren zu lassen und deren Leben nach ihren eigenen Vorstellungen zu gestalten. Das war die Wahrheit, die ich verschwommen zu begreifen anfing, als wir in den Bahnhof von Colmar einfuhren. Ich hatte zwar keinen Plot gefunden, entdeckte jedoch allmählich etwas unendlich viel Wertvolleres.

Unser Ziel war ein Städtchen namens Orbey in den Ausläufern der Vogesen. Ein kleiner Regionalzug brachte uns dorthin, und am späten Nachmittag packten wir bereits unsere Koffer aus in zwei ziemlich kleinen Zimmern, von denen wir eine schöne Aussicht auf die Berge hatten. Und doch störte uns etwas, das keiner von beiden ansprechen wollte, denn, so häßlich die Angelegenheit auch war, es schien sinnlos, sie wichtig zu nehmen: die Tapete. Vom Fußboden bis hinauf zur Decke waren die Wände mit großen, blutroten Scheiben bedeckt, die in regelmäßigen Abständen angeordnet und von kümmerlichen Gänseblümchengirlanden eingefaßt waren, aber diese verstärkten durch den Gegensatz eher die seltsame und unheimliche Wirkung des Dekors, als sie abzuschwächen. Wir taten, als würden wir nichts sehen.

Robert machte es sich in einem Lehnstuhl bequem, um zu lesen, während ich mich in meinem Zimmer an einen kleinen Tisch setzte, den ich ans Fenster geschoben hatte. Eine Feder, ein Tintenfaß, ein Blatt Papier vor mir, und im Kopf nicht die leiseste Ahnung, was ich schreiben wollte. Ich fragte mich, ob mein Bedürfnis zu schreiben nicht dadurch blockiert wurde, daß mir der Rohstoff fehlte: nämlich eine Geschichte. Vielleicht hatte ich in meinem ersten Buch alles gesagt, was ich zu sagen hatte! Dieser Gedanke war niederschmetternd, ich schlug mich mit ihm herum und schob ihn beiseite. Ich saß völlig reglos da, mehrere Minuten verstrichen, dann kam mir ein Satz in den Sinn, den Carlyle in ähnlicher Lage gesagt haben soll: »Mir war, als sei mein Kopf mit Schlamm gefüllt.« Das war eine merkwürdige Art, sich auszudrücken, und ich spielte eine Weile mit diesem Bild. Wenn ein großer Mann wie Carlyle zugab, daß er in manchen Augenblicken unfähig war zu schreiben, hatte auch ich ein Recht auf derlei Schwierigkeiten. Am meisten bedauerte ich, nicht irgendeinen Gegenstand vor mir zu haben, auf den ich mich konzentrieren konnte. Als ich *Mont-Cinère* schrieb, wanderte mein Blick ständig zu einer alten Photographie, die mein Vater von einem Salon in Savannah aufgenommen hatte, einem häßlichen, aber pittoresken Raum, der mich anregte, weil ich versuchte, ihn mit Figuren aus meiner Phantasie zu bevölkern. Ich nahm sie mit auf die Sommerreise, so wie ich einen Fetisch mitgenommen hätte. Aber für dieses zweite Buch hatte ich keinen Fetisch, obwohl ich wenig später einen fand. Auf einmal begann ich an die Rue Cortambert zu denken. Es war Zeitverschwendung an die Rue Cortambert zu denken, oder zumindest schien es mir so.

Die Schatten auf den Hügeln wurden bereits länger, und das einzige, was ich auf mein Blatt Papier geschrieben hatte, war das Datum und, ganz oben auf der Seite, *Erstes Kapitel*. Das half mir auch nicht weiter. Warum ich immer wieder zu unserer Wohnung in der Rue Cortambert zurückkehrte, wußte ich nicht. Ich war in dem schokoladenbraunen Eßzimmer, dem einzigen häßlichen Raum im ganzen Haus, und ich betrachtete den *Friedhof*, eine Sammlung von Familienporträts, die unweit des Fensters nebeneinander an der Wand hingen. Hatten auch andere Leute *Friedhöfe?* Das fragte ich mich. Einen Friedhof an der Wand zu haben, das war schon eine komische Sache. Tote, die einen anschauen, Tote, denen man ähnlich sieht: Man hat die Augen von diesem Mann, den Gesichtsausdruck von jener Frau und vielleicht auch einige ihrer Gedanken. Es mußte doch möglich sein, einen Friedhof als Ausgangspunkt für einen Roman zu nehmen. Warum versuchte ich es nicht einfach? Ich würde einen Friedhof beschreiben, aber jemand mußte ihn betrachten, jemand mußte davor stehen. Nicht ich; eine Frau.

Sie stand aufrecht im Eßzimmer und betrachtete die Photographien. Sie hieß Adrienne. Das alles schrieb ich auf. Ganz plötzlich sah ich Adrienne vor meinem inneren Auge so deutlich, als wäre sie mit mir im gleichen Raum gewesen. Sie verharrte regungslos, dann rief jemand nach ihr aus dem Nebenzimmer, ihre Schwester. Ein kurzer Dialog folgte, ein Dialog

249

bestehend aus Sätzen, die Leute sagen, wenn sie sich zu Tode langweilen; doch Adrienne langweilte sich bestimmt nicht, sie war unglücklich; manchmal hatte sie den Gesichtsausdruck eines Menschen, der im Bann eines Hypnotiseurs steht. Und warum war ihre Schwester so unfreundlich zu ihr?

Nachdem ich ungefähr zwanzig Zeilen geschrieben hatte, legte ich meine Feder weg und dachte: »Was kann einer Person wie Adrienne passieren? Ich muß versuchen, an etwas Aufregendes zu denken.« Aber ich konnte an nichts denken, und je stärker ich meine Aufmerksamkeit auf diese junge Frau konzentrierte, desto wirklicher erschien sie mir. Plötzlich merkte ich, so banal sie auf den ersten Blick wirken mochte, sie war genauso geheimnisvoll wie jeder andere Mensch, und genauso *allein*. Sie atmete … in einer Atmosphäre der Einsamkeit, die nach und nach erdrückend wurde. Das war mir noch nicht vollkommen bewußt. Ich war zu jung, um zu begreifen, daß es den meisten von uns niemals wirklich gelingt, die Schranken niederzureißen, die uns vom Rest der Menschheit trennen. Sicher, es gibt vielfältige Begegnungen, und ständig werden Worte und Gedanken ausgetauscht, doch wer auch nur ein klein wenig nachdenklich und empfindsam ist, muß feststellen, wie unvollkommen die Kommunikation zwischen den Menschen ist. So viel bleibt unausgesprochen, so wenig wird gesagt. Wenn wir bereit sind zu sprechen und etwas von unserem Innenleben preiszugeben, wer ist in der Stimmung, uns zuzuhören? Und wenn jemand da wäre und geneigt, unseren Worten Beachtung zu schenken, können wir sicher sein, daß er versteht, was wir wirklich sagen wollen? Worte sind so ungenau und stiften Verwirrung. Wie oft haben wir nach einem Versuch uns auszusprechen traurig aufgegeben und uns wieder einmal zurückgezogen! Bei mir hat es immer eine Trennung zwischen freundschaftlichen Gefühlen und Liebe gegeben, und zwar seit der Universität. Das erlebte ich nun wieder. Die platonische Liebe hatte nichts zu tun mit der anderen Liebe, die mich mehr als einmal mit Leib und Seele packte. Das war das eigentliche Thema von *Adrienne Mesurat* und übrigens auch das Thema der meisten Geschichten, die ich seither geschrieben habe.

Am nächsten Morgen wurden wir vom Lärm eines nahegelegenen Sägewerks geweckt und beschlossen auf der Stelle auszuziehen, aber wo sollten wir hin? Nachdem wir uns beim Bäcker, im Tabakladen und schließlich auf dem Gemeindeamt erkundigt hatten, erzählte man uns von einem kleinen Gasthof an der Straße, die auf den Lingekopf führt, einen Berg, der im letzten Krieg heftig umkämpft war. Der Ort, wo wir hinwollten, hieß Les Hautes-Huttes, ein seltsamer Name, wenn man bedenkt, daß dort nur ein einziges Haus stand, nämlich der Gasthof. Wir kamen am späten Nachmittag an, man zeigte uns Zimmer, die wir wunderhübsch fanden, auch wenn sie so einfach waren wie Zimmer in einem Bauernhaus. Jenseits der Straße, dem Gasthof gegenüber, lagen Weizenfelder, auf denen Schnitter mit ihren Sicheln arbeiteten, und in der Ferne erhoben sich die Vogesen. Mit dieser friedlichen und schönen Kulisse vor Augen verlor ich keine Zeit und machte mich wieder an mein Buch, nachdem ich den Tisch ganz nah ans Fenster geschoben hatte.

Robert hatte im Koffer seinerseits die ersten Seiten eines Romans mitgebracht; er arbeitete langsam und redete wenig über sein Buch. Fast zehn Jahre vergingen, bevor ich *Le Feu sacré* lesen durfte, eine bewegende Geschichte, über die ich in meinem Tagebuch gesprochen habe.

Der Sommer verging ruhig, mit Ausnahme einiger Tage Ende Juli, als die plötzliche Abwertung des Franc große Aufregung hervorrief. Angesichts der ernsten Ereignisse, die folgen sollten, verliert sich diese kleine Katastrophe in Belanglosigkeit. Als sie eintrat, hatten wir Les Hautes-Huttes, das wir ein bißchen allzu einsam fanden, bereits wieder verlassen und uns in einem Hotel in Münster eingemietet, einem bezaubernden elsässischen Städtchen am Fuße der Vogesen. Warum der Franc so plötzlich abgestürzt war, weiß ich nicht mehr, aber die darauffolgende Angst habe ich nicht vergessen; man hätte glauben können, das ganze Land stehe am Rand eines bröckeligen Abgrunds. Die allgemeine Bestürzung war so groß, daß wir beschlossen, einen Tag wegzufahren und einen Ausflug an einen entlegenen Ort zu machen. Wir nahmen einen Omnibus nach Türkheim, etwa vierzig Kilometer entfernt, wo wir einen verhältnismäßig glücklichen Tag damit verbrachten, uns die schönen alten Häuser und gotischen Kirchen anzusehen, und als wir zurückkamen, lasen wir in den Abendzeitungen, daß Monsieur Poincaré, *le sauveur du franc*, wie er später heißen sollte, ein neues Kabinett gebildet hatte, daß sich der darniederliegende Franc *in extremis* erholt hatte und alles wieder in Ordnung war. Glückliche Zeiten, als eine Krise nur ein paar Stunden der Ungewißheit bedeutete und ein bißchen Kopfweh, das eine Aspirintablette im Nu vertrieb. Aber in Frankreich darf man eben weder an das Geld noch an die Grammatik rühren!

Fünf oder sechs Wochen später fuhren wir zurück nach Paris.

XIII.

Nach Paris zurückzukommen an einem schönen Spätnachmittag Ende September, wenn die Kastanien schon ein wenig braun geworden sind und die Häuser sich dunkel abheben vor einem strahlend blauen Himmel, das alles ist für immer eingegraben in mein Gedächtnis: Es sind nicht viele Leute auf der Straße, und manche Geschäfte haben noch geschlossen, aber Paris erwacht langsam aus seinem sommerlichen Dornröschenschlaf; in der Luft liegt eine belebende Frische; Taxis fahren die Boulevards hinauf und hinunter, mit Koffern und allen möglichen Gepäckstücken beladen. Die Ferien sind zu Ende, aber wer könnte schon traurig sein, nach Hause zu kommen, wenn Zuhause Paris bedeutet?

Nichts mochte ich damals lieber, als an der Gare de Lyon oder der Gare Saint-Lazare in ein Taxi zu springen und dem Fahrer meine Adresse zu nennen: 16, Rue Cortambert. Zu Hause angekommen, schlenderte ich, nach fünf Minuten Geplauder mit meinem Vater und meinen beiden Schwestern, in unglaublicher Hochstimmung durch die ganze Wohnung. Es war, als würden mich die Wände und jedes einzelne Möbelstück wiedererkennen und begrüßen. Ich wußte genau, mit ihnen würde ich glückliche Tage verbringen. Der Fußboden glänzte wie Metall, die Schonbezüge der Sessel waren makellos weiß, das Glas auf jeder Photographie war geputzt; ein leichter und angenehmer Geruch nach Wachs und Terpentin lag in der Luft. Ich sah mir alles an, als sei ich nie zuvor in dieser Wohnung gewesen, die Bücher, unsere komischen Armsessel aus Rosenholz, die ein wenig abgelaufenen Teppiche, aber Teppiche dürfen nicht zu neu aussehen, die Bilder in ihren altmodischen Rahmen, alles war bestens. Ein langer, wunderbarer Winter erwartete uns mit Theaterstücken,

Konzerten, neuen Büchern, neuen Freundschaften. Alles war ruhig in Paris, alles war in Ordnung in unserer Welt, und warum sollte ich nicht sagen, in der besten aller Welten. Keine Revolution hatte stattgefunden; wahrscheinlich würde auch nie eine stattfinden, und natürlich war kaum die Rede von einem möglichen Krieg in jenen fernen Tagen, als das Wort *Nazi* noch nicht zu unserem Vokabular gehörte.

Wie sicher fühlten wir uns in der Rue Cortambert! Außer am Sonntagmorgen, wenn die Leute aus der protestantischen Kirche kamen, dem *temple*, wie man in Frankreich sagt, und aus der gegenüberliegenden Klosterkapelle, war die Straße so ruhig wie irgendeine Provinzstraße. Die Bäume ragten über die Gartenmauern der kleinen altmodischen Villen mit ihren üppig verzierten Glasveranden. Nachts hörte man so selten Schritte auf den Trottoirs, daß sie einen beinahe erschreckten. Was sollte uns schon geschehen? Was sollte Paris geschehen? Die Stadt hatte den Krieg fast unbeschadet überstanden, wir konnten also weiterhin lachen, weiterhin glücklich sein, so dachten wir zumindest. Dieses Gefühl der Sicherheit so kurz nach dem falschen Alarm vom vorangegangenen Juli ist kaum zu begreifen. Es war das Ergebnis eines Wunschdenkens von Millionen von Parisern, die ein ruhiges Leben in ihrer schönen Stadt führen wollten. Wahrscheinlich lebten wir in einem Traumland, aber solange es hält, fühlt man sich in einem Traumland verdammt wohl!

Ich schrieb die letzten Kapitel von *Adrienne Mesurat* im Oktober und trug das Manuskript in die Rue Garancière. Nachdem ich ein getipptes Exemplar des Romans auf dem Schreibtisch meines Verlegers hinterlassen hatte, ging ich über den Hof des alten Hôtel de Sourdéac und übergab ein weiteres Exemplar Monsieur Le Grix, der ihn in seiner Zeitschrift, der bereits erwähnten *Revue Hebdomadaire*, veröffentlichen wollte. Damit hatte ich mein Tagewerk vollbracht. Ich frage mich, was ich tat, als ich aus der Rue Garancière fortging? Da ich in jener Zeit sehr unregelmäßig Tagebuch führte, weiß ich es nicht mehr. Höchstwahrscheinlich bummelte ich in die Rue

Bonaparte, um mir die Schaufenster der Buchläden anzusehen, und danach stärkte ich mich zweifelsohne mit einigen *éclairs* bei Poire-Blanche, dem berühmten Pâtissier am Boulevard Saint-Germain.

Während ich dies in einem Haus in Neuengland aufschreibe, mit Blick auf die White Mountains und den letzten Nachrichten vom Krieg in der Ukraine nagend im Hinterkopf, frage ich mich immer wieder, ob das wirklich meine Geschichte ist, die ich hier aufschreibe, oder die eines anderen, eines Menschen, den ich sehr gut gekannt, aber seit Jahren nicht mehr gesehen habe. Es kommt mir so merkwürdig vor, nicht in Paris zu sein … Die White Mountains sind wunderschön im Dunstschleier des Sommers, das alte Haus, wo ich gerade bin, strahlt etwas Wohlwollendes aus mit seinen lustigen kleinen zweiflügeligen Fenstern und den blaugrünen Chintzvorhängen, doch kaum habe ich den Namen Boulevard Saint-Germain hingeschrieben, schlendere ich schon im Schatten der Kastanienbäume dahin, die ich so klar vor mir sehe, daß ich sie mit der Hand berühren könnte, oder durch eine der alten Straßen, die so oft Eindringlinge aufmarschieren sahen und diese so oft überlebt haben.

Ein Schriftsteller, der gerade kein Buch schreibt, hat sehr viel Zeit für sich. Wenn er arbeitet, scheint er härter zu arbeiten als irgendwer sonst, aber wenn er nicht arbeitet, wird er zu dem, was die Franzosen einen *flâneur* nennen. Was für ein herrlicher Beruf! Die Bücher schreiben, die man schreiben will, und außerdem Gelegenheit finden, durch die Straßen einer Stadt wie Paris zu streunen! Ich habe viel Zeit mit Herumstreunen vergeudet und bin glücklich darüber. Niemals ist jemand mit größerem Vergnügen herumgestreunt als ich. In jeder Straße glaubte ich damals etwas Neues und Aufregendes zu entdecken, und wenn es nichts Neues und Aufregendes gab, na gut, dann war es immer noch Paris. Manchmal beschlich mich ein Anflug von Langeweile auf diesen einsamen Spaziergängen, doch eine bestimmte Art von Langeweile ist eines der Symptome für Glück, für jenes stille, alltägliche

Glück, das so viele von uns verloren haben. Ich ertappte mich dabei, vor den Bücherständen der Bouquinisten am Seineufer zu gähnen, einfach nur, weil meine Blicke so oft auf zerfledderte Exemplare von Voltaires *Henriade* gefallen waren, ein nervtötendes Gedicht, oder auf Buffons *Histoire Naturelle* oder auf die Reproduktion eines frivolen Stichs aus dem 18. Jahrhundert wie: *Ma chemise brûle, Il a la serrure, mais j'ai la clef* oder Fragonards berühmten *Verrou*. Doch wenn ich aufschaute, sah ich den Fluß zwischen den Blättern wunderschöner Platanen schimmern und die Häuserreihe am Ende der Insel oder die feierlichen Fenster des Louvre, und plötzlich schlug mein Herz für alles, was mich umgab, ich war verliebt in meine Geburtsstadt.

Wenn ich auf jene Tage zurückblicke, wundere ich mich, was für ein ruhiges Leben ich führte, ein Leben, das den meisten Leuten vielleicht eintönig erschienen wäre, denn ich habe nie gern in der sogenannten Welt verkehrt. Die Vorstellung, einen Salon zu betreten und mit Unbekannten zu sprechen war mir so unangenehm, daß eine solche Erfahrung für mich eher einer Prüfung gleichkam. Ich fühlte mich linkisch und unglücklich inmitten von Leuten, die ich nicht kannte, und hätte mich am liebsten damit begnügt, mein ganzes Leben in einem kleinen Kreis enger Freunde zu verbringen, mit denen ich so frei reden konnte, wie ich wollte. Doch einige sehr schöne Freundschaften wurden mir sozusagen von den Umständen aufgezwungen.

Ungefähr in dieser Zeit lernte ich André Gide kennen. Jacques Schiffrin, ein Russe, der einen kleinen Verlag besaß, die später berühmt gewordene *Pléiade*, und dem ich das Manuskript einer Erzählung gegeben hatte, hatte mich in seine Wohnung in der Nähe von Montparnasse zum Mittagessen eingeladen. Anwesend waren seine erste Frau, eine glänzende und anerkannte Pianistin, und André Gide. Obwohl ich ihm schon begegnet war, hatten wir nie miteinander gesprochen, und ich fühlte mich ein bißchen unwohl. Die einzigen Bücher von ihm, die ich damals gelesen hatte, waren *L'Immoraliste* und

La Porte étroite, und so fürchtete ich, meine Unkenntnis seiner wichtigeren Werke könnte im Gespräch durchscheinen; doch zu meiner ungeheuren Erleichterung merkte ich bald, daß André Gide trotz seiner Berühmtheit ein äußerst zurückhaltender Mensch war, einer, der gewiß nicht fachsimpelte, erst recht nicht über seine eigenen Bücher. Konzentriert hörte er sich alles an, was gesagt wurde, und stellte sehr scharfsinnige Fragen; er hatte eine bestimmte Art, sich zu räuspern, wenn das Gespräch erlahmte, und ich glaube, so komisch das auch klingen mag, er war so eingeschüchtert wie ich. Er trug einen Anzug aus dickem Wollstoff, in dem er ein wenig sonderbar und wie ein Tourist aussah, und das paßte überhaupt nicht zu seinem intellektuell geschnittenen Gesicht. Sein Bemühen, sich so einfach wie möglich zu kleiden, führte nur dazu, daß er noch mehr auffiel, wegen des seltsamen Kontrasts zwischen seinem Gesicht und dem groben Material, das er trug. Er hatte die schwärzesten Augen, die ich je gesehen habe, aber noch bemerkenswerter war ihre Tiefe und Ausdruckskraft; bei den meisten Leuten schweift der Blick von Zeit zu Zeit in den Raum, seiner dagegen war immer präsent und aufmerksam, so daß er einem fast unangenehm wurde.

Ich habe vergessen, worüber wir an jenem Tag sprachen, ich weiß nur, daß er ein paar Worte über meinen letzten Roman sagte, den er gerade gelesen hatte; mit ungewöhnlich feinem Gespür erwähnte er eine bestimmte Passage und meinte, wahrscheinlich habe mir keine andere Seite des Buches so viel Mühe bereitet. Verblüfft hörte ich ihm zu: Die fragliche Seite fiel durch nichts Besonderes auf, sie war nur ein Übergang, doch genau wie Gide vermutete, hatte ich mich furchtbar damit herumgeplagt. Er war ziemlich zufrieden mit sich, als er meine Überraschung sah. Ein paar Tage später schickte er mir sein letztes Buch, das *Journal des faux-monnayeurs*. Als Dank lud ich ihn zum Abendessen ein. Da er in seinem Tagebuch ausführlich von diesem Abend erzählt hat, will ich nicht viel dazu sagen; Jahre später sollten wir aus verschiedenen Gründen, die er, wenn ich mich recht erinnere, in seinen

Aufzeichnungen nicht erwähnt hat, noch oft amüsiert darüber sprechen. Wir waren alle beide sehr zurückhaltend, wir speisten bei Prunier, in der Avenue Victor-Hugo. »Prunier!«, ich höre noch immer die Überraschung und ganz leichte Mißbilligung in seiner Stimme, als er den Namen des berühmten Restaurants über der Tür sah. Anschließend spazierten wir hinauf zur Place de l'Étoile und dann die Champs-Élysées hinunter bis zu einer neuen Bar namens Lido. Der Eingang befand sich in einer überdachten Passage, in der die Leute ziellos umherschlenderten, vor den Schaufenstern stehenblieben oder zerstreut den Klängen eines kleinen Orchesters lauschten. An jenem Abend war ein Indianer unfreiwilliger Gegenstand der allgemeinen Aufmerksamkeit. Was er hier zu suchen hatte, weiß ich nicht, doch Gide sah ihn sofort, fand ihn *»vraiment très curieux«* mit seinen Federn auf dem Kopf, und wir folgten ihm wie alle anderen auch. Vielleicht hätte ich vorher noch erwähnen müssen, daß Gide selbst auf eine Weise gekleidet war, die bei den Vorübergehenden Neugier erregte: Er trug einen langen dunklen Umhang, in dem er wie ein Schafhirt aussah, und ein komisches Stoffhütchen, dessen Krempe er sich tief in die Augen gezogen hatte. Ob er das für eine unauffällige Kleidung hielt oder nicht, konnte ich nie herausfinden, jedenfalls verlagerte sich der Mittelpunkt des Interesses zusehends von dem Indianer auf meinen Begleiter, und ich brauchte nicht lange, um zu merken, daß Gide dem amerikanischen Ureinwohner unabsichtlich die Show gestohlen hatte. Das ist ihm sicher nie klargeworden, und er wird mir die Erwähnung hier nicht übelnehmen, sollten ihm diese Seiten jemals in die Finger kommen. Nachdem er seine Neugier befriedigt und der Zuschauermenge ahnungslos großes Vergnügen bereitet hatte, schlug er mir vor, im Lido, das weder er noch ich jemals betreten hatte, noch ein Glas zu trinken.

Wir gingen also eine Treppe hinunter und standen in einem weitläufigen Saal voll elegant gekleideter Leute, die an kleinen Tischen rund um ein langes Schwimmbecken saßen. Ein Blick in den Raum und ein zweiter auf Gide genügten, und ich hatte begriffen, daß ihm das Lido nicht gefiel. Natürlich fand er den Ort angeberisch und laut, was er auch war; dennoch setzten wir uns und bestellten Eis. Eine kunstvolle *fête de nuit* war im Gange, als wir eintrafen: das Programm verkündete, wir befänden uns in Venedig um 1750, und tatsächlich schwamm eine mit Rosen bekränzte Gondel in der Mitte des Schwimmbeckens, und in der Gondel saß auf Kissen eine maskierte Dame, die eine Barkarole sang und einem die Nacht mit ihrem kläglichen Miauen vergällte; begleitet wurde sie von einem Herrn in weißem Satin, der auf einer Mandoline klimperte; gedämpftes Licht beschien das triste Spektakel.

Ich mußte über die Absonderlichkeit der ganzen Szene lächeln, doch Gides Gesicht hatte sich verdüstert, und nach einigen Versuchen, unser Gespräch *sotto voce* fortzuführen, verfielen wir beide in mißbilligendes Schweigen. Nach der Barkarole gab die Dame eines der abgedroschensten Nocturnes von Chopin zum besten, und Gide, der immer ein großer Bewunderer des Polen gewesen war, stöhnte vernehmlich. Da ich sein Gast war, ließ ich mir nicht die leiseste Ungeduld anmerken, so daß er vielleicht geglaubt hat, die Darbietung amüsiere mich; wir blieben, bis unser Eis, an dem wir so langsam wie möglich herumgelöffelt hatten, endlich aufgegessen war und wir plötzlich und gleichzeitig feststellten, wie unendlich müde wir waren, und daraufhin verließen wir das Lido für immer und ewig.

Das war mein erster Abend mit André Gide. Auf dem Heimweg bedauerte ich, daß ich vier Stunden in Gesellschaft eines der wenigen großen Schriftsteller unserer Zeit verbracht hatte und mir so wenig zu sagen eingefallen war, und ich fürchtete, ihn lange Zeit nicht wiederzusehen, aber darin irrte ich mich. Zwei Tage später rief er an, und wir sahen uns häufig.

Adrienne Mesurat wurde in Frankreich sehr gut aufgenommen, und ich war überglücklich. Auch wenn Autoren das Gegenteil behaupten, Erfolg macht am Anfang einer Laufbahn viel mehr Freude als später, wenn die Begeisterungsfähigkeit durch eine lange Reihe von Enttäuschungen abgestumpft ist. Das Wohlwollen, mit dem mein Buch von den französischen Kritikern besprochen wurde, ist eine der schönsten Erinnerungen meiner Jugend; mein Optimismus war jetzt einigermaßen berechtigt, und ich konnte mit größerem Vertrauen denn je in die Zukunft blicken. Doch ein furchtbarer Schlag sollte mich treffen.

Im Frühsommer 1927 starb mein Vater. Er war seit einiger Zeit kränklich, aber wirklich umgebracht hat ihn die Untätigkeit, oder vielleicht traf das, was Charles Péguy einmal über den Menschen im allgemeinen gesagt hat, auf meinen Vater ganz besonders zu: Er starb an keiner Krankheit, er starb an seinem ganzen Leben, einem langen Leben voll harter Arbeit. Er war der freundlichste und aufmerksamste Vater, den man sich denken kann, und ich hatte allen Grund, um ihn zu trauern; ich brauchte jedoch einige Jahre und größere Lebenserfahrung, um zu begreifen, daß er einer der besten Menschen war, die ich jemals kennengelernt habe. Als kleiner Junge fand ich es selbstverständlich, daß alle Menschen so anständig waren und so großherzig wie er; ich hatte noch viel zu lernen.

An einem Novembermorgen desselben Jahres erhielt ich einen Anruf meines amerikanischen Agenten, Mr. William Bradley, der ein paar Minuten mit mir sprach. Ich hatte ihm nicht viel zu sagen. Wieder in meinem Zimmer, setzte ich mich auf das Bett. Mein Zimmer war dunkel, schlicht möbliert, doch es war mir so vertraut, daß ich jede Ritze im Fußboden kannte, jeden Kratzer in der Tapete; an jenem Morgen aber kam es mir fremd vor, und als ich in dieses Zimmer zurückkehrte, hatte ich das eigenartige Gefühl, nicht mehr ganz der gleiche zu sein wie in dem Augenblick, da ich hinausgelaufen war zum Telephon. Nur wenige Minuten davor hatte ich mir irgendwie Sorgen gemacht über die Miete und darüber, wie ich meine täglichen Ausgaben bestreiten sollte. Nun brauchte ich mir über derlei Dinge nicht mehr den Kopf zu zerbrechen: *The Closed Garden*, die englische Übersetzung von *Adrienne Mesurat*, war in Amerika zum Buch des Monats gewählt worden, was bedeutete, daß ich auf Jahre hinaus von finanziellen Albträumen befreit war; ich konnte die Bücher schreiben, die ich schreiben wollte, noch dazu in aller Ruhe.

In der folgenden halbe Stunde saß ich still da und versuchte zu fassen, was geschehen war. Jeder andere an meiner Stelle hätte wahrscheinlich vor Freude getanzt, ich war wie betäubt. Vor allem bedauerte ich, daß es nicht ein wenig früher gekommen war und mein Vater nichts mehr davon erfahren hatte. Mein Leben begann.

Nachbemerkung

Im Oktober 1940 war ich in Baltimore bei meiner Cousine Nan (Mrs. Weems Williams) und dachte zurück an die Ereignisse in Europa, die mich hierher geführt hatten in dieses schöne Haus, umgeben von einem großen Park und Blumengärten. An Bord des Schiffes, mit dem ich aus Lissabon gekommen war, hatte ich Franzosen gesehen, die wegen der Niederlage völlig verstört waren; meine Situation war anders, ich kehrte zurück in mein Land, ein zweites Ich würde gewissermaßen wieder zum Leben erwachen.

In New York bekam ich den Aufruf von General de Gaulle zu Gesicht: Der richtige Kampf begann erst. Zwei Dinge lagen mir am Herzen: die Liebe eines Amerikaners zu Frankreich, ein Gefühl, das keinem anderen gleicht – was die Franzosen nicht wissen oder nicht wirklich wissen –, und die Gewißheit, daß in den schwärzesten Stunden nicht alles verloren ist. Der Aufruf vom 18. Juni stärkte diese Hoffnung.

Für meine französischen Freunde begann ein Exilantenleben. Ich konnte frei über meine Zeit verfügen, war in gewisser Weise sogar ohne Beschäftigung, denn ich wußte nicht, was aus meinem letzten Buch geworden war, das unter normalen Umständen bei Plon hätte erscheinen sollen, und so beschloß ich zu schreiben, um Paris näher zu kommen, das ich liebte, wie man einen lebendigen Menschen liebt. Das Einfachste war, von meiner ungewöhnlichen Kindheit zu erzählen, als kleiner Amerikaner, der in Paris geboren und mit dem doppelten Glück aufgewachsen war, instinktiv zwei Sprachen zur Verfügung zu haben. Meinen ersten autobiographischen Versuch *Quand nous habitions tous ensemle* brach ich bald wieder ab. Für einen Amerikaner auf heimatlichem Boden schien es vernünftiger, wieder ein angelsächsischer Schriftsteller zu werden, um so mehr, als ich einen Verleger in New York hatte. Seit meiner Zeit an der University of Virginia und *The Apprentice Psychiatrist* hatte ich auf englisch einige Erzählungen, Essays und viele Briefe an Familienmitglieder und Freunde in den Süd- wie in den Nordstaaten geschrieben. Ein Erinnerungsbuch hatte also gute Aussichten, meine Landsleute zu interessieren. Aber war es für einen gerade einmal Vierzigjährigen nicht zu früh für eine Autobiographie? Ohne längeres Hin und Her machte ich mich ans Werk. Ich mußte meinen Landsleuten zeigen, was Frankreich für mich bedeutete und somit für sie bedeutete. Meine Kindheit und frühe Jugendzeit würden das ferne Land verständlich machen. Seite für Seite kehrte ich nach Paris zurück, ans Gymnasium, in den Krieg von 1914, dann nach Amerika und an die University of Virginia, schließlich wieder nach Paris und zu meinen Anfängen im Leben. Ich wäre gern bis an die Schwelle dieses neuen Krieges gekommen, hätte gern von den dreißiger Jahren in Europa und New York erzählt, vom Krieg, der sich seit dem Sudetenkonflikt abzeichnete, von unserer zwischen zwei Kriegen eingeklemmten Welt, doch Ende 1941 wurde ich zur Armee einberufen. Also gab ich das Buch, so wie es war, Eugen Saxton, meinem Freund und Programmleiter bei Harper, meinem amerikanischen Verlag. Er druckte es auf der Stelle, und das Buch hatte Erfolg, bekam sogar zwei große Preise.

In der Armee stieß ich sehr schnell auf Freunde, den Komponisten Hugo Weisgall zum Beispiel und Klaus Mann, der ebenfalls in der amerikanischen Armee diente. In New York fragte mich Kurt Wolff, der schon in Europa mein Verleger gewesen war, ob ich auch in Amerika wieder zu ihm kommen wollte. »Sie haben doch nichts dagegen, mit einem Deutschen zu arbeiten?« meinte er. »Natürlich nicht, zwischen uns gibt es keine Grenzen. Was möchten Sie haben?« Er wollte einen Roman, aber zuvor noch eine Übersetzung von Péguy. Frankreich war für mich also mit seiner schönsten Seite stets gegenwärtig. Dann wurde ich Ende 1942 teilweise aus der Armee entlassen bzw. ins Office of War Information versetzt, zur militärischen Propaganda. Auch hielt ich Vorträge an Universitäten und Schulen, Princeton, Berkeley, Mills College und Goucher unter anderen. Man bat mich, Vorlesungen für Studenten zu halten und über den Beruf des Schriftstellers und das Übersetzen zu sprechen. Bei einer dieser Vorlesungen (*Wie man Schriftsteller wird*) lernte ich eine besonders begabte junge Frau aus Savannah kennen, Flannery O'Connor, die damals vielleicht neunzehn war. Sie stellte mir Fragen, die mir klarmachten, daß sie, wie jeder wahre Schriftsteller, die Antworten bereits in sich trug. Aber wir hatten viel gemeinsam, und ihre Bücher gehörten in meiner Bibliothek später zu meinen Lieblingsbüchern.

In anderen Vorlesungen ging es um die Schwierigkeit, eine fremde Sprache zu verstehen und zu übersetzen. Studenten fragten mich aus über *Memories of Happy Days*. Ich übersetzte für sie einzelne Abschnitte ins Französische, um ihnen zu zeigen, welch kristallene Wand die Gedanken in der einen und in der anderen Sprache voneinander trennt und was man tun muß, damit sie beim Übersetzen nicht zerbricht. Ich suchte mir Beispiele bei Proust, Barrès, Jules Renard, Gide und manchmal aus meinem eigenen Buch. So übersetzte ich mit der Zeit – wie ein Puzzle, das man langsam zusammensetzt – den größten Teil dieses Buches, und 1944 vervollständigte ich mühselig diese Arbeit in meinen Mußestunden. Ich sage bewußt Arbeit, denn es war wie das Übersetzen von Péguy eine ausgezeichnete Übung. Ich lernte dabei viel über meine beiden Sprachen und folglich über mich.

Ich bedauerte, daß ich kurz nach *Adrienne Mesurat* aufgehört hatte. Heute, nachdem die ersten vier Bände meiner Autobiographie erschienen sind und der fünfte, der bis in die fünfziger Jahre hineinreicht, in Vorbereitung ist, hat sich meine Auffassung geändert. Damals war ich ein junger Mann, der auf seine Vergangenheit blickte. Als Amerikaner, ich betone es noch einmal, schrieb ich in jenem vertraulichen Tonfall, den Roosevelt anschlug, wenn er sich an meine Mitbürger wandte: »My friends.« Man geht auf Nummer Sicher, indem man jeden einzelnen anspricht. Auf französisch ist das nicht möglich. Ich mußte also scheinbare Wiederholungen, Wendungen aus der Alltagssprache, diesen ganz besonderen Tonfall weglassen. Dennoch versuchte ich, das Wesentliche zu erhalten und vor allem jene Dinge, die ich in *Aufbruch vor Tag* nicht oder zumindest nicht im selben Licht erzählt habe.

Ein Großteil meiner Übersetzungen müßte in Universitätsarchiven liegen, wenn man sie denn aufbewahrt hat, und der Originaltext von *Memories of Happy Days* an der University of Virginia. Ich glaube, drei unterschiedliche Fassungen des ersten Kapitels und wenigstens zwei Fassungen der Schlußkapitel angefertigt zu haben. Was fehlt – nach einem Vergleich zwischen meiner Autobiographie auf französisch und *Memories of Happy Days* in beiden Sprachen –, habe ich auf einem Blatt zusammengefaßt. Es war, als würde mein Gedächtnis nacheinander verschiedene Farbfilter hin- und herbewegen, wie die Schleier eines Nordlichts. Ich habe des öfteren gesagt, daß ich auf englisch wie in einer geliehenen Sprache schreibe, diese Aussage muß ich ein bißchen korrigieren. Ich habe mehr, als ich dachte, in meiner Muttersprache geschrieben, und zu Hause mit meiner Schwester immer englisch gesprochen. So konnte ich mein transatlantisches Temperament zum Ausdruck bringen, denn auch wenn ich nirgendwo ein Fremder bin, habe ich doch überall einen Doppelgänger.

Postskriptum

Nachstehendes hatte ich zu *Memories of Happy Days* auf einem Blatt zusammengefaßt, das in meiner Übersetzung lag:

In diesem Buch habe ich folgende Dinge vergessen:
1. Erfolgloser Versuch, mich aufzuhängen.
2. Vierzehn Tage für Claude Aveline und Oscar Paul-Gilbert umsonst gearbeitet.

3. Der Schädel, den mir ein Medizinstudent für mein Nachdenken über den Tod gegeben hat (siehe mein Tagebuch).
4. Der Mann, der das Parkett bohnert.
5. Die Schnorrerin, im Kino.
6. Das Buß-Holzscheit (Dauer der Strafe: fünf Minuten).
7. *Erotik* von Edvard Grieg.
8. Die amerikanische Buchhändlerin in der Rue de l'Élysée.
9. Das royalistische Kino im Ternes-Viertel (Mrs. Eliot und der unter der Matratze versteckte Mann).
10. Der Junge, der im Janson die Tintenfässer nachfüllte.
11. Doktor Brégi.
12. Besuch in der Grande-Chartreuse 1927.
13. Lady Jane Grey stürzt die Treppe hinunter, mein erster literarischer Versuch von 1919.
14. Der junge Anführer Lannes, halb Engländer, halb Pfadfinder.
15. Die Bücher bei uns zu Hause, wir lebten umgeben von Büchern.
16. Die Spitzenklöpplerinnen von La Muette.
17. Als Kind, in der Rue de Passy, fragte ich mich: »Warum bin ich nicht Gott und Gott ich?«
18. Mme Weil, immer in schwarzem Kleid, mit Trillerpfeife, Cours Sainte-Cécile.
19. Besuch bei Warrington Dawson in Versailles, 1926.
20. Mit sieben Jahren Einstudieren, unter Tränen, des Sterbelagers. Ich übte die letzten Worte usw.

All diese Erinnerungen habe ich weggelassen. Eines Tages vielleicht …

Paris, 1972

Zur deutschen Ausgabe

Der Ausbruch des Zweiten Weltkriegs war für Julien Green eines der einschneidenden Ereignisse seines Lebens. Anfang 1939 hatte er seinen Roman *Varuna* beendet, und am 15. März brach er die regelmäßigen Aufzeichnungen in seinem Tagebuch ab, weil er unter den stetig wachsenden politischen Spannungen spürte, »daß die schweren Erschütterungen wieder beginnen würden und daß das Glück nicht mehr möglich war«. Von April bis Dezember 1939 hielt er sich in den USA auf, und dort schrieb er für den Pariser *Figaro* eine Artikelserie *L'Amérique et cette guerre* (Amerika und dieser Krieg), um der französischen Öffentlichkeit die amerikanische Haltung zum Krieg nahezubringen. Als Green im Dezember 1939 in seine Geburtsstadt zurückkehrte, war der Krieg bereits erklärt, doch erst am 10. Mai 1940 erfolgte nach der Wartezeit der »drôle de guerre« der deutsche Angriff. Für Green kam ein Leben in Paris unter deutscher Besatzung nicht in Frage. Am 18. Mai verließ er Paris, reiste zuerst nach Bordeaux, wohin sich auch die französische Regierung geflüchtet hatte, dann nach Lissabon. Am 1. Juli 1940 ging Green an Bord der *Excambion*; er sollte Europa erst fünf Jahre später, im Herbst 1945, wiedersehen.

Noch auf der Reise von Lissabon nach Baltimore schrieb er seinen Bericht über die jüngsten Ereignisse nieder, den er als *Ende einer Welt* (Paris 1992, übs. von E. Edl, München/Leipzig 1995) erst Jahrzehnte später veröffentlichte. Als Ende einer Welt hat Julien Green diesen Krieg tatsächlich erfahren. Zwar hatte der gebürtige Pariser stets seine amerikanische Staatsbürgerschaft behalten und deshalb keine Schwierigkeiten, die dunklen Jahre in den USA zu verbringen. Doch was ihm endgültig vergangen schien, das waren die glücklichen Jahre seiner Kindheit und Jugend in Frankreich. Diese gehörten jetzt einer anderen, unwiederbringlichen Epoche an. Und so wurde es dem Schriftsteller, der in den amerikanischen Jahren keinen einzigen Roman fertigstellte, zum tiefen Bedürfnis, die Erinnerungen an diese vergangene, glückliche Zeit niederzuschreiben – nach einigen französischen Ansätzen, die unvollendet blieben, schließlich auf englisch. Denn für Julien Green ging es jetzt um etwas Bestimmtes: Er wollte seinen amerikanischen Landsleuten, die bald für Europa in den Krieg gehen sollten, zeigen, was das war, dieses alte Europa, dieses alte, wunderbare Frankreich, nach dem Green tiefes Heimweh empfand und in das er nach Kriegsende so schnell wie möglich zurückkehren sollte.

Memories of Happy Days erschien 1942 bei Harper Collins in New York und 1944 bei Dent & Sons in London. Auf französisch hat Green das Buch nie publiziert, und als er 1963 seine große Autobiographie *Junge Jahre* begann, von der in der Folge vier Bände entstanden, schien es auch überflüssig, noch einmal an die Edition der *Memories* zu denken. Erst 1985 nahm er drei Kapitel in den zweisprachigen Essayband *Le Langage et son double* (1985) auf. Obwohl sich *Junge Jahre* und die *Memories* vom erzählten Zeitraum her nahezu decken, handelt es sich doch um vollkommen unterschiedliche Bücher: Die große vierbändige Autobiographie ist das Werk eines Sechzig- und Siebzigjährigen, die amerikanische das eines jungen Mannes, der gerade die Vierzig überschritten hat. Der größte Unterschied aber liegt in Sprache, Geist und Rhythmus des Buches, in seinem Wunsch, das Glück noch einmal lebendig zu machen. Entstanden ist eines der schönsten Bücher über die Pariser Kindheit um Neunzehnhundert.

In seiner Nachbemerkung erzählt Julien Green selbst, wie es zu der Entstehung der französischen Fassung *Souvenirs des jours heureux* kam. Diese erschien erst im Jahre 2007 aus dem Nachlaß und gab nun den Anstoß zu dieser deutschen Ausgabe. Anzunehmen ist, daß Julien Green glaubte, sein

Buch, ausdrücklich für ein nichtfranzösisches Publikum geschrieben, werde für ein französisches weniger interessant
sein. Beim Übersetzen jedenfalls hat er regelmäßig kleine
Veränderungen vorgenommen: hat Erklärungen gestrichen,
die der Franzose nicht braucht, hat sich die Freiheit genommen, in seinem Buch dem Rhythmus der französischen Sprache zu folgen.

Die deutsche Übersetzung beruht auf der französischen
Ausgabe, wobei das amerikanische Original durchweg verglichen wurde und zur Überprüfung fraglicher Stellen diente.
Und noch eine Entscheidung wurde im Blick auf die amerikanische Ausgabe getroffen: Green setzt in seinen englischen
Text immer wieder französische Begriffe und Wörter, wo
er auch englische hätte benutzen können. Dies sind kleine
Farbtupfer, die beim fremdsprachigen, englischen Leser den
Klang dieser Sprache erwecken sollten und damit den Geist
jener vergangenen Welt, die er beschwor. In der französischen Fassung lösen sich diese Farbtupfer naturgemäß in der
einheitlichen französischen Sprache auf. Darum erschien es
so natürlich wie reizvoll, in der deutschen Übersetzung, die
sich ebenfalls an einen nichtfranzösischen Leser wendet, auf
Greens ursprüngliche Intention zurückzugehen; wo sich also
im deutschen Text nun wieder französische Farbtupfer finden, da entstammen sie unmittelbar dem Buch von 1942.

Dieses Buch enthielt auch ein Vorwort für das amerikanische Publikum, das Green nicht mitübersetzt hat und das
deshalb in der französischen Ausgabe fehlt. Für den heutigen
Leser erklärt es jedoch wunderbar sowohl die historische
Situation als auch die Absicht, mit der Green sich ans Schreiben gemacht hatte. Für die deutsche Ausgabe wurde es deshalb direkt aus den *Memories* von 1942 übersetzt.

Elisabeth Edl

Über den Autor

Julien Green wurde 1900 als Sohn einer amerikanischen Familie in Paris geboren, wo er 1998 starb. Bei Hanser erschien das erzählerische Werk, zuletzt in der Neuübersetzung von Elisabeth Edl: u. a. *Adrienne Mesurat* (Roman, 2000), *Fremdling auf Erden* (Erzählungen, 2006) und sein letzter Roman *Der Unbekannte* (2011).

Elisabeth Edl, 1956 geboren, wurde u. a. mit dem Celan-Preis, Petrarca-Preis, Voß-Preis, Romain-Rolland-Preis und dem Österreichischen Staatspreis ausgezeichnet und ist Mitglied der Deutschen Akademie für Sprache und Dichtung.